rororo

Anna Fuchs ist Diplom-Psychologin, langjährige Trainerin am Schulz von Thun Institut für Kommunikation, Projektleiterin des Certificate of Advanced Studies: Angewandte Kommunikationspsychologie nach Schulz von Thun am IKF – Institut für Kommunikation und Führung in Luzern und Dozentin für Interkulturelle Kommunikation und Führung an der EAE Business School, Barcelona. Sowohl ihr Berufsalltag als Dozentin, Trainerin und Coach als auch ihr Privatleben – gemeinsam mit ihrem argentinischen Partner lebt sie seit vielen Jahren in Barcelona, wo ihre Kinder dreisprachig aufwachsen – bieten ihr eine Fundgrube an Beispielen für kulturübergreifende Situationen, Missverständnisse und Konflikte.

Anna Fuchs

Transkulturelle Herausforderungen meistern

Missverständnisse klären
und Kompetenzen stärken

Rowohlt Taschenbuch Verlag

Originalausgabe
Veröffentlicht im Rowohlt Taschenbuch Verlag,
Hamburg, März 2022

Lektorat Ana González y Fandiño
Covergestaltung any.way, Barbara Hanke/Cordula Schmidt
Abbildungen im Innenteil Anna Fuchs
Satz aus der Minion bei Dörlemann Satz, Lemförde
Druck und Bindung CPI books GmbH, Leck, Germany
ISBN 978-3-499-00063-8

Die Rowohlt Verlage haben sich zu einer nachhaltigen Buchproduktion verpflichtet. Gemeinsam mit unseren Partnern und Lieferanten setzen wir uns für eine klimaneutrale Buchproduktion ein, die den Erwerb von Klimazertifikaten zur Kompensation des CO_2-Ausstoßes einschließt.
www.klimaneutralerverlag.de

FSC
www.fsc.org
MIX
Papier aus verantwortungsvollen Quellen
FSC® C083411

INHALT

Vorwort 11

Friedemann Schulz von Thun

Einführung 13

Wie dieses Buch zu lesen ist 17

Statische Eisberge oder lebendige Flusslandschaften?
Unsere Sicht auf Kultur und was sie grundsätzlich prägt 21

1. Was ist Kultur? Eine Annäherung 29
2. Wie kommuniziere ich? Das Kommunikationsquadrat 31
3. Wer bin ich? Das Innere-Team-Modell 39
   3.1 Wo kommen die inneren Stimmen her? 43
   3.2 Stammspieler und Persönlichkeit – So bin ich eben 46

TEIL I

Wie kulturelle Identität entsteht 49

1 Das Innere Team und Multikollektivität 51
2. Unsere Umwelt und die Ausprägung des Inneren Teams 55
3. Wie Kultur unsere Wahrnehmung prägt 60
4. Wie unser Denken funktioniert – ein Überblick 61

4.1 Chaos, Ordnung und Konstruktion der Wirklichkeit 65
5. Exkurs: Wenn Kulturwechsel zum Schockerlebnis werden 67
6. Politisch korrekt – unser Denken ist es nicht und wir sind es erst recht nicht! 74
6.1 Die unsichtbare Macht von Stereotypen und Vorurteilen 78
6.2 Rassismus – eine bestenfalls unbequeme Realität 82
6.3 Fremdwahrnehmung und Kommunikation – Eigenes im Spiegel des Fremden 84
7. *Third Culture Kids* und *Cross Culture Kids* – zu Hause an mehreren Orten 88
7.1 Die besonderen Herausforderungen für Third Culture Kids – von dynamischen Persönlichkeiten, Stammspielern und Drehbühnen 92
8. Keine transkulturelle Kompetenz ohne innere Beweglichkeit – von weltgewandten Menschen und Persönlichkeits-Schwerstarbeit 99
9. Fazit Teil I 100

TEIL II

Wie Kulturen sich unterscheiden und welche Dynamiken zwischen ihren Mitgliedern wirken 103

1. Werte sind die Grundlage unseres Verhaltens 104
2. Das Werte- und Entwicklungsquadrat – Perspektivwechsel und Ergänzungspotenzial 106
3. Stimmigkeit als Kommunikationsideal 111
3.1 Das Situationsmodell – die Wahrheit der Situation erkunden 114

3.2 Situationsangemessenheit und Stimmigkeit – authentisch sein ist nicht unbedingt gleich authentisch sein 117

4. Kommunikation – und wie Kultur sie beeinflusst 118

4.1 Ein Beispiel aus der Praxis: Herr Nielson 121

4.2 Kommunikation – und wie sie sich weltweit unterscheidet 124

4.3 Kommunikationsstile 124

4.4 Gesprächsrhythmus 125

4.5 Schweigen 127

4.6 Mimik und Gestik 128

4.7 Körperhaltung und Körperabstand 129

4.8 Wenn Gesten das Gesagte übertönen 130

5. Das Riemann-Thomann-Modell – von Himmelsrichtungen der Seele und Kulturfeldern 131

5.1 Kulturen im Riemann-Thomann-Modell 134

5.2 Ein Beispiel aus der Praxis: Frau Blum 140

6. Kulturdimensionen – von der Kunst, Kulturen zu vergleichen 144

7. Kulturdimensionen und das Innere Team – Welche Stammspieler melden sich zu Wort? 149

7.1 Zeitgestaltung: Uhrzeit vs. Ereigniszeit 151

7.2 Menschen und soziale Beziehungen: individualistisch vs. kollektivistisch 156

7.3 Machtverteilung: egalitär vs. hierarchisch 162

7.4 Umgang mit Veränderung: Planbarkeit vs. Situationsoffenheit 167

7.5 Kommunikation: direkt vs. indirekt 172

7.6 Exkurs: Gesichtswahrung vs. Metakommunikation 178

7.7 Eine Übung für zu Hause: Arbeit mit dem Inneren Team 179
8. Der Teufelskreis – zirkuläre Konfliktdynamiken 180
8.1 Zwischenmenschliche Teufelskreise: Lisa und Maria 181
8.2 Interkulturelle Teufelskreise: Frau Müller in Mexiko 183
8.3 Ausstiegsmöglichkeiten aus einem Teufelskreis 191
9. Fazit Teil II 195

TEIL III

Wie die transkulturelle Perspektive unser (globales) Zusammenleben verbessern kann 197

1. Ich – Auf die Haltung kommt es an 200
1.1 Von Obelix und inneren Widersachern 201
1.2 Die innere Ratsversammlung 205
1.3 Emotionale Stabilität und Bewältigungsmechanismen 206
1.4 Handlungssicherheit vs. Handlungsflexibilität 208
1.5 Fehlerfreundlichkeit und zwei Arten Souveränität 210
1.6 Zwischenfazit – Ich – Auf die Haltung kommt es an 212
2. Du – I see you! 214
2.1 Die Kontakthypothese – Ohne Empathie geht das nicht 216
2.2 Situativer Spürsinn 222
2.3 Zwischenfazit – Du – I see you 223
3. Wir – die Entwicklung einer globalen Identität 224
3.1 Die Integration von Gegensätzen 226
3.2 Zum Problem der Single Story 230
3.3 Die konstruktive Gemeinschaft 244
3.4 Walk the talk: Verhalten verändern verändert die Haltung 249

3.5 Dialogfähigkeit und Umgang mit Tabugrenzen 252
3.6 Überlegungen zur Streitbarkeit 258

Zum Schluss 263

Anhang 265

Methodenkoffer – ein Überblick 265
Literatur 267
Internetquellen 281
Dank 283

Vorwort

Friedemann Schulz von Thun

Nehmen wir einmal an, Sie gehören einer Kultur an, in der es als extrem unhöflich gilt, das Angebot einer Gastgeberin abzulehnen. Und nehmen wir weiter an, Sie haben jemanden aus einem anderen Kulturkreis zu Gast, in dem die Höflichkeit es wiederum gebietet, ein Angebot nicht gleich anzunehmen, sondern erst wenn es ein zweites und drittes Mal bekräftigt wird. Sie können sich bestimmt ausmalen, was passiert. Eine Verstimmung auf beiden Seiten ist programmiert, und weil Menschen sich ihrer kulturellen Werte und Verhaltensnormen oftmals kaum bewusst sind, kann sie metakommunikatorisch nicht ohne Weiteres aufgelöst werden. Solche Verstimmungen können Beziehungen schnell vergiften oder gleich im Keime ersticken. Hier ist interkulturelle Kompetenz gefragt, die (auch) in diesem konkreten Fall darin bestehen würde, sich erstens in den Gepflogenheiten des Gastlandes gut auszukennen und sich zweitens die Normen der eigenen Kultur bewusst zu machen, die einem als implizite Selbstverständlichkeiten in Fleisch und Blut übergegangen sind.

Diesen *interkulturellen* Ansatz haben wir 2006 in unserem Buch «Interkulturelle Kommunikation» (Kumbier und Schulz von Thun, Hrsg.) mit den Modellen der Hamburger Kommunikationspsychologie verfolgt. Dieser Sammelband hat sich mittlerweile erfreulich zu einem Standardwerk entwickelt.

Anna Fuchs würdigt diesen Ansatz, greift ihn ihrerseits auf und systematisiert die Beiträge unserer Modelle. Inzwischen sind aber auch Gefahren und Fallstricke deutlicher geworden, die sich aus diesem Ansatz ergeben können (Stichwort «Kulturalismus») – und vor allem scheint die Zeit reif zu sein, um genauer zu erkennen, wie viel kulturelle Vielfalt in jeder und jedem Einzelnen von uns steckt, wie viel fundamentale Gemeinsamkeiten auch zwischen den Kulturen bestehen und welche Chancen sich eröffnen, wenn kulturelle Qualitäten einander ergänzen und etwas Neues hervorbringen. Hier zeichnet sich ein *transkultureller* Ansatz ab, den Anna Fuchs mit viel Erfahrung und Kenntnisreichtum im dritten Teil ihres Buches entfaltet.

Erst mal wird nun alles komplexer. Zu lernen, «Die Italiener sind so, die Chinesen so, die Deutschen so …», war übersichtlich, aber leider rettungslos unterkomplex und nur allzu geeignet, neue Stereotype hervorzubringen. Doch wie gelangen wir über die *interkulturelle* zu einer *transkulturellen* Reife? Anna Fuchs ist prädestiniert, hierüber nachzudenken, und zwar nicht (nur) theoretisch, sondern im engen Kontakt mit konkreten Lebensbeispielen: sowohl aus ihrem eigenen Leben – sie lebt als Norddeutsche in Barcelona, ihr Mann ist Argentinier, ihre Kinder wachsen dreisprachig auf – als auch aufgrund ihrer Erfahrungen als Dozentin und Coach. Sie entdeckt zu meiner Freude, dass auch zur Erlangung der transkulturellen Reife die Modelle unserer Hamburger Kommunikationspsychologie entscheidend beitragen können.

Und es lohnt sich, dieses Ziel zu verfolgen! Die Probleme der Welt lassen sich nicht im urheimatlichen Kreise lösen, der Planet ist längst zur gemeinsamen Heimat geworden. Und die gelingende Koexistenz aller Menschen und Lebewesen auf Erden bekommen wir nicht geschenkt, sie ist nur als gemeinsame Errungenschaft zu denken. Klug, lebendig und zukunftsweisend, wie Anna Fuchs dieses Buch geschrieben hat, generiert es dafür eine optimistische Aufbruchsstimmung.

Friedemann Schulz von Thun, 9.9.21

Einführung

«Anna», donnerte mein argentinischer Freund los, «das erkläre ich dir doch jetzt schon zum dritten Mal!» Vor lauter Schreck über diesen Gefühlsausbruch, aber vor allem aus Empörung über diese ungerechte Behandlung traten mir die Tränen in die Augen. Wie konnte er es wagen, mich wegen einer Kleinigkeit so anzufahren? Erstaunt sah er mich an: «Was hast du denn?», fragte er ehrlich überrascht. «Ich rede doch ganz normal mit dir!» Nun war es an mir, ihn mit großen Augen anzuschauen. Konnte es sein, dass er das tatsächlich so sah?

Als angehende Psychologiestudentin war ich besonders interessiert daran zu verstehen, was wiederholt zwischen uns passierte: Wir gerieten regelmäßig in Situationen, in denen wir Konflikte und Kommunikationsverhalten ganz unterschiedlich wahrnahmen und bewerteten. Ich recherchierte – und entdeckte so mit Anfang zwanzig das Feld der Interkulturellen Kommunikation. Sofort war ich Feuer und Flamme: Mein Freund war in seiner Andersartigkeit nicht einfach verrückt, stattdessen gab es vermutlich kulturelle Ursachen für unsere unterschiedlichen Bewertungs- und Verhaltensmuster – und diese ließen sich nachlesen!

Ich lernte: In manchen Kulturen, darunter auch in der argentinischen, wurden Gefühle deutlich lebhafter kommuniziert als in Deutschland. Und dieser unterschiedlich starke Einsatz von Gestik, Mimik und Tonlage wiederum barg das Risiko für Missverständnisse. Das passierte also nicht nur meinem Freund und mir – wie beruhigend.

Plötzlich erschienen mir auch viele weitere meiner alltäglichen

Beobachtungen in einem anderen Licht. Damals lebte ich bereits ungefähr die Hälfte des Jahres in Spanien, die andere Hälfte in Deutschland. Selbstverständlich waren mir kulturelle Unterschiede aufgefallen – nun konnte ich sie endlich einordnen.

Die Interkulturelle Kommunikation hat mich seither nicht mehr losgelassen: Sie begleitete mich durch mein Psychologiestudium in Hamburg und Barcelona, und sie macht auch heute noch einen großen Teil meiner Tätigkeit als Dozentin, Trainerin und Beraterin aus.

Doch je länger und tiefer ich mich mit unserem komplizierten menschlichen Miteinander beschäftigte, desto mehr Zweifel kamen mir an der interkulturellen Sichtweise. Sie erschien mir zu statisch, zu sehr auf Unterschiede fokussiert, zu vereinfachend. Interkulturelle Kommunikation wurde entwickelt, um Kulturen beschreibbar und vergleichbar zu machen: «So sind Deutsche» versus «So sind Argentinier». Aber hält diese Sichtweise nicht auch gewisse Stolperfallen bereit? Benehme ich mich nicht manchmal viel «argentinischer» als mein Partner? Ist er nicht z. B. viel strukturierter und ordnungsliebender als ich, Eigenschaften, die man tendenziell eher Deutschen nachsagen würde? Ist unsere Nationalkultur also wirklich relevanter als andere Gruppenzugehörigkeiten wie «Psychologin versus Programmierer» oder «Mann versus Frau»? Und wieso eigentlich «versus»? Warum werden Menschen unterschiedlicher Kulturen einander so gut wie immer nur gegenübergestellt?

Gibt es, neben allen Unterschieden, nicht auch diverse kulturelle Zugehörigkeiten, die mein Partner und ich teilen, z. B. als junge, weit gereiste Großstädter, ehemalige Studierende und Migranten? Habe ich als Studentin mit meiner gleichaltrigen Mitbewohnerin aus Stockholm nicht vielleicht mehr kulturelle Werte geteilt als mit vielen Deutschen, die ganz anders lebten und sozialisiert worden waren als ich? Und darüber hinaus: Beeinflussen wir uns nicht sowieso ständig gegenseitig im Kontakt und im Zusammenleben? Schließlich lernen wir voneinander und finden oft einen dritten Weg.

Ähnliche Zweifel äußerten später auch viele der Teilnehmerinnen und Teilnehmer meiner Trainings, die in ihrer Arbeitspraxis als Führungskräfte, in der Lehre oder im Non-Profit-Bereich auf viel komplexere Verhaltensmuster stießen als die, die sie in der Literatur fanden.

Erneut machte ich mich also auf die Suche nach Erklärungen für die vielschichtigen Tücken, die im zwischenmenschlichen Miteinander lauern, bis mich Kolleginnen und Kollegen auf das Konzept der Transkulturalität aufmerksam machten. Es begreift Kultur als Prozess und zeichnet ein viel realistischeres – aber eben auch unweigerlich komplexeres Bild – unseres Zusammenlebens. Denn komplex ist es allemal, dieses Miteinander mit seiner internationalen Geschäftswelt, der kulturellen Vielfalt und den allgegenwärtigen digitalen Medien, die Menschen weltweit vernetzen. Unweigerlich treffen hier die unterschiedlichsten Vorstellungen, Wertmaßstäbe, Strategien und vieles mehr aufeinander, die es zu erkennen, zu verstehen und – im besten Fall – zu nutzen gilt.

Wieder begann ich zu recherchieren: Der transkulturelle Diskurs auf akademischer Ebene schien mir erhellend, allerdings wurde meine *innere Praktikerin* immer ungeduldiger und begann frustriert zu skandieren: «Alles schön und gut! Aber wie kann ich Transkulturalität leben und lehren?» Erst war ich enttäuscht, dass ich kaum etwas zur praktischen Umsetzung finden konnte. Doch dann wurde mir klar, dass mir das passende Handwerkszeug längst zur Verfügung stand: Die Kommunikationsmodelle von Friedemann Schulz von Thun – bei dem ich studiert hatte und mit dessen Institut ich seitdem zusammenarbeite – helfen uns, menschliches Miteinander zu beleuchten, zu verstehen und zu verändern.

Die Modelle waren mir schon lange wertvolle Wegbegleiter, um kulturübergreifende Begegnungen aus interkultureller Sicht zu betrachten. Nun fiel mir auf, dass ich in der Anwendung oft bereits ganz automatisch über diese «traditionelle interkulturelle» Sicht hinausgegangen war. Denn das Menschenverständnis und die dualistische Haltung, die der Kommunikationspsychologie zugrunde liegen, weisen große Gemeinsamkeiten mit der transkulturellen Perspektive auf.

Ich war schon damals der festen Überzeugung, dass die Hamburger Kommunikationspsychologie nach Schulz von Thun den aktuellen Diskurs um einen dringend benötigten handlungsorientierten Ansatz ergänzen kann. Sie hilft zu verstehen, was passiert, wenn Menschen sich begegnen. Denn einerseits macht sie die ablaufenden komplexen innermenschlichen und zwischenmenschlichen Vorgänge beschreibbar und sprachfähig. Und andererseits ist sie durchdrungen von dem Gedanken, sowohl Herausforderungen zu meistern und Missverständnisse zu klären als auch Kompetenzen zu stärken und Synergien zu schaffen.

Inzwischen verbinde ich die interkulturelle und transkulturelle Sichtweise in meiner Arbeit – und mein Anfangsverdacht hat sich erhärtet: Die Kommunikationsmodelle eignen sich wunderbar, um Brücken zwischen verschiedenen Positionen zu schlagen, komplexe Theorien und Dynamiken nachvollziehbar abzubilden und den Kontakt zwischen Menschen mit unterschiedlichen kulturellen Hintergründen zu verbessern.

Ein unterschiedliches Verständnis davon, wie gefühlsbetont Konflikte ausgetragen werden sollten, haben mein Freund und ich auch nach fast zwanzig Jahren Partnerschaft übrigens immer noch. Einiges scheint so tief verwurzelt zu sein, dass es nur schwer veränderbar ist; in vielem haben wir aber auch voneinander gelernt und uns aufeinander zubewegt. Wir haben unser interkulturelles Wissen erweitert und neue transkulturelle Handlungsmöglichkeiten für uns entdeckt, das heißt, wir haben vor allem viel über uns selbst gelernt. So etwas geht nicht ohne Reibung vonstatten und kann Nerven – oder ausnahmsweise auch mal Tränen – kosten; es macht aber gleichzeitig wahnsinnig viel Spaß.

Wie dieses Buch zu lesen ist

Erlauben Sie mir noch einige Anmerkungen, bevor es losgeht. Als Kommunikationspsychologin ist mir bewusst: Sprache konstruiert Realität, denn über Sprache lernen und reproduzieren wir Normen und Werte einer Gesellschaft. Daher ist es mir ein ehrliches Anliegen, mit meiner Sprache zu transportieren, dass ich von der Gleichwertigkeit aller Menschen überzeugt bin – und zwar jenseits von Herkunft, Hautfarbe, sexueller Orientierung oder Geschlecht. Eine gendergerechte Sprache kann Sprech- und Lesegewohnheiten verändern und dadurch – vor allem auf lange Sicht – zu einer Veränderung der Kultur führen. Leider macht sie Texte aber oft umständlicher und dadurch weniger gut nachvollziehbar. Weil es für dieses heiß diskutierte Dilemma leider immer noch kein Patentrezept gibt, habe ich mich für einen pragmatischen Kompromiss entschieden: Einerseits habe ich mich bemüht, durchgängig so zu formulieren, dass ich möglichst viele Menschen mit-meine. Andererseits bin ich je nach Kontext und Lesefluss davon abgewichen – in der Hoffnung, dass Sie, liebe Leser*innen, mir dann besser folgen können.

Der Aufbau des Buches folgt der chronologischen Entwicklung des Feldes: von «Intrakulturalität» (Was ist Kultur? Wie kommt sie in unseren Kopf? Was macht sie mit uns?) über «Interkulturalität» (Wie unterscheiden sich Kulturen? Welche Dynamiken wirken im zwischenmenschlichen Kontakt?) zu «Transkulturalität» (Welche Gemeinsamkeiten haben wir? Wie können wir unsere Ressourcen am besten nutzen, um Synergien zu schaffen? Was entsteht dabei Neues? Und auch: Was bedeutet Transkulturalität für unser globales Miteinander, da zwischenmenschliches miteinander Reden und gesellschaftliches miteinander Leben unmittelbar ineinandergreifen?).

Die Abgrenzung ist nicht immer messerscharf, sondern genauso wie das Forschungsfeld durchlässig und dynamisch. Als methodischer Konstante werden Sie den Hamburger Kommunikationsmodellen das gesamte Buch hindurch immer wieder begegnen. Um Ihnen die Übersicht zu erleichtern, habe ich die Anwendungsperspektiven der Modelle am Ende des Buches in Form eines «Methodenkoffers» zusammengefasst.

Sie werden im Folgenden eine Synthese aus ganz unterschiedlichen Zugängen zu Kultur finden, und zwar meine ganz persönliche Synthese. Und wie jeder Mensch unterliege auch ich einem bestimmten Weltbild. Zudem schreibe ich mit einem bestimmten Ziel: Im Mittelpunkt steht die Verbesserung der zwischenmenschlichen Kommunikation. Meine Sicht auf Kultur und Kommunikation ist demnach nur *eine* Sicht, die um weitere Perspektiven – beispielsweise Ihre eigene – ergänzt werden sollte.

Praxisbeispiele und Anekdoten machen Informationen lebendig, Zusammenhänge nachvollziehbar und Hintergründe verständlich. Die Fallbeispiele, die Sie durch dieses Buch begleiten werden, sind mir alle prinzipiell so in meiner Arbeit begegnet. Ich habe sie allerdings teilweise didaktisch aufbereitet und selbstverständlich anonymisiert, um keine Rückschlüsse auf Personen oder Organisationen zu ermöglichen. Dabei stand ich immer wieder vor der Herausforderung, der Vielfalt und Komplexität von Menschen und Kulturen gerecht zu werden. Beim Schreiben musste ich mich gehörig zusammenreißen, nicht nach jedem Beispiel à la «so sind die Deutschen» und «so sind die Spanier» anzumerken, dass diese Sichtweise auch stereotypisierend sein kann und solche

Klassifizierungen zu einem nicht mehr zeitgemäßen Verständnis von Kultur beitragen.

Dieses Dilemma, das Ihnen gleich hier am Anfang begegnet, ist ein wunderbares Beispiel für die Koexistenz von unterschiedlichen Wahrheiten, die sich wie ein roter Faden durch das gesamte Buch ziehen wird. Denn darum geht es (mir): Brücken zu schlagen und das «dialektische Denken der Gleichzeitigkeit des Verschiedenen» zu trainieren (Pörksen, Schulz von Thun 2014), um ein Konzept anzuführen, das uns ebenfalls kontinuierlich begleiten wird. Dieser Brückenbau wird manches Mal zum Drahtseilakt geraten. So wie die Verbindung der verschiedenen Forschungsgebiete und durchaus widersprüchlichen wissenschaftlichen Perspektiven an einigen Stellen stabiler, an anderen Stellen wackeliger gelingen wird. Und dann werden sowohl ich als auch Sie, liebe Leserin, lieber Leser, mit den Widersprüchen leben müssen. Insofern können Sie das Buch als Plädoyer verstehen, Ihre Ambiguitätstoleranz zu trainieren, das heißt, weniger im «Entweder-oder» zu denken und dafür mehr im «Sowohl-als-auch».

Nach diesen einleitenden Worten lade ich Sie nun ein, den Balanceakt mit mir zu wagen: zwischen lebenspraktischer, aber kategorisierender Vereinfachung einerseits und dem Bewusstsein um menschliche Komplexität andererseits.

Statische Eisberge oder lebendige Flusslandschaften?
Unsere Sicht auf Kultur und was sie grundsätzlich prägt

Während der zweiten Hälfte des 20. Jahrhunderts tobte der Kalte Krieg zwischen den Supermächten USA und Sowjetunion sowie ihren jeweiligen Militärblöcken. Die Systemkonfrontation zwischen Kapitalismus und Kommunismus drohte zu eskalieren, die Gefahr einer bewaffneten Auseinandersetzung bestimmte weltweit die Außen- und Sicherheitspolitik.

In dieser Zeit, die geprägt war von Misstrauen, Konkurrenzkampf und Bereitschaft zur Repression, stellte der *Foreign Service* der USA fest, dass nur ein geringer Anteil der Mitarbeiterinnen und Mitarbeiter die Sprache ihres Entsendungslandes sprach. Russische Diplomaten schlugen sich, mit bis zu neunzig Prozent, deutlich besser. Es gab Handlungsbedarf. Also wurde der Anthropologe und Ethnologe Edward T. Hall beauftragt, US-amerikanischen Diplomaten beizubringen, wie kulturelle Unterschiede zu Missverständnissen und zum Misslingen ihrer Missionen beitragen konnten. Das Hauptziel war damals nicht etwa, in bunt gemischten Kulturen gut zusammenzuleben. Vielmehr sollte das Verhalten von Menschen aus unterschiedlichen Ländern für Diplomatinnen, Politiker, Militärangehörige und Geschäftsleute beschreibbar, berechenbar und kontrollierbar werden (vgl. Nguyen 2017).

Hall gilt als Begründer der Interkulturellen Kommunikation. In seinem wegweisenden Buch *Beyond Culture* (1976) legt er ausführlich seine bekannte Metapher dar, der zufolge Kulturen wie Eisberge sichtbare und unsichtbare Anteile in sich vereinen (vgl. Abb. 1). Sie spiegelt aber auch ein Verständnis von Kultur als homogenes, in sich abgeschlossenes Gebilde, dessen größter Teil mysteriös, unvorhersehbar und potenziell gefährlich ist.

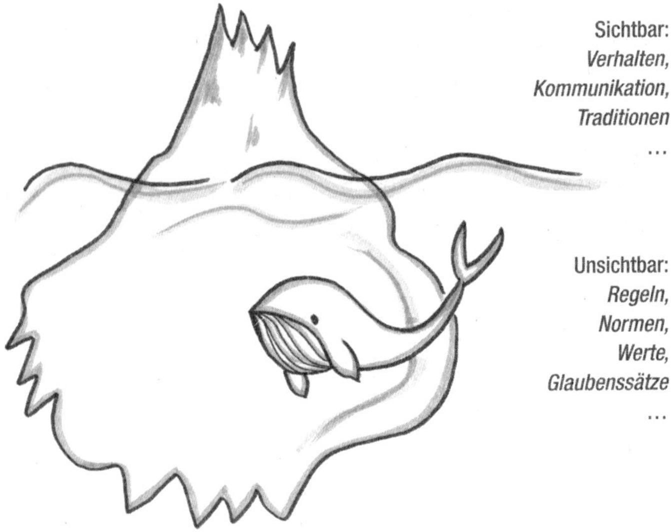

ABB. 1: Kultur als Eisberg nach Edward T. Hall (1976)

Dabei wurden bereits mit der Entstehung von Nationalstaaten die Begriffe «Kultur» und «Nation» eng aneinandergekoppelt, und zwar ebenfalls aus dem Bedürfnis heraus, sich klar von anderen abzugrenzen. «Jede Nation hat ihren Mittelpunkt der Glückseligkeit in sich wie jede Kugel ihren Schwerpunkt!», beschreibt der Philosoph Johann Gottfried Herder dieses Phänomen (1774, S. 44 f.). Wenn ich im Folgenden daran angelehnt von einem «kugeligen» Kulturverständnis spreche, dann meine ich damit ein Verständnis, nach dem – auch heute noch fast ausschließlich – Nationalkulturen klare Grenzen nach außen aufweisen und gleichzeitig homogen nach innen sind. Diverse Lehrbücher und Ratgeber bauen auf dieser Sichtweise auf. Sie stellen dann «die Spanier» «den Deutschen» gegenüber, weisen auf Konfliktpotenzial hin und geben konkrete Verhaltensempfehlungen.

Die interkulturelle Sichtweise bietet zweifellos hilfreiche Erklärungen, um Unterschiede aufzuzeigen oder, mit Hall gesprochen, um die Interaktion zweier Eisberge möglichst störungsfrei vonstattengehen zu lassen, bevor diese – voneinander unbeeinflusst und unbeeinträchtigt – ihren weiteren Weg durchs Eismeer fortsetzen. Aber sollten wir Kulturen tatsächlich als statische Gebilde verstehen, die aneinander vorbeiziehen? Die Antwort, Sie ahnen es, lautet nein.

Migration, Austausch, Durchmischung, das sind keine neuen Phänomene. Für mich als Hamburgerin spiegelt sich das in der Geschichte meiner Heimatstadt wider. Zwischen 1850 und 1939 wurde die Stadt für über 5 Millionen Menschen aus ganz Europa das Tor zur Welt. Von hier brachen sie per Schiff auf, um sich zum Beispiel in Nord- und Südamerika ein neues Leben aufzubauen – unter ihnen waren übrigens auch viele Deutsche. Allein in den USA gaben 2015 etwa 45 Millionen Menschen an, deutsche Vorfahren zu haben – damit stellen sie dort die größte ethnische Bevölkerungsgruppe dar (Plamper 2019).

Im Zuge dieser Einwanderung aus Europa wurde Buenos Aires 1905 zur ersten Millionenmetropole Lateinamerikas. Die Menschen kamen in Kontakt miteinander und hinterließen Spuren bei jenen, denen sie auf ihrem Weg begegneten. In der neuen Heimat veränderten sie sich, entwickelten neue kulturelle Praktiken und kommunizierten in mehreren Sprachen. Bis sie sich nicht nur in zwei Ländern, sondern auch auf zwei Kontinenten zu Hause fühlten und neue identitätsstiftende Kollektive für sich entdeckten. Ein Beispiel dafür sind die internationalen Arbeiterbewegungen Lateinamerikas, die vielen Europäern Anschluss, Zusammenhalt und ein Identitätsgefühl boten – auch dann noch, als sich ihre ehemaligen Landsleute in Europa gegenseitig bekriegten und töteten (vgl. Wätzold 2016).

Doch wer fortgeht, kann auch wiederkommen. Bis zu 40 Prozent der Ausgewanderten kehrten nach Europa zurück. Im Gepäck: neue Eindrücke von einer Welt, die sie nun auch den Zurückgebliebenen durch ihre Erzählungen und neuen Gewohnheiten näherbrachten – wodurch sie fast unmerklich Veränderungen anstießen. Überall, wo sich Menschen über einen längeren Zeitraum hinweg begegnen, verändern sich sowohl der Einzelne als auch die Gruppe – und langfristig auch beide Ursprungskulturen.

Wie dieses Beispiel zeigt: Kulturellen Austausch gab es schon immer. Doch noch nie waren Menschen, Informationen, Wissen und Waren so beweglich wie heute. Für viele Studierende gehören Auslandsaufenthalte zum Studium. Eine internationale Karriere anzustreben, ist für sie völlig normal. Und auch außerhalb universitärer Kontexte bewegen sich Menschen über Landesgrenzen hinweg und lassen sich zeitweise oder gar dauerhaft außerhalb ihrer ursprünglichen Heimatländer nieder. Viele von ihnen gehen bikulturelle Partnerschaften ein, manche bekommen gemeinsam Kinder. In Deutschland hat knapp jeder Vierte einen sogenannten Migrationshintergrund. Und auch meine Kinder haben einen argentinischen Vater, eine deutsche Mutter und leben in Spanien, genauer gesagt, in Katalonien. Auf welchen von Halls Eisbergen soll ich meine Familienmitglieder setzen?

Die interkulturelle Betrachtungsweise dieser Frage ist zwar nicht falsch, aber doch unvollständig. Deswegen haben sich im Laufe der Jahrzehnte verschiedene Ansätze entwickelt, um kulturelles Zusammenleben zu beschreiben, auf die ich hier kurz eingehen möchte:

«Multikulturalität» steht für die Idee weitestgehend voneinander abgegrenzter, homogener nationaler oder ethnischer Gruppen, die innerhalb einer Gesellschaft mehr oder weniger friedlich nebeneinanderher leben – wie die einzelnen Blumen eines großen, bunten Blumenstraußes. Bestehende Unterschiede werden wahrgenommen und akzeptiert. Das zeigt sich zum Beispiel auf multikulturellen Straßenfesten.

«Interkulturalität» geht einen Schritt weiter und versteht das Zusammenleben als Prozess, in dem Gruppen zwar klar voneinander abgrenzbar sind, aber interagieren, sowie sich und ihre Mitglieder vernetzen – wie bei einem Blumenbeet, in dem Blätter und Wurzelwerk ihren Lebensraum teilen. Diese Interaktion macht es notwendig, dass Mittel und Wege zur Verständigung und Akzeptanz zwischen den Kulturen gesucht und gepflegt werden.

Diese traditionellen Erklärungsmodelle bauen auf dem kugeligen Kulturverständnis auf, demzufolge Kulturen in sich abgeschlossene, homogene Systeme sind. Sie vernachlässigen, dass wir unser Selbstkonzept nicht nur auf Grundlage unserer Nationalkultur, sondern anhand diverser identitätsstiftender Gruppenzugehörigkeiten konstruieren, und das in einem lebenslangen Prozess. Weil die althergebrachten Modelle nicht ausreichen, sind in den letzten Jahren verschiedene neue Ansätze entstanden, darunter «Hyperkulturalität», «Multikollektivität» und «Diversity». Um bei der Pflanzen-Metapher zu bleiben, beschreiben sie Kultur als Lebensgemeinschaft diverser Organismen, als lebendiges und wachsendes Ökosystem mit offenen Grenzen, in denen alle Elemente Einfluss auf das Ganze haben und die Übergänge fließend sind. Auch «Transkulturalität» (lat. *trans-* darüber, jenseits von, hindurch, auf die andere Seite) gehört zu diesen neuen Erklärungsmodellen. Der Begriff geht auf den kubanischen Anthropologen Fernando Ortiz Fernández (1940) zurück und wurde in Deutschland Anfang der 1990er-Jahre von dem Philosophen Wolfgang Welsch (2017, 2018) in die Diskussion eingebracht. Inzwischen wird das Konzept «Transkulturalität» von verschiedenen Autorinnen und Autoren aufgenommen und weiterentwickelt.

Transkulturalität versteht Kulturen nicht als Eisberge, sondern als hochgradig verflochtene, dynamische Gebilde. Ein in der Fachliteratur beliebtes Bild ist das der Flusslandschaften, demzufolge Kulturen – wie Flüsse – von sichtbaren und unsichtbaren Quellen gespeist werden. Die Wasseroberfläche ist meist ruhig, dennoch können wir davon ausgehen, dass darunter machtvolle Unter- und Gegenströmungen aufeinandertreffen. Flüsse laufen zusammen, durchdringen sich und bilden neue Arme aus. Sie erneuern sich ständig und sind immer in Bewegung. Kritische Ereignisse können in Ausnahmesituationen dazu führen, dass ein Fluss über die Ufer tritt, sich einen neuen Weg suchen muss, gar ein neues Flussbett entsteht. Und dennoch bleibt selbst dann vieles wie gehabt: Weiterhin fließt Wasser aus unzähligen sichtbaren wie unsichtbaren Quellen, Gletschern und Regenwolken in einem einzigartigen Mischungsverhältnis durch eine Umgebung, die es prägt und verändert.

Transkulturalität geht also von einer starken Hybridisierung, also einer Durchdringung, der Einzelkulturen aus: Grenzen sind zwar vorhanden, aber durchlässig, Kulturen haben sich schon immer gegenseitig beeinflusst, und jeder Mensch wird von vielen Kulturen geprägt. Dadurch verlagert sich der Fokus von den kulturellen Unterschieden auf die Gemeinsamkeiten.

Vor Kurzem hat ein Mathematikprofessor eine Formel gefunden, mit der sich erklären lässt, warum *Hipster* überall auf der Welt gleich aussehen. Dass vor ein paar Jahren plötzlich Fotos von Avocado-Broten auf Instagram trendeten und ebenso unvermittelt wieder verschwanden, mag ein Beweis dafür sein, dass die Lebensformen in großstädtischen Szenevierteln weltweit kulturelle Gemeinsamkeiten aufweisen. Gleichzeitig können sich Lebensstile in ein und demselben Land drastisch unterscheiden, etwa zwischen Regionen, Stadt- und Landbevölkerung oder sogar einzelnen Stadtteilen.

Welsch geht davon aus, dass gesellschaftliche und kulturelle Identitäten sich gegenseitig durchdringen und nicht an Landesgrenzen oder Ortsschildern enden. Insofern ist es schwierig, allgemeingültige Verhaltensempfehlungen für den Umgang mit Deutschen, Argentiniern oder Chinesen zu geben. Was aber dann? Laufen wir nicht Gefahr, uns wichtiger Orientierungshilfen zu berauben, wenn wir Menschen nur noch in ihrer bunten Individualität betrachten? Ja, auch dieses Risiko gibt es! Die Kunst besteht darin, sich all dessen bewusst zu sein.

Kultur als offenes, hybrides Beziehungsgebilde oder als in sich geschlossener Eisberg: Wer sich in diesem Spannungsfeld bewegt und nicht um die Schwierigkeit des Kulturbegriffs weiß, hat es verpasst, seine Hausaufgaben zu machen. Dass der Kulturbegriff polarisiert, ist vor allem an der Schnittstelle zwischen Wissenschaft und Praxis zu spüren: Was ist Kultur, was fällt darunter und was nicht, ist sie in sich geschlossen und statisch oder durchlässig und dynamisch? Während in den Kulturwissenschaften eine «Transkulturelle Wende» zu beobachten ist, in deren Folge sich eine regelrechte «Homogenitätsphobie» entwickelt hat und kaum noch von Unterschieden zwischen Kulturen die Rede sein darf (weil Kulturen dann ja als homogen verstanden werden), bringt die Sachbuchlandschaft weiterhin einen «kugeligen» Kulturratgeber nach dem nächsten hervor (vgl. auch Bolten 2013). Denn natürlich spielen die jeweiligen National- und Herkunftskulturen eine Rolle, wenn Menschen sich begegnen – und zweifellos entstehen dadurch Missverständnisse, Irritationen und mitunter Konflikte. Deswegen sind auch Ländervorbereitungstrainings, in deren Rahmen sich Menschen mit ihrem neuen Heimatland auseinandersetzen, so gefragt wie nie. Und auch die Teilnehmerinnen und Teilnehmer in meinen Kursen und Coachings bringen oft ein geschärftes Bewusstsein für kulturelle Eigenheiten mit und suchen nach weiteren Kulturinformationen, die ihnen Orientierung geben. Sie wollen Differenzen verstehen und Missverständnisse vermeiden. Ihnen hilft es wenig, wenn ich sie auf kulturelle Durchmischung und Hybridisierung hinweise.

Entsprechend werden immer mehr Stimmen laut, die für eine Sowohl-als-auch-Logik plädieren, in der je nach Bedarf zwischen den Perspektiven hin und her gewechselt wird. Der Kultur- und Kommunikationswissenschaftler Jürgen Bolten spricht von «*Fuzzy Cultures*» und will damit beschreiben, dass die unterschiedlichen lebensweltlichen Bereiche, denen jeder Mensch angehört, vielfältig untereinander vernetzt sind. Die Ränder dieses Netzwerks überlappen einander, sind unscharf oder fransig, also *fuzzy*.

Bolten plädiert daher für ein mehrwertiges Kulturverständnis und empfiehlt, je nach Kontext verschiedene Perspektiven einzunehmen und wie bei einer interaktiven Weltkarte, etwa Google Earth, je nach Bedarf heran- und herauszuzoomen (vgl. Bolten 2011, 2013a). Die Vogelperspektive lässt kulturelle Unterschiede in Sozialisation, Werten und Grundannahme erkennbar werden, wodurch sie bei der Orientierung hilft und Handlungssicherheit verschafft. Denn auch wenn viele Organisationen das nach wie vor unterschätzen, hängen auch die Erwartungen an den Führungsstil oder das Kommunikationsverhalten in beträchtlichem Maße von kulturellen Hintergründen ab.

Weil die Draufsicht uns wertvolle Einblicke ermöglicht, gerät leider allzu oft in den Hintergrund, dass sie eben kein detailliertes Bild liefert, und so ist in den letzten Jahrzehnten eine regelrechte Kulturalisierungstendenz zu beobachten: Ob Wissenschaft oder Gesellschaft – wir übertreiben den flüchtigen Blick von oben, zoomen oftmals so stark, dass wir Religion, Nationalität und ethnische Zugehörigkeit stärker gewichten als die Identität der jeweiligen Menschen mit all ihren individuellen Eigenheiten, zwischenmenschlichen Beziehungsgeflechten und sozialen Zugehörigkeiten. Dann gilt es, näher heranzuzoomen, um Unterschiede, Widersprüche, Hybridität und Mehrfachzugehörigkeiten zu erkennen.

Beide Sichtweisen haben ihre Berechtigung und unterliegen gleichzeitig der Gefahr, übertrieben zu werden. Entscheidend ist, dass wir uns erstens klarmachen, mit welchem Zoomfaktor wir gerade unterwegs sind, und dass wir zweitens je nach Situation die Perspektive wechseln. Die Lösung liegt nämlich nicht im «Entweder-oder», sondern im «Sowohl-als-auch». Deswegen wird Ihnen in diesem Buch beides begegnen: zum einen die interkulturelle Perspektive als Grundlage, um kulturelle Unterschiede zu verstehen, zum Beispiel in Form von Kulturdimensionen, also festen Kategorien, mit denen die Wissenschaft versucht, Kulturen anhand einer einheitlichen Methode zu erfassen – und zum anderen die transkulturelle Perspektive, die komplexer ist, unsere Realität aber auch realistischer abbildet und versucht, Entwicklungspotenziale zu erkennen, Synergien zu nutzen und Gemeinsamkeiten zu betrachten.

1. Was ist Kultur? Eine Annäherung

Was ist Kultur? Wenn ich diese Frage im Seminar stelle, setzen viele Teilnehmerinnen und Teilnehmer zum Sprechen an – dann werden sie nachdenklich, und meistens bleibt es im Raum still. Die Antwort scheint zwar auf der Zunge zu liegen, doch die Definition fällt erstaunlich schwer. Tatsächlich gibt es im wissenschaftlichen Kontext bisher keine allgemein anerkannte Begriffsklärung, und das Wort «Kultur» wird auf ganz unterschiedliche Art und Weise benutzt. Vielleicht hat der Soziologe Dirk Baecker (2003) recht, wenn er schlussfolgert, wer versuche, den Kulturbegriff zu definieren, zeige lediglich, dass er diesem nicht gewachsen sei. Kultur ist irgendetwas zwischen einem kollektiv entwickelten künstlichen Konstrukt – also einer Idee, die nur in unseren Köpfen existiert – und einer objektiven, ja fast körperlich spürbaren Realität – der wir bei genauerem Hinsehen tagtäglich auf die Schliche kommen können.

Vielleicht probieren wir es zur Veranschaulichung einmal mit einem Gedankenexperiment: Woran denken Sie bei dem Satz «Oh, wie schön ist Panama»? Wenn Sie die Gutenachtgeschichten-Erfahrungen mehrerer deutscher Generationen teilen, vermutlich nicht an beeindruckende Natur und weiße Sandstrände, sondern an das gleichnamige Kinderbuch von Janosch, in dem zwei kuschelige Freunde mit ihrer gestreiften Ente auf Abenteuersuche gehen. Und vielleicht steigt Ihnen auch ein ganz leichter Bananenduft in die Nase. Kultur ist natürlich viel mehr als eine Kindergeschichte – und doch haben beide vieles gemeinsam: Sie werden von Generation zu Generation weitergegeben, von klein auf internalisiert, und sie vermitteln eine bestimmte Einstellung zum Leben. Sie bringen Menschen bei, Erfahrungen, Werten und Symbolen eine Bedeutung zu geben. Zwar verändert und entwickelt sich Kultur mit der Zeit – ihre Botschaft oder die kulturellen Werte verändern sich allerdings nur sehr langsam.

Kultur wird oft als der Kitt beschrieben, der Zugehörigkeit schafft, unsere sozialen Beziehungen stärkt und Gesellschaften zusammenhält. Darüber hinaus stellt sie ein Orientierungssystem dar, das uns dabei hilft einzuordnen, wer wir sind und wofür wir stehen, und das festlegt, was im Leben erstrebenswert ist und was wir für gut oder schlecht halten. In «unseren» Kulturen können wir uns mühelos, ja fast schlafwandlerisch, bewegen: Wir wissen, zu welcher Tageszeit was gegessen werden sollte, ob Mahlzeiten im Stehen oder Sitzen eingenommen werden, auf Stühlen oder auf dem Boden, und ob wir dazu unsere Hände, Besteck oder Stäbchen benutzen. Wir wissen sogar, wann Ausnahmen üblich sind. Das heißt, wir sind uns auch der unausgesprochenen Widersprüche oder gar Konflikte bewusst. Wenn ich im Folgenden von Kulturen spreche, dann meine ich also kein trennscharf zu definierendes Konstrukt, sondern ein komplexes System von Wirkungselementen, das beeinflusst, wie wir die Welt verstehen. Ich meine damit ein geteiltes Weltbild, das wir aktiv weitergeben. Ein Identitätsgefühl, dem bestimmte Wertvorstellungen zugrunde liegen, die sich auch in der Art und Weise zeigen, wie wir uns in der Welt bewegen und sie erleben, welche Verhaltensweisen wir an den Tag legen – und wie wir mit anderen kommunizieren.

2. Wie kommuniziere ich? Das Kommunikationsquadrat

Kultur schlägt sich – auch – in der Kommunikation mit sich selbst und anderen nieder. Im Laufe dieses Buches werden Ihnen diverse Methoden und Modelle begegnen, die uns als Hilfsmittel und Verständigungsbrücken für diesen Prozess dienen. Eine vertiefende Auseinandersetzung mit der Kulturgeprägtheit von Kommunikation erwartet Sie in Teil II. Hier wenden wir uns zunächst dem Kommunikationsquadrat zu. Im Anschluss betrachten wir das Innere-Team-Modell.

Kommunikation ist mehr als nur «miteinander reden». Informationen werden simultan über Sprache, Mimik, Gestik und viele weitere Hinweisreize gesendet. Ein Sachverhalt kann verstanden oder missverstanden werden, die als angemessen bzw. selbstverständlich vorausgesetzte Art des Umgangs kann akzeptiert oder abgelehnt werden, einer bewussten oder auch unbewussten Aufforderung kann entsprochen werden oder auch nicht. Gleichzeitig zeigen wir uns ganz nebenbei als Person, das heißt, wir teilen explizit oder implizit mit, wie es uns geht. Schulz von Thun hat mit dem Kommunikationsquadrat (2013a) ein Analyseinstrument entwickelt, das uns hilft, diese Prozesse unter die Lupe zu legen und uns ihrer bewusst zu werden (vgl. Abb. 2).

Das Modell fußt auf der Grundannahme, dass jede Äußerung vier Aspekte hat, die mit den vier Seiten eines Quadrats dargestellt werden können: 1. einen *Sachinhalt* – Über was informiere ich?; 2. einen *Appell* – Was möchte ich bei meinem Gegenüber erreichen?; 3. einen oder mehrere *Beziehungshinweise* – Was halte ich von meinem Gegenüber und wie stehe ich zu ihm oder ihr?; sowie 4. eine *Selbstkundgabe* – Was zeige ich von mir?

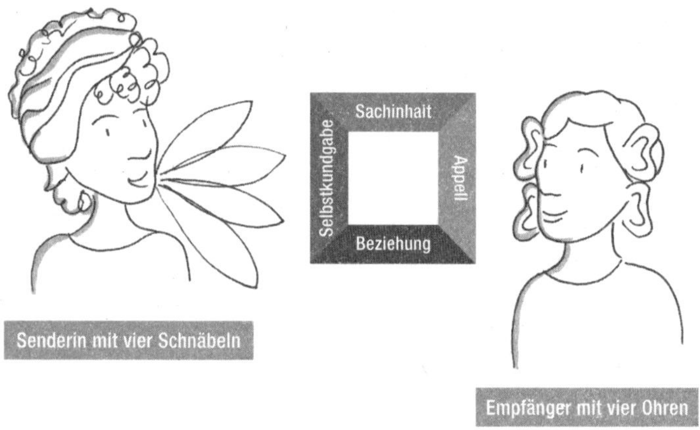

ABB. 2: Das Kommunikationsquadrat mit seinen vier Schnäbeln, vier Ohren und vier Ebenen der Kommunikation

Weil wir immer diese vier Botschaften gleichzeitig senden, spricht die Hamburger Kommunikationspsychologie vom «Simultancharakter» der Kommunikation und geht davon aus, dass alle Menschen mit vier Schnäbeln sprechen und mit vier Ohren hören. Was allerdings nicht heißt, dass der Empfänger die vier Botschaften zwingend so verstehen muss, wie sie vom Sender gemeint waren. Das gilt für jede zwischenmenschliche Kommunikation und für interkulturelle Kommunikation oft ganz besonders. Denn auch wenn Menschen überall auf der Welt auf diesen vier Ebenen kommunizieren: Wie uns diese Schnäbel gewachsen sind, auf welchen Ohren wir besonders hellhörig sind und für welche Hinweise wir sogar taub sein können, ist eben auch kulturbedingt. Lassen Sie mich das anhand der vier Seiten des Kommunikationsquadrats verdeutlichen:

1. Der Sachinhalt informiert. Steht die Sachseite im Vordergrund, geht es um präzise, verständliche und differenzierte Informations- und Wissensvermittlung. Es zählen Zahlen, Daten und Fakten.

Wer sich hier zu Hause fühlt, versucht, andere mithilfe detaillierter Informationen und überprüfbarer Tatsachen vom eigenen Standpunkt zu überzeugen. Satzanfänge wie «Fakt ist …» oder «Die Daten zeigen …» suggerieren maximale Objektivität und objektive Wahrheit.

Eine stärkere Sozialisierung auf der Sachseite findet sich traditionell in technischen Berufen und in männerdominierten Lebensbereichen. Auch die Kommunikation der Deutschen wird von Nichtdeutschen häufig auf der Sachseite verortet. So beklagen sich viele internationale Angestellte in meinen Seminaren über die zu gut trainierten «Sach-Schnäbel» und «Sach-Ohren» ihrer deutschen Führungskräfte. So mancher Mitarbeiter würde da gerne einen Appell an seine Führungskraft äußern, das Beziehungs-Ohr und den Beziehungs-Schnabel stärker zu aktivieren.

2. Menschen kommunizieren, um etwas zu bewirken. Auf der Appellseite geht es um die Wirksamkeit. Was soll beim anderen erreicht werden? Was soll sie oder er tun bzw. unterlassen, denken, fühlen? Diese Wirkungsabsicht kann mehr oder weniger offen bzw. verdeckt kommuniziert werden. In nordeuropäischen Ländern

beispielsweise wird Führungskräften oft empfohlen, klar Stellung zu beziehen, was sie von ihren Mitarbeiterinnen und Mitarbeitern erwarten, um keinen Raum für Rätselraten zu bieten.

Manchmal ist solch eine klare Kommunikation allerdings mit Vorsicht zu genießen. Je größer die Beziehungsorientierung oder je indirekter der Kommunikationsstil in der jeweiligen Kultur, desto weniger direkt können u. a. auch Appelle geäußert werden. Eine offene Aufforderung, eine direkte Bitte oder gar einen unverblümten Wunsch zu kommunizieren, ist in vielen Kulturen undenkbar, ganz besonders, wenn es sich bei dem Adressaten um eine hierarchisch höhergestellte Person handelt. Das hat auch Vorteile: Ein lediglich indirekter Appell macht mein Gegenüber nicht zum Befehlsempfänger, der sich womöglich herumkommandiert oder gar kritisiert fühlt. Stattdessen kann er – in einem gewissem Rahmen – selbst entscheiden, ob er dem Appell Folge leisten möchte.

Wer nicht daran gewöhnt ist, auf der «Appell-Lauer» zu liegen, läuft allerdings tatsächlich Gefahr, indirekte Aufforderungen schlichtweg zu verpassen. Ein extrem aktives «Appell-Ohr» wiederum hört im interkulturellen Kontakt bisweilen vermeintliche Aufforderungen heraus, wo sie gar nicht gesendet wurden. Oder verdeckte Appelle werden zwar bemerkt, die indirekte Vermittlung jedoch als Unsicherheit ausgelegt oder gar als Manipulationsversuch verstanden, was unwillkürlich Widerstand auslöst.

3. Beim Beziehungshinweis geht es darum, was ich vom Gegenüber halte und wie ich zu ihm oder ihr stehe, also auch um Akzeptanz und Zugehörigkeit. Die Hamburger Kommunikationspsychologie unterscheidet auf der Beziehungsseite zwei Arten von Botschaften: Du-Botschaften (So bist du!) und Wir-Botschaften (So stehen wir zueinander!).

Sobald Menschen kommunizieren, schwingt auch immer mit, wie sie ihr Gegenüber sehen: «Du bist klug, nett, vertrauenswürdig … oder eben nicht.» Gleichzeitig machen sie ein Beziehungsangebot und verhandeln über eine geteilte Beziehungsdefinition: «Darf ich dich ansprechen? Dir in die Augen schauen? Dich duzen oder siezen? Dich kritisieren, um etwas bitten, dir etwas Persönliches erzählen … oder etwa nicht?»

Beziehungsbotschaften werden vor allem nonverbal über Mimik, Gestik, räumliche bzw. körperliche Nähe, aber auch paraverbal über sprachliche Intonation, Lautstärke und Betonung ausgetauscht. Schon kleine Kinder sind wahre Experten im Deuten dieser Signale. Weil der Blick der anderen so wichtig für uns Menschen ist, liegen wir ständig auf der «Beziehungs-Lauer»: «Wie spricht er eigentlich mit mir?» – «Wie kann sie es wagen, meinen Standpunkt zu kritisieren?» Im Grunde geht es um die Frage, inwieweit Menschen sich gegenseitig ernst nehmen, schätzen und auf Augenhöhe behandeln.

Eine starke Gewichtung der Beziehungsseite kann sich zum Beispiel in einer überschwänglichen «Komplimente-Dank-und-Lob-Kultur» ausdrücken: «Welch schönes Kleid, tolles Kind, herausragende Arbeit!» Oft geht sie auch mit dem kommunikativen Manöver einher, sich selbst verbal kleiner zu machen oder das Gegenüber zu erhöhen. Wer hier nur mit dem Sach- oder Selbstkundgabe-Ohr hört, riskiert, die Expertise des Sprechenden zu unterschätzen. Denn hier wird ein Beziehungsangebot gemacht, bei dem die Erwartung mitschwingt, dass das Gegenüber die soziale Balance aufrechterhalten wird, etwa mit einem Gegenkompliment oder durch die Würdigung einer besonderen Leistung oder Eigenschaft durch die hierarchisch höhergestellte Person.

4. Während die Beziehungsbotschaft ausdrückt, wie Menschen zueinander stehen, verdeutlicht die Selbstkundgabebotschaft, wer sie sind. Diese Seite steht für Authentizität und Wahrhaftigkeit. Für Menschen ist es enorm wichtig, einerseits zu erkennen, wen

sie vor sich haben, und sich andererseits selbst zu zeigen. In der zwischenmenschlichen Kommunikation schwingt deswegen immer auch – explizit oder implizit, bewusst oder unbewusst – eine Selbstkundgabe mit: «So bin ich, das ist mir wichtig, so geht es mir, so fühle ich mich.»

Allerdings beeinflussen soziale Normen, bis zu welchem Grad Menschen sich zeigen dürfen und wie Gefühle und Bedürfnisse ausgedrückt werden sollten. Wenn etwa die Bewahrung von Harmonie, wie in vielen ostasiatischen Kulturen, eine der obersten Verhaltensregeln ist, dann werden Bescheidenheit, Besonnenheit und eine zurückhaltende Höflichkeit geschätzt. Vor allem in professionellen Settings hat eine verbalisierte Selbstkundgabe dann wenig zu suchen. Aber auch in einer privaten Beziehung kann es als kindisch oder unangemessen bewertet werden, über eigene Gefühle zu sprechen. Direkt ausgesprochene Selbstkundgabebotschaften in Form von Ich-Aussagen oder hinsichtlich der Formulierung eigener Bedürfnisse gelten in vielen Kulturen als egoistisch oder arrogant. Stattdessen tendieren Menschen dann dazu, im «Wir» zu sprechen.

Ein in diesem Zusammenhang oft angeführtes Beispiel sind die japanischen Konzepte «*Honne*» und «*Tatemae*» (vgl. auch Rez et al. 2006). Während *Honne* sich auf die wahren Gefühle und Wünsche einer Person bezieht, beschreibt *Tatemae* das sozial erwartete Verhalten in der Öffentlichkeit. In Japan gehören negative Gefühle wie Enttäuschung, Wut oder Trauer traditionell nicht in den öffentlichen Raum und werden durch Lächeln oder eine ausdruckslose Mimik kaschiert. Wer seine Gefühle im Sinne von *Tatemae* nicht in der Öffentlichkeit zeigt, sendet damit gleichzeitig die Selbstkundgabe, dass er höflich ist und sich – im Rahmen der eigenen kulturellen Normen – zu benehmen weiß.

Das wird aber nicht immer verstanden, ganz im Gegenteil führt eine als verdeckt wahrgenommene Selbstkundgabe schnell zu Irritationen, denn sie schürt im Gegenüber den Verdacht, Imponier- oder Fassadentechniken ausgesetzt zu sein, worauf die meisten Menschen mit Misstrauen reagieren. Eine zu starke Kontrolle der Selbstkundgabe kann so zulasten der Authentizität, der Glaubwürdigkeit und langfristig auch des zwischenmenschlichen Kontakts gehen. Dabei dient das Maskieren der Selbstkundgabe oft der Beziehungspflege.

Im Gegensatz dazu kann die Selbstkundgabe aber auch ganz anders gestaltet werden, um die Beziehung zu pflegen: In vielen Mittelmeerländern gehören große Selbstkundgabe-Schnäbel und -Ohren, die Lust daran, sich zu zeigen, sowie ein freundschaftlich-persönliches Verhältnis im Kollegenkreis zum guten Umgangston. Von freundlich aufgeschlossenen Beziehungsbotschaften geht eine große Attraktivität aus, die allerdings auch Fallstricke bereithält: Wenn «kühle Nordlichter» sich schon nach kürzester Zeit im persönlichen Raum der «warmherzigen Südländer» wähnen, erwarten sie oft eine Verbindlichkeit, die regelmäßig enttäuscht wird.

Als bewusstseinsbildendes Modell kann das Kommunikationsquadrat dabei helfen, Irritationen, Missverständnissen und Konflikten auf die Spur zu kommen und ganz grundsätzlich die Aufmerksamkeit für verbale wie nonverbale kommunikative Prozesse zu schärfen.

Von einem interkulturellen Standpunkt aus können wir es außerdem nutzen, um zwei Nationalkulturen gegenüberzustellen. «Die Deutschen» werden gemeinhin als direkt, regel- und zeitorientiert, rational, distanziert und individualistisch beschrieben, und Nichtdeutsche machen «den deutschen Kommunikationsstil» vor allem auf der Sach- und Appellseite fest. Im Vergleich dazu wird ein «mediterraner Kommunikationsstil» eher auf der Beziehungs- und Selbstkundgabeseite verortet – zumindest aus deutscher Sicht. Aus arabischer Perspektive sähe das vermutlich schon wieder ganz anders aus, weil hier eine tendenziell sogar noch stärkere Beziehungsorientierung vorherrscht.

Vergleicht man Kulturen mithilfe des Kommunikationsquadrats, können Konfliktpotenziale analysiert, persönliche Entwicklungsrichtungen aufgezeigt und Verhaltensempfehlungen ausgesprochen werden. Denn der gezielte Einsatz und die bewusste Gewichtung unserer vier Ohren und vier Schnäbel ist trainierbar.

Lassen Sie mich das anhand eines Beispiels verdeutlichen: Neuankömmlinge sind in Spanien immer wieder erfreut darüber, wie schnell sich aus einer zufälligen Begegnung in der Mittagspause oder nach dem gemeinsamen Yoga-Kurs ein intensives und persönliches Gespräch entwickeln kann. Wenn das spanische Gegenüber dann auch noch begeistert sagt: «Das war richtig nett! Lass uns das nächste Woche unbedingt wiederholen!», scheint sich ganz unverhofft eine Freundschaft anzubahnen. Was für ein Glück, sind Zugezogene doch darauf angewiesen, sich ein neues Netzwerk aufzubauen. Hat der Kollege dann unvermittelt «andere Pläne» oder erscheint die Yoga-Bekannte einfach nicht, ist die Enttäuschung oft groß. Eine meiner Klientinnen hat einmal einen ganzen Nachmittag am Strand auf die neue Freundin gewartet, die sich zu allem Überfluss beim nächsten Aufeinandertreffen offensichtlich keiner Verfehlung bewusst war.

Unter die Lupe des Kommunikationsquadrats gelegt, sehen wir, dass bei diesem Missverständnis zwei Faktoren zusammenkommen: Erstens wurde in der starken Gewichtung der Selbstkundgabeseite nicht die größere Durchlässigkeit des öffentlichen Bereichs erkannt, dank der auch Themen, die anderswo noch unter «Privatsphäre» fallen, zum ganz normalen Small Talk gehören können. Stattdessen wurde sie fälschlicherweise als starke persönliche Verbindung interpretiert. Und zweitens wurde die Nachricht auf der Sachseite verstanden, das heißt als konkretes Angebot, das Treffen an einem bestimmten Tag zu wiederholen, und nicht als generelles

Beziehungsangebot, wie es gemeint war: «Ich würde mich jederzeit gerne wieder mit dir treffen.»

3. Wer bin ich? Das Innere-Team-Modell

Zu gelungener Kommunikation gehört sowohl ein guter Kontakt zum Gegenüber als auch das Verständnis für die eigenen Bedürfnisse und Gefühle. Hier liegt der Ursprung des Inneren-Team-Modells nach Schulz von Thun (2013c). Es erlaubt uns, 1. in uns selbst und andere «hineinzuschauen», 2. zu verstehen, welche inneren Tendenzen und Dynamiken dort schalten und walten, und 3. bei Bedarf Persönlichkeitsveränderungen anzustoßen. Das Modell, mit dem wir die Persönlichkeit jedes einzelnen Menschen facettenreich und vielschichtig darstellen können, ist mir zu einem unerlässlichen Werkzeug geworden, um inter- und transkulturelle Phänomene zu verstehen.

Mit dem *Inneren Team* bilden wir ab, dass bei jedem Menschen in jedem Moment «mehrere Seelen in der Brust wohnen», die berücksichtigt werden wollen (vgl. Abb. 3). Hat mein neuer Chef in Shanghai mich auf absolut unpassende Weise kritisiert, erzeugt das vielschichtige Reaktionen in mir: Gefühle wie Wut oder Ärger («So eine bodenlose Frechheit!»), Handlungsimpulse («Wehr dich!»), Grübeleien («Ich bin einfach nicht gut genug.») oder Körpersignale wie Schwitzen, Zittern oder Magengrummeln. Solche Impulse bilden wir im Inneren-Team-Modell als Stimmen ab, die entweder vorschnell, laut und energisch auftreten oder sich leise, manchmal auch erst nachträglich, bemerkbar machen können.

Indem wir diese Impulse, Tendenzen oder auch Persönlichkeitsanteile als Mitglieder unseres *Inneren Teams* verstehen, die eine Botschaft vertreten, und ihnen einen Namen bzw. eine Funktion zuweisen, machen wir sie greifbar und beschreibbar. Darüber hinaus besagt die Team-Metapher, dass *Innere Teams* nach den gleichen Gesetzmäßigkeiten wie «äußere Teams» im Berufs- oder Privatleben funktionieren. Die Mitglieder können sich weiterentwickeln, neue Aufgabenbereiche übernehmen, Konflikte klären, Allianzen schließen, gemeinsam daran arbeiten, ein gutes

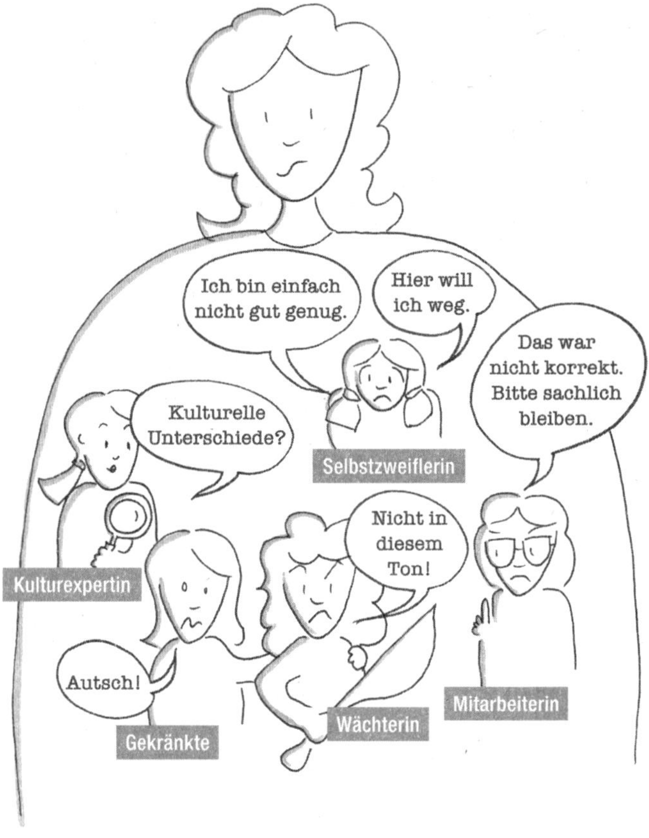

ABB. 3: Mit dem *Inneren-Team*-Modell lassen sich innermenschliche Dynamiken abbilden.

Betriebsklima aufrechtzuerhalten, sowie geschätzt und stolz nach außen präsentiert werden. Sie können ihre Botschaft aber auch weniger konstruktiv kommunizieren, sich streiten, andere nicht zu Wort kommen lassen und vom Rest des Teams verachtet oder schamhaft versteckt werden. Das kann sogar dazu führen, dass *innere Stimmen* verbannt werden, oftmals durchaus in guter Absicht, etwa, um uns vor Verletzungen zu schützen. Manchmal werden so genau diejenigen Stimmen verbannt, die wir für den zwischenmenschlichen Kontakt so dringend brauchen und die etwa Gewissen, Moralvorstellungen oder Empathie verkörpern. Und häufig trifft es auch Stimmen, die nicht den vorherrschenden kulturellen Normen und Werten einer neuen Gastkultur entsprechen.

Um zu verstehen, wie solche verbannten *inneren schwarzen Schafe* sich benehmen, können Sie sich vorstellen, wie es wäre, Teil eines Arbeitsteams zu sein, in dem weder Sie selbst noch Ihre grundsätzlich engagierte Arbeit vom Chef oder vom Kollegenkreis zur Kenntnis genommen würden, Sie keinerlei Einfluss auf Teamentscheidungen hätten und in Teamsitzungen nicht einmal mit am Besprechungstisch sitzen dürften. Im wirklichen Leben würden Sie vermutlich so schnell wie möglich das Team oder gleich den Arbeitgeber wechseln. *Innere Teammitglieder* können das jedoch nicht. So drücken sich diese *inneren Wortmelder* weiter im Besprechungszimmer herum und schwanken zwischen Apathie und aufwieglerischer Konfrontation. Wenn sie dann auch noch Leidensgenossen finden, können sie das Betriebsklima ganz schön aufmischen. Vielleicht versuchen diese *schwarzen Schafe*, die *anderen Teammitglieder* lautstark zu unterbrechen, gießen den Kaffee über den Tisch, setzen gar den Mülleimer in Brand oder machen ohrenbetäubenden Lärm. Als *innere Schattengestalten* versuchen sie, ihrem Standpunkt Gehör zu verschaffen. Und weil es hier um eine innermenschliche Realität geht, geschieht das oft in Form von psychosomatischen Symptomen. Ignorierte innere Anteile gehen uns an die Nieren, schlagen uns auf den Magen, laufen uns über die Leber oder lassen uns Menschen auf andere Art und Weise gesundheitlich in die Knie gehen.

Als Gegenreaktion muss nun auch das gern gesehene *innere Bühnenensemble* unter dem Druck der Aufwiegler aufrüsten. Wo es anfangs ausreichte, diese geflissentlich zu übersehen, müssen nun Strategien entwickelt werden, um den schwelenden Unmut aus dem Untergrund in Schach zu halten. Der innere Energieverlust dabei ist enorm. In meiner Arbeit begegnen mir regelmäßig solche hochgeschaukelten Untergrundbewegungen, die für die Betroffenen oft nur schwer zu erkennen sind. Sie berichten dann über Leistungsminderung, Übersensibilität, Zerrissenheit oder das Gefühl innerer Leere und merken nicht, dass es ungehörte Anteile sind, die ihnen den Schlaf rauben oder gar zu Depression und Burn-out führen.

Für ein inneres Klima von Wertschätzung, Synergie und Inspiration ist eine starke innere Führung unerlässlich, die dafür Sorge trägt, dass alle Anteile gehört werden. Im Inneren-Team-Modell erfüllt das *Oberhaupt* diese Rolle, indem es dafür sorgt, dass Stimmen sich weiterentwickeln, neue Aufgabenbereiche übernehmen, Konflikte klären, Allianzen schließen und gemeinsam daran arbeiten, ein gutes Betriebsklima aufrechtzuerhalten.

Das *Oberhaupt* ist die Instanz, die unser Ich-Bewusstsein vertritt, die das innere Durcheinander quasi von oben herab beobachten sowie die einzelnen Mitglieder als Teil von «sich selbst» erkennen, sie steuern und zwischen ihnen moderieren kann. Diese Führungskraft des *Inneren Teams* sollte in der Lage sein, innere Konflikte zu schlichten, die innere Teamentwicklung voranzutreiben und alle *inneren Teammitglieder* prinzipiell als wertvolle Anteile des eigenen großen Ganzen zu verstehen. Das ist ohnehin schon kein leichtes Unterfangen. Wenn Menschen dann auch noch in neue Kulturen eintauchen, wirken weitere äußere Systeme auf das innere Gleichgewicht ein, die den inneren Wirkkräften ordentlich einheizen können. Doch dazu später mehr.

Zunächst möchte ich mit Ihnen gemeinsam betrachten, wo unsere inneren Anteile herkommen und wie wir Kultur verinnerlichen.

3.1 Wo kommen die *inneren Stimmen* her?

Wenn Forscherinnen und Forscher versuchen, die Persönlichkeit von Menschen zu verstehen, fällt es ihnen schwer, zwischen «Anlage» – also unseren Genen – und «Umwelt» – zum Beispiel unserem sozialen Umfeld – zu trennen. Heutzutage herrscht weitgehende Einigkeit darüber, dass diese Faktoren sich gegenseitig bedingen. Und auch für *innere Teammitglieder* gilt: Mit einigen Anteilen werden wir geboren, andere entstehen erst in der Interaktion mit unserer Umgebung.

Einige der Stimmen, die wir von Haus aus mitbringen, sind wiederum universell und tief in den Gehirnstrukturen aller Menschen verankert: Ein *innerer empathisch Verbundener* ist grundsätzlich genauso im Menschen angelegt wie eine *abgrenzende Autonomiewächterin*, schließlich hat jeder Mensch sowohl ein Bedürfnis nach liebevoller Nähe und Zugehörigkeit als auch nach Distanz und Unabhängigkeit. Zur «Grundausstattung» gehören außerdem *abwehrbereite innere Kriegerinnen* einerseits sowie *fluchtbereite Angsthasen* andererseits. Schließlich ist auch die berühmte *fight-or-flight response* (Kampf-oder-Flucht-Reaktion) tief in unserem Gehirn verankert.

Darüber hinaus beeinflussen Gene auch individuelle Persönlichkeitsunterschiede. Sie bestimmen beispielsweise, ob ein Mensch eher introvertiert oder extrovertiert ist. Wie deutlich ein *inneres verrücktes Huhn*, das für laute und mitreißende Spontaneität steht, nach außen sichtbar gemacht werden darf, hängt dann aber wiederum vom Feedback der Gruppe ab. Hat mein Umfeld mir nur lange genug gespiegelt, dass Frauen keine Aufmerksamkeit auf sich ziehen dürfen, werde ich im Laufe meiner Sozialisierung lernen, das *verrückte Huhn* nicht mehr so lautstark zu Wort kommen zu lassen. Vielleicht lehne ich diesen Teil von mir mit der Zeit dann sogar ab.

Andere *innere Teammitglieder* entstehen erst im Laufe unseres Lebens aus der Wechselbeziehung mit der Umwelt. Mit ihnen finden die kulturellen Systeme, in denen wir aufwachsen, Eingang in unser inneres System. Ein großer Teil des westlichen Schul- und Universitätssystems ist darauf ausgelegt, neben *inneren Uhrzeitwächtern* auch *analytische Denkerinnen* und *strukturierende Organisationswächter* anzulernen, die es gewohnt sind, Probleme in viele einzelne Teile zu zerlegen und anschließend zu analysieren, bis sie gelöst werden können. Dieser Denkstil wird in der Literatur oft als «typisch westlich» bezeichnet. Er ist zwar oft sehr effektiv, läuft aber Gefahr, das große Ganze mit seinen Wechselwirkungen und Abhängigkeiten aus den Augen zu verlieren.

Auch das Eintauchen in eine neue Berufskultur bringt unbekannte Anforderungen mit sich. Denken Sie doch einmal an Ihren Eintritt in die Arbeitswelt zurück: Mussten Sie vielleicht erst einen *inneren Entertainer* für öffentliche Auftritte anlernen oder Ihrer *inneren Leibwächterin* beibringen, sich professionell und respektvoll abzugrenzen und notfalls auch zu härteren verbalen Waffen zu greifen? Diese inneren Neueinstellungen orientieren sich an den vorherrschenden kulturtypischen Regeln, Normen und Verhaltensweisen und bringen eine bestimmte Sicht auf die Welt mit sich.

Die meisten Mitglieder des *Inneren Teams* entwickeln sich wie beschrieben «einfach so». Aber Vorsicht! Auch wenn wir sie nicht bewusst in uns heranzüchten, sind wir doch an ihrer Entwicklung beteiligt. Sie sind unsere Antwort auf die Anforderungen, die wir von außen an uns herangetragen sehen. Wer früh erlebt hat, dass Anerkennung an Leistung gebunden ist, wird innerlich darauf reagieren und eine starke *Kritikerin* ausbilden, die dann als *Antreiberin* dafür sorgt, dass die erwartete Leistung erbracht wird, um wiederum die ersehnte Anerkennung zu bekommen.

Schwierig wird es, wenn diese zunächst fremden Erwartungen von außen unreflektiert zur eigenen inneren Wahrheit gemacht werden. Dann gibt eine in der Kindheit erworbene *innere Kritikerin* – wie eine *innere Souffleuse* – vielleicht noch ein Leben lang den immer gleichen Text vor: «Du bist nicht um deiner selbst wil-

ABB. 4: Botschaften von außen können als *innere Stimmen* integriert werden (Bildidee: Dagmar Kumbier 2019, S. 61).

len liebenswert, nur um deiner Leistung willen» (vgl. Abb. 4). Viel spricht dafür, dass Stimmen, die besonders lieblos oder gemein mit uns umspringen, ursprünglich von außen dazugestoßen sind. Lähmende Botschaften aus der Kindheit können so ein ganzes Leben lang ein realistisches Selbstbild sabotieren. Natürlich können auch positiv unterstützende Anteile unreflektiert und eins zu eins übernommen werden. Diese machen uns das Leben dann allerdings nicht schwerer, sondern meistens leichter.

3.2 Stammspieler und Persönlichkeit – So bin ich eben

Stimmen, die immer wieder auftreten und die Persönlichkeit in ganz besonderem Maße prägen, nennen wir *Stammspieler*. Das sind diejenigen, die dahinterstecken, wenn Sie trotzig, stolz oder auch beschämt denken: «So bin ich eben!» Manchmal stehen sie von außen gut wahrnehmbar an der Kontaktlinie, sie können aber auch einen festen Platz im Hintergrund haben – wobei das ihren Einfluss nicht schmälert.

Ein Teilnehmer eines meiner Coachings erläuterte das Setting, in dem er aufgewachsen war: «In dem hochproblematischen Randbezirk einer Großstadt, in dem ich groß geworden bin, musste ich früh lernen, meine Umgebung aufmerksam zu beobachten, ohne die Menschen zu lange anzuschauen, um sie nicht zu provozieren und Prügel zu riskieren. Gleichzeitig musste mein Blick aber doch lang und kess genug sein, um klarzustellen, dass ich mich nicht das kleinste bisschen einschüchtern lasse. Alles andere hätte ebenfalls zu Problemen geführt.»

Besagter Teilnehmer war inzwischen beruflich weltweit in Krisengebieten unterwegs und davon überzeugt, dass seine erprobte, sowohl deeskalierende als auch wehrhafte *innere Mannschaftsaufstellung* ihn schon mehrfach vor schwerwiegenden Konsequenzen bewahrt hatte. Die hierfür entscheidenden Stimmen waren als

Stammspieler zu prägenden Teilen seiner Persönlichkeit geworden. Der Teilnehmer empfand das mal als Segen, mal als Fluch, denn es gelang ihm selbst in entspannten Situationen nur selten, seine kraftraubende situative Aufmerksamkeit abzulegen.

Er wollte das Thema im Coaching bearbeiten, denn auch wenn *Stammspieler* zur wiederkehrenden Grundaufstellung gehören, können sie sich, das habe ich bereits angedeutet, verändern – und damit meist auch ein Stück weit die ganze *innere Aufstellung*: Verhaltensänderungen bis hin zur Persönlichkeitsentwicklung können damit einhergehen, die allerdings entsprechend Energie und Entschlossenheit erfordern.

TEIL I

Wie kulturelle Identität entsteht

Wenn ich Sie fragen würde, ob Sie wissen, wer Sie sind, bekäme ich vermutlich ein etwas verwundertes Nicken als Antwort. Menschen haben in der Regel ein starkes Ich-Gefühl, also ein ausgeprägtes Bewusstsein dafür, wer und wie sie sind. Gleichzeitig haben sich nicht umsonst schon ganze Philosophengenerationen die Zähne an dieser Frage ausgebissen. Vielleicht haben Sie Lust, kurz innezuhalten und sich an einer Antwort zu versuchen? Im Seminar hören sich die Antworten meistens so an: «Hm, mal sehen: Ich heiße Chloé, bin Französin, aus Léon, bin Studentin, Frau und Volleyballspielerin.»

Fällt Ihnen etwas auf? Da reiht sich eine Gruppenzugehörigkeit an die andere. Nirgendwo auf der Welt verstehen Menschen sich nur als isolierte Individuen, denn auch wenn sich bedeutende kulturelle Unterschiede beobachten lassen, inwieweit Menschen ihr Selbst eher als unabhängig oder in Abhängigkeit ihrer zwischenmenschlichen Beziehungen verstehen (vgl. Leenen 2019, S. 59 ff.) – sie konstruieren ihre Identität eben immer auch, indem sie sich Gruppen zuordnen. Sie definieren sich über das «Wir». Gleichzeitig führen Menschen natürlich ein Leben in der ersten Person, sie erleben sich als «ich». Aber auch diese Erfahrung als einzigartiges Individuum mit einer einmaligen Kombination aus Charaktereigenschaften kann nicht von der Gruppe losgelöst verstanden werden, schließlich destillieren wir sie aus dem Vergleich mit anderen und ihren Bewertungen (vgl. Teil II, 7.2 Menschen und soziale Beziehungen).

Erst durch die Sicht der anderen erleben wir uns als sympathisch, humorvoll und intelligent – oder eben eher nicht. «Indem ich sehe, wie du mich siehst, weiß ich, wer ich bin» – diese Fremdbewertung entnehmen wir den verbalen Botschaften, etwa wenn wir gesagt bekommen, dass wir witzig sind. Relevanter ist aber, ob Menschen tatsächlich über unsere Witze lachen. Es sind also vor allem die impliziten Botschaften sowie die nonverbalen Hinweisreize aus Gestik, Mimik und Körperhaltung, die uns zeigen, wie andere zu uns stehen. So hat die Art und Weise, wie unsere Umgebung, Eltern, Familienmitglieder, Freunde, Kollegen, Geschlechtsgenossen und Landsleute uns wahrnehmen, einen enormen Einfluss auf uns. Denn diese Fremdwahrnehmungen verdichten wir zu unserem Selbstkonzept! Menschen konstruieren ihre Identität sowohl im Laufe ihrer biografischen Entwicklung als auch in ständiger Auseinandersetzung mit ihrer sozialen Umwelt.

Beim Eintauchen in eine neue Kultur erleben wir eine neue Fremdsicht. Persönlichkeitseigenschaften oder Verhaltensweisen werden nun auf Grundlage von anderen Normen und Werten betrachtet und möglicherweise völlig anders bewertet, als wir es gewohnt sind. Plötzlich erlebe ich mich aus Sicht der anderen vielleicht nicht mehr als sympathisch, sondern als aufdringlich, nicht als witzig, sondern als ernsthaft, nicht als zögerlich, sondern als forsch. Um dieser Fremdsicht Sinn zu entnehmen, spüren wir ihr nach und fragen uns, wie sie zu unserem Selbstbild passt. So führt ein neuer, fremder Blick unweigerlich zu einer kleinen oder größeren Erschütterung des Ich-Gefühls und kann im Extremfall sogar Identitätskrisen auslösen. Meist endet dieser neue Blick von außen auf uns in einer spannenden Auseinandersetzung mit uns selbst und unseren eigenen kulturellen Bezugssystemen, Selbstverständlichkeiten, Werten und Normen.

Weil dieser Blick von außen oftmals erstaunlich «kulturalisierend» ist, müssen Menschen dann überrascht feststellen, dass sie plötzlich als Vertreter einer ganzen Gruppe gesehen werden. Die nigerianische Autorin Chimamanda Ngozi Adichie (2009) beschreibt in einem der weltweit meistgesehenen Ted-Talks, wie sie in den USA als Afrikanerin erlebt wurde und erst diese Fremdwahrnehmung sie zu der Botschafterin für einen ganzen Kontinent gemacht hat, als die sie sich inzwischen auch selbst versteht. Adichies Selbstkonzept, also die Art und Weise, wie sie sich selbst erlebt und vor anderen darstellt, hat sich durch den interkulturellen Austausch, durch den Blick der anderen, verändert. Lassen Sie uns im Folgenden betrachten, wie Identitätsbildung und innermenschliche Dynamiken aus Sicht der Kommunikationspsychologie verstanden werden.

1. Das *Innere Team* und Multikollektivität

Wir haben gesehen: Unser Kulturbegriff ist wandelbar, vielschichtig und hybrid – so wie wir selbst. Wir sind keine statischen Persönlichkeiten. Wenn Therapeuten nach der ersten Sitzung eine vorläufige Diagnose erstellen sollen, fällt ihnen das oft relativ leicht. Doch je öfter sie ihre Klienten sehen, desto vielschichtiger wird ihr Bild von ihnen und desto schwerer fällt somit eine eindeutige Diagnose.

Auch nach einem längeren Auslandsaufenthalt sind Teilnehmerinnen und Teilnehmer meiner Coachings rückwirkend oft erstaunt darüber, wie eindimensional sie die facettenreiche Kultur ihres Gastlandes anfangs wahrgenommen haben. Und das gilt im Grund für jede und jeden von uns: Je länger und genauer wir hinschauen, desto differenzierter, komplexer, aber auch realistischer wird das Bild von «den Franzosen», «den Algeriern» oder eben auch «den Deutschen».

Sind Sie vielleicht, wie ich, in einem «Apfelsaft-Haushalt»

groß geworden? Dann gab es Limonade vermutlich höchstens zu Geburtstagen, ihr Spielzeug war aus Holz, das Essen wurde zumindest teilweise im «grünen Laden» gekauft, fernsehen war nur selten erlaubt und Sie haben viel draußen gespielt. Vielleicht sind Sie auch in einer Zeit oder an einem Ort groß geworden, in der sich die Frage nach Fernsehen gar nicht stellte, es keine «grünen Läden» gab und Kinder sowieso den ganzen Tag draußen waren. Sind Sie in Ostdeutschland, Westdeutschland oder außerhalb von Deutschland aufgewachsen? Vor oder nach der Wende? Sind Sie religiös? Hat Ihre Familie eine Flüchtlingsbiografie? Waren Sie ein Pferdekind, Pfadfinder oder haben Sie von klein auf regelmäßig einen Mannschaftssport betrieben? Und in welchem Bereich arbeiten Sie heute, nach welchen Prinzipien organisiert sich Ihr Team?

Jede Gruppe entwickelt eine eigene Kultur und jede Gruppenzugehörigkeit übt Einfluss auf unsere Identität und unser Verhalten aus. Anders ausgedrückt: Kulturen setzen sich aus vielen einzelnen Individuen zusammen, und jede und jeder Einzelne trägt viele Kulturen in sich (vgl. Hansen 2009).

Das Innere-Team-Modell mit seiner Grundidee einer inneren Vielstimmigkeit lässt sich wunderbar mit diesem multikollektiven Kulturverständnis kombinieren. Mit ihm kann ich die *inneren Vertreterinnen* meiner Gruppenzugehörigkeiten regelrecht an den Verhandlungstisch meiner Identität setzen (vgl. Abb. 5). Da trinkt dann die *Psychologin* mit der *Trainerin*, *Frau* und *inneren Mutter* entspannt Kaffee (sie sind sich ihrer Rolle für mein Selbstbild sehr sicher), während sich eine etwas verwirrte *Generationsvertreterin* («Bin ich eigentlich noch Generation X oder schon Millennial?») fragt, ob sie der *Technologieaffinen* (kein Digital Native, aber doch schon ein paar Jährchen dabei) ein Stück Kuchen anbieten soll, und nebenbei zuhört, wie die *Norddeutsche* mit der *Großstädterin, dem Apfelsaft-Haushalt-Kind* und der *Deutschlandverwurzelten* das beste Vorgehen bespricht («Wir sind definitiv wichtig, uns gibt es seit frühester Kindheit!»). Gemeinsam beschließen sie, sich mit der *Spaniensozialisierten* und der *Transkulturalitätsexpertin* auf guten Fuß zu stellen. Denn auch wenn diese erst als Erwachsene hinzugekommen sind, machen sie doch einen festen Bestandteil des Teams aus. Und? Fehlt noch jemand? Aha, nach und nach melden sich immer mehr Stimmen zu Wort. «Wir sind Anna!», vermeldet diese bunte Runde im Chor – und wer könnte da widersprechen?

Auch wenn oft von «Subkulturen» gesprochen wird, wenn wir auf Kategorien wie Altersgruppe, Religionsgemeinschaft, soziale

ABB. 5: Menschen sind multikollektive Wesen – hier anhand von *inneren Kulturvertreterinnen* im *Inneres-Team*-Modell dargestellt.

Schicht, Nachbarschaft und Familie blicken, können diese doch einen größeren Einfluss auf Menschen haben als ihre jeweilige Nationalkultur.

Gleichzeitig können wir davon ausgehen, dass sich die multiplen Kollektive, denen wir angehören, nicht in einem leeren Raum bewegen: Wer in Hamburg aufwächst, zur Schule geht, die Ausbildung abschließt und ins Berufsleben einsteigt, wird in all diesen Systemen ähnlichen kulturellen Mechanismen begegnen. Meine inneren Stimmen – die *Psychologin*, die *Trainerin*, die *Generationsvertreterin*, die *Technologieaffine*, das *Apfelsaft-Haushalt-Kind* und die *Deutschlandverwurzelte* – haben gar nicht so unterschiedliche Ansichten darüber, wie die Welt zu verstehen ist und wie ich mich darin bewegen sollte. Der Kulturwissenschaftler Klaus Peter Hansen (2009) spricht in diesem Zusammenhang von «Knotenpunkten» im globalen Netzwerk menschlicher Kollektive. Je ähnlicher wir aufgewachsen sind, desto mehr Knotenpunkte finden sich und desto wahrscheinlicher ist es, dass wir ähnliche Handlungsmuster und kulturelle Werte übernommen haben.

Wenn ich mich in Indien fremd fühle, lässt sich das demnach nicht mehr nur mit einem generellen Gegensatz zwischen «den Indern» und «den Deutschen» erklären, sondern damit, dass jedes einzelne Kollektiv (Nachbarschaft, Beruf, soziale Klasse …) weniger Übereinstimmungen, das heißt weniger Knotenpunkte, aufweist. Je weiter Menschen sich von ihrem kulturellen Zuhause entfernen, desto größer wird deswegen das Fremdheitsgefühl. Dabei ist allerdings nicht nur die geografische Entfernung ausschlaggebend. So werden sich auch weiterhin wichtige kulturelle Gemeinsamkeiten zwischen einer indischen und einer deutschen Psychotherapeutin finden lassen. Unabhängig, ob es sich um Delhi, Jakarta, Lagos oder Barcelona handelt, auch die Metropolen dieser Welt bieten ein großes Potenzial, gemeinsame Bezüge zu finden.

Für unser Dilemma zwischen geschlossenem, kugeligem Kulturverständnis und offenem, netzwerkorientiertem Kulturbegriff schlägt das Innere-Team-Modell somit eine anwendungspraktische Brücke. Es bietet sich an, um die Zugehörigkeit zu mannigfaltigen Kollektiven zu berücksichtigen und dann auf dieser Grundlage Unterschiede im Fühlen, Denken und Handeln nachzuvollziehen.

Haben Sie Lust bekommen, darüber nachzudenken, welche kulturellen Zugehörigkeiten sich in Ihnen tummeln? Dann mal los: Welche Arbeits- oder Wissenschaftstraditionen haben Sie zu der Person gemacht, die Sie heute sind? Welche Kollektive prägen ihre Werturteile? In welchen Lebenswelten, in welchen Kulturräumen haben Sie sich in den letzten zehn Tagen bewegt? In den letzten zehn Monaten? In den letzten zehn Jahren? Was fehlt noch? Welche Kulturen aus Ihrer Kindheit und Ihrer Jugend haben Sie vergessen?

Macht man diese Übung mit einer Gruppe, entstehen oft spannende Gespräche. Dann geht es – ganz im transkulturellen Verständnis – schnell um geteilte Erfahrungen, Gruppenzugehörigkeiten und Sozialisationskontexte.

2. Unsere Umwelt und die Ausprägung des *Inneren Teams*

Kultur gibt nicht nur vor, welche Persönlichkeitsanteile wir nach außen zeigen dürfen, sondern auch, inwieweit wir sie innerlich zulassen, entwickeln und erleben können. Lassen Sie mich das anhand eines Beispiels jenseits von Nationalkulturen illustrieren. Von unserer Umwelt lernen wir, ob und wie Zuneigung, Bedürftigkeit und Liebe ausgedrückt werden sollten. In vielen Gesellschaften wird und wurde Männern beigebracht, nicht zu «verweichlichen». Wer sich als Mann klassifiziert, lernt, Ideale wie Stärke, Überlegenheit und Unabhängigkeit zu vertreten, um den sozialen Ansprüchen zu genügen. Diese Anteile werden zur vorzeigbaren Vorderseite der Persönlichkeit. Stellen wir uns das *Innere Team* als Theaterensemble vor, stehen sie ganz vorne am Bühnenrand und sind an dieser «Kontaktlinie» gut nach außen sichtbar. Für-

ABB. 6: Mit kulturtypischen *inneren Mannschaftsaufstellungen* lassen sich kulturelle Anforderungen, Werte, Normen und Glaubenssätze prototypisch abbilden.

sorge, Rücksichtnahme und Empathie haben hingegen, zumindest im Vergleich zu weiblich sozialisierten Menschen, eine geringere soziale Bedeutung, werden teilweise sogar negativ sanktioniert. «Schwul» oder «Schwuchtel» hört man heute immer noch auf deutschen Schulhöfen als Schimpfwörter, wobei damit meistens nicht die sexuelle Orientierung, sondern vermeintlich «unmännliches» Verhalten angeprangert wird. Solche von außen kommenden kulturellen Bewertungen werden innerlich übersetzt: «So bin ich zwar, so darf ich aber eigentlich nicht sein».

Anlehnungsbedürftige, unsichere, ängstliche, mutlose oder fürsorgliche Anteile passen dann nicht mehr zu der Vorstellung, wie Männer sein sollen. Wird diese Anforderung internalisiert, dann werden solche Anteile auf die Rückseite der Persönlichkeit verbannt und gleich einem inneren Schattenkabinett nicht mehr gezeigt. So werden diese *inneren schwarzen Schafe* manchmal hinter einer inneren Schandmauer weggesperrt und dementsprechend auch kaum noch gehört. Nun dürfen vielleicht nur noch ein sachlicher *Faktenanalytiker,* ein verteidigungsbereiter *Klartextsprecher, ein* allwissender *Experte* und ein gut geschulter und von sich überzeugter *Selbstvermarkter* auf Anforderungen von innen und außen antworten (vgl. Abb. 6). Sind Anteile erst einmal weggesperrt, erschwert das außerdem das Erspüren des eigenen Innenlebens, was sowohl den empathischen Umgang mit sich selbst als auch mit anderen beeinträchtigt.

Wenn Gefühle von Unsicherheit oder gar Ohnmacht als Bedrohung erlebt werden, dann fährt die Vordermannschaft außerdem alle Waffen auf, die ihr zur Verfügung stehen, um Stärke, Autonomie und Überlegenheit sowohl nach innen als auch nach außen zurückzugewinnen. Dann hält sich jemand etwa rebellisch an keine Regeln mehr, ist sich sicher, sowieso alles besser zu machen, hört gar nicht erst zu, sondern hat gleich eine Lösung parat oder erklärt anderen überlegen und von oben herab die Welt. Eine solche unausgewogene Kommunikationssituation, die sich häufig, aber nicht nur, zwischen Männern und Frauen zeigt, hat in den letzten Jahren unter dem Begriff *Mansplaining*, auf Deutsch «Herrklären», viel Aufmerksamkeit bekommen. Die Erläuterung dieser inneren Dynamik kann etwas dazu beitragen, dieses Verhalten besser zu verstehen. Vielleicht haben Sie beim Lesen aber auch gemerkt, wie Sie irritiert auf diese Vereinfachung reagiert haben.

Da reagiert ihr *innerer Skeptiker*, der sich fragt, ob es überhaupt sinnvoll ist, so weit herauszuzoomen. Ihm scheint das alles zu simpel, konstruiert und verallgemeinernd.

Ich habe hier ganz bewusst ein Beispiel jenseits von Nationalkulturen gewählt, um genau dies aufzuzeigen: Natürlich ist diese Darstellung stark stereotypisierend. Verhalten, wie das gerade angesprochene *Mansplaining* hängt vom Gegenüber, von der Situation oder von der Stimmung ab. Es beruht nicht nur auf innermenschlichen, sondern auch auf strukturellen Dynamiken, etwa der Machtasymmetrie zwischen Männern und Frauen in der Kommunikation sowie auf den Wechselwirkungen unzähliger weiterer Faktoren.

Dieses Beispiel einer *kulturtypischen inneren Mannschaftsaufstellung* wird weder in jedem männlich sozialisierten Menschen zu finden sein, noch umfasst sie alle kulturellen Werte und Normen, die Männer in ihr *Inneres Team* integrieren. Männer haben nicht per se weniger Zugang zu ihren Gefühlen – dennoch spiegelt diese stereotype Annahme existierende kulturelle Anforderungen wider. Und weil äußere Anforderungen, die eine Gesellschaft an ihre Mitglieder stellt, im *Inneren Team* internalisiert werden, laufen sie Gefahr, im Sinne einer sich selbst erfüllenden Prophezeiung zur inneren Wahrheit zu werden. Kulturtypische *Innere Teams* bilden somit nicht eine komplexe, individuelle, innermenschliche Wirklichkeit ab, sondern machen gerade durch ihre Vereinfachung wiederkehrende Muster erkennbar.

Lassen Sie mich das mit einem zweiten Beispiel verdeutlichen. Dagmar Kumbier und Friedemann Schulz von Thun (2006b) vermuten, dass sich selbst heute noch in manchem ostdeutschen *Inneren Team* ein *stolzer Proletarier*, ein *bescheidener Sozialist* und ein *solidarischer Mitmensch* als Stammspieler die Hand reichen und skeptisch auf den *stolzen Narzissten*, den *ehrgeizigen Erfolgsmenschen* und den *Egoisten* an der Vorderlinie so mancher Wessi-Seele schauen, die ihre Gegenüber genauso argwöhnisch beäugen. Eine erkenntnisstiftende Gegenüberstellung, die aber lediglich einen Teil der persönlichen hochkomplexen inneren Wahrheit abbilden kann. Die von mir im Laufe des Buches vorgeschlagenen kulturtypischen Mannschaftsaufstellungen wollen in diesem Sinne verstanden werden: als vereinfachende, komplexitätsreduzierende, aber wesentliche innere Abläufe bzw. in ihrer grafischen Darstellung als zugespitzte Illustrationen kultureller Dynamiken.

Halten wir fest: Menschen können ihrer inneren Mehrstimmigkeit nicht entkommen. Und dieses pluralistisch veranlagte Seelenleben entwickelt sich auf Grundlage diverser Faktoren: tief verankerte evolutionäre Reaktionen, kulturell überlieferte Werte, Normen und Glaubenssätze, kulturgeschichtliche Einflüsse wie religiöse Traditionen etc., die sich in einer stetigen Wechselwirkung mit unserer ganz individuellen Lebensgeschichte befinden.

Unsere Persönlichkeit entwickelt sich im Zusammenspiel von innerer Gruppendynamik und Reaktionen von außen. Werte, Ansichten und Verhaltensweisen unserer wichtigsten Bezugspersonen sorgen dafür, dass wir unterschiedliche *innere Teammitglieder* integrieren, fordern und fördern. Kulturtypische Mannschaftsaufstellungen können helfen, diese Mechanismen nachzuvollziehen, bilden aber nie das wirkliche Seelenleben einer Person ab.

Auf den nächsten Seiten werden wir uns damit auseinandersetzen, welchen Einfluss unser sowohl einzigartiges als auch kulturgeprägtes Selbst darauf hat, wie wir Erlebnisse interpretieren, welche Überzeugungen von uns und anderen wir entwickeln und wie wir uns anderen gegenüber verhalten.

3. Wie Kultur unsere Wahrnehmung prägt

Kultur beeinflusst nicht nur unser Handeln, sondern auch unser Fühlen, Denken und sogar die Art und Weise, wie wir Dinge wahrnehmen. So tendieren Menschen aus individualistisch ausgerichteten Kulturen – wie Deutschland, den USA oder England – dazu, ihren Fokus auf einzelne hervorstechende Details zu legen. Bei der Betrachtung eines Werbeplakats würden sie sich etwa auf die zentralen Personen konzentrieren: «Zwei junge Menschen lachen und unterhalten sich.» Personen aus ostasiatischen Kulturen, etwa China, Japan oder Nordkorea, die tendenziell kollektivistisch ausgerichtet sind, würden hingegen eher das Gesamtbild fokussieren, also sowohl den Hintergrund als auch die Interaktion zwischen den Personen betrachten: «Da war ein grünes Zimmer, mit vielen Möbeln, in dem eine Party stattfand und Leute sich unterhielten.»

Diese unterschiedliche Wahrnehmung reflektiert zwei Arten, die Welt zu interpretieren: eher als autonome, zusammengesetzte Elemente oder vornehmlich als Einheit. Diese Wahrnehmung korreliert mit weiteren kulturellen Tendenzen, etwa dem Kommunikationsstil: Wer den Fokus der Aufmerksamkeit eher auf einzelne Elemente legt, kommuniziert vorzugsweise direkt. Wer sich dagegen auf das Ganze und die Beziehungen zwischen den Elementen konzentriert, liest verstärkt zwischen den Zeilen und berücksichtigt Kontextinformationen, kommuniziert also vorzugsweise indirekt. Es ist schwer zu sagen, wo Ursache und Wirkung für diese Mechanismen liegen. Fest steht: Ob Sie eher den

Wald als Ganzes oder die vielen, einzelnen Bäume wahrnehmen, ist auch kulturabhängig.

4. Wie unser Denken funktioniert – ein Überblick

Um besser verstehen zu können, was Kultur mit uns macht und was im zwischenmenschlichen Kontakt passiert, sollten wir an dieser Stelle einen Schritt zurücktreten und uns ins Gedächtnis rufen, wie unser Gehirn tickt. Eine Fragestellung, mit der sich diverse Wissenschaftsdisziplinen schon seit langer Zeit beschäftigen. Ich möchte lediglich einen kurzen Überblick geben und greife bei der Betrachtung neuropsychologischer Erkenntnisse auch auf das *Innere Team* zurück.

Es grenzt fast an ein Wunder, dass unser Gehirn all den vielen Informationen, die auf uns einprasseln, Sinn abgewinnen kann. Denken Sie nur an einen Besuch auf dem Flughafen: Überall sind Menschen, es riecht nach Kaffee, Kerosin und abgestandener Luft. Ihr Magen knurrt ein wenig, als Sie an einer Cafeteria vorbeikommen. Als Sie hinter sich schnelle Schritte hören, drehen Sie sich alarmiert um, aber es ist lediglich ein Tourist, der zu seinem Flieger rennt. Sie schieben sich weiter durch die Menschenmenge. Aus den Augenwinkeln sehen Sie bunte Schaufensterauslagen. Während Sie die Flugsteig-Nummer überprüfen, fragen Sie sich, was diese Menschengruppe da vorne am Schalter wohl so aufgeregt diskutiert. Lautsprecheransagen scheppern in verschiedenen Sprachen durch die Halle, Wortfetzen der Gespräche um Sie herum erreichen Sie, und obwohl Sie bisher gar nichts von der Unterhaltung mitbekommen haben, fällt plötzlich Ihr Name und Sie horchen auf.

Zwischen all den Sinneseindrücken hat Ihr Gehirn eine möglicherweise relevante Information ausgemacht. Dieser sogenannte Cocktailparty-Effekt ist ein viel zitiertes Beispiel dafür, dass wir zwar eine enorme Informationsflut aufnehmen, von der das meiste aber nicht bis in unser Bewusstsein vordringt. Das passiert erst, wenn unser Gehirn entscheidet, dass eine Information relevant ist, etwa, als Sie in der Abflughalle plötzlich schnelle Schritte hinter sich hörten und Sie sich alarmiert umdrehten. Denn Hinweisreize, die auf eine potenzielle Gefahr deuten, rückt unser Stammhirn automatisch ins Zentrum unserer Aufmerksamkeit. Das *Oberhaupt* weiß gar nicht, wie ihm geschieht, so schnell trommelt der universell im Menschen angelegte *urzeitliche Überlebensstratege* seine Leute zusammen, sorgt für die Ausschüttung von Stresshormonen und stellt so viel Energie wie möglich für Angriff und Verteidigung bereit. Schützenswerte und ängstliche Anteile werden versteckt, verständnisfördernde empathische Anteile kurzfristig nach hinten verbannt. In solchen Momenten beobachtet eine bis an die Zähne bewaffnete Vordermannschaft mit einem Gefahren-Tunnelblick aufmerksam die Umgebung.

Da dies alles im Millisekundenbereich abläuft, braucht das *Oberhaupt* ein wenig Zeit, um den inneren Erregungszustand überhaupt zu bemerken, dann mit der äußeren Situation abzugleichen und letztlich richtig einzuordnen, bevor er vermelden kann: «Hey Leute, das war kein Säbelzahntiger und auch nicht der Massenmörder aus dem Horrorfilm von gestern Abend oder der Sexualstraftäter aus den Nachrichten. Da wollte nur jemand sein Flugzeug erwischen. Bitte die Lage sofort wieder entspannen, alle zurück auf ihre Posten!»

Diese Mechanismen laufen außerhalb unserer Wahrnehmung ab. So kann auch der Anblick eines einzigen wütenden Gesichts in der aufgeregten Menschenmenge am Schalter unser *Inneres Team* in Alarmbereitschaft versetzen, und zwar selbst dann, wenn alle anderen Gesichter glücklich aussehen und wir uns gar nicht bewusst sind, überhaupt ein wütendes Gesicht gesehen zu haben. Wie schnell die Selbstberuhigung gelingt, hängt davon ab, wie oft sie geübt wurde und wie viel Vertrauen das *Innere Team* in das *Oberhaupt* hat. Doch dazu später mehr.

Wissenschaftler sprechen in diesem Zusammenhang von «selektiver Wahrnehmung», die wie Scheinwerfer bestimmte Hinweisreize hell ausleuchtet. Hierbei spielen neben menschheitsgeschichtlichen und kulturellen auch individuelle Faktoren eine Rolle, darunter die momentane Verfassung, Erfahrungen sowie Vorlieben und Interessen. Ob mich die belegten Brötchen anlachen oder mir die Hinweisschilder auffallen, hat viel damit zu tun, ob ich Hunger habe und ob ich den Flughafen schon kenne.

Im Laufe unseres Lebens füllen wir unser Gehirn mit Informationen, Bildern und Gefühlen. Wir entwickeln sogenannte Schemata, mentale Wissensstrukturen, die bestimmen, wie wir die Welt verstehen und wie wir uns darin bewegen. Informationen, die Sie sich bei Ihrem ersten Flughafenbesuch nur schwer erschließen konnten, werden mit der Zeit zu einem weit verzweigten Netzwerk an Wissen, auf das Sie bei Ihren nächsten Besuchen zurückgreifen können: Sie wissen, wie viel Handgepäck Sie mitnehmen dürfen, wie der Check-in funktioniert, was bei der Sicherheitskontrolle passiert und wie Sie sich dabei zu verhalten haben. Dafür greift Ihr Gehirn scheinbar mühelos, innerhalb von Millisekunden, auf enorme Informationsmengen zurück und versetzt Sie in die Lage, sich fast automatisch durch die Situation zu manövrieren.

Genauso, wie Sie über ein Schema für «Flughafen» verfügen, verfügen Sie auch über Schemata für «Frühstück», «Chef», «Wut», «Glück» oder «Tiger», die über Assoziationsketten miteinander verbunden sind. Der Fundus an Assoziationen, auf die Ihr Gehirn zurückgreifen kann, setzt sich aus den Informationen zusammen, die Sie eingespeist haben, und diese hängen wiederum davon ab, wo und mit welchen Kulturen Sie aufgewachsen sind. Verbinden Sie mit Frühstück heiße Nudelsuppe, frittierten Fisch oder Haferflocken? Kann ein Chef jung und weiblich sein? Drücken Sie Wut aus, indem Sie laut oder leise werden? Darf man Glück öffentlich zeigen? Assoziieren Sie mit dem Werbespruch «Tiger im Tank», dass Ihr Auto besonders schnell fährt oder dass Sie in Lebensgefahr schweben?

Das menschliche Gehirn integriert eigene Erfahrungen, aber auch Berichte, Erzählungen, ja sogar Märchen in unser «Wissen von der Welt», also genau die Elemente, die wir zur Überlieferung von Kultur nutzen. So werden kollektive Wissensstrukturen in unsere Assoziationsketten eingeflochten und haben einen enormen Einfluss darauf, in welche Kategorien wir die Welt einordnen und wie wir uns in ihr zurechtfinden. Von klein auf trainieren wir, Schemata oder auch Kategorien auszubilden – um anschließend mit ihrer Hilfe durch die Welt zu manövrieren. Sie funktionieren wie Filter, die unsere Wahrnehmung in bestimmte Bahnen lenken, an denen wir unser Handeln ausrichten und die uns unter anderem dabei helfen, richtiges von falschem Verhalten zu unterscheiden (vgl. Chang 2016).

Das funktioniert ausgezeichnet, solange mein Gegenüber nach den gleichen kulturellen Spielregeln spielt wie ich. Im interkulturellen Kontakt unterscheidet sich unser Regelwerk aber oftmals, wie sich etwa an Begrüßungsritualen beobachten lässt: Sie sind so alltäglich, dass der Autopilot entsprechend der erlernten Schemata immer wieder anspringt. Meistens braucht es einige Küsschen ins Leere oder verpatzte Handschläge, bis Menschen sich an eine neue Form der Begrüßung gewöhnt haben.

Das Beispiel verdeutlicht, dass wir uns unserer kulturellen Spielregeln meist erst dann bewusst werden, wenn wir uns ins soziale Fettnäpfchen manövriert haben oder die Unterschiede so auffällig werden, dass wir sie nicht mehr übersehen können. Diese Bewusstmachung ermöglicht es uns, den automatisierten Prozess zu ent-automatisieren und somit unsere Handlungsmöglichkeiten und Verhaltensweisen aktiv zu erweitern bzw. anzupassen.

4.1 Chaos, Ordnung und Konstruktion der Wirklichkeit

Nine, ierh legit knie Dukrhcfleer rov. Wnen es lehnn am Afnang ncoh shwecr gfeallen tis, ied Wröter uz Iseen, breteiet lenhn dseie Lisetnug vremtuilch iemrm wnegier Mheü. Dsa vreanshcualchit ied esrtnalücihe Fhägikite usenres Gihrnes, usrenr Uwmelt Snni uz netenhemn. Dbeai fllüt es Lkceün und egäznrt ise mti Ifmonrnaitoien. Wsa eiersneits ntonewedgir Beatsntdeil usnrees Dneknes its, brgit geilzchiteig Gfehaern.

Neben der universellen menschlichen Tendenz, in Kategorien zu denken und Informationslücken zu füllen, ist unser Sinn-süchtiges Gehirn dafür gemacht, Muster zu finden. Es wählt also Informationen, die es für relevant hält, und erspart uns den Rest der Informationsflut, der wir zu jeder Zeit ausgesetzt sind, sodass überflüssige Informationen erst gar nicht ins Bewusstsein gelangen. Dabei sucht unser Gehirn nach Eindeutigkeit. Findet es diese nicht – weil uns etwa Informationen fehlen, während wir noch blitzschnell das Verhalten anderer Menschen interpretieren müssen –, spürt es einen starken Drang, diese Eindeutigkeit trotzdem herzustellen. Notfalls, indem es sich Details schlichtweg ausdenkt. Dieses System ist zwar immer schon fehleranfällig gewesen, hat sich aber prinzipiell bewährt. Allerdings mussten Menschen noch nie mit so vielen verschiedenen und mehrdeutigen Hinweisreizen umgehen wie in der heutigen globalisierten Welt mit der dazugehörigen Informationsflut.

So fällt es uns im Auslandsurlaub anfangs vielleicht schwer einzuschätzen, ob ein Lächeln ironisch oder freundlich gemeint ist. Oder ob das laute Stimmengewirr in der Bar ein handfester Streit ist oder noch als freundlich-entspanntes Gespräch durchgeht.

Unser Gehirn greift im Zweifelsfall auf bewährte Lösungsstrategien zurück und versucht, sich die Welt mit mentalen Faustregeln zu erschließen, wodurch es zu sogenannten kognitiven Verzerrungen (engl. *bias*) kommen kann.

Inzwischen haben Forschende Hunderte solcher vereinfachenden Denkstrategien gefunden, die dazu führen, dass Menschen systematisch fehlerhaft wahrnehmen, interpretieren, fühlen, urteilen und erinnern (vgl. etwa Kahneman 2016). Viele haben mit einer Aufwertung der eigenen Person zu tun. Die «Vermessenheitsverzerrung» beschreibt zum Beispiel, dass Menschen ihre eigenen Kompetenzen oft überschätzen: So glauben 90 Prozent der Autofahrer, überdurchschnittlich gut zu fahren («Überdurchschnittlichkeitsillusion»). Außerdem tendieren wir dazu, Informationen eher zu glauben, wenn sie in unser Weltbild passen («Bestätigungsfehler»), wenn sie in unserer Erinnerung leichter abrufbar sind («Verfügbarkeitsheuristik») oder wenn wir sie vorher schon einmal gehört oder gelesen haben («Wahrheitseffekt»). Anders ausgedrückt: Im *Inneren Team* gibt es offensichtlich etliche Mitglieder, die zu Fehlschlüssen neigen und die ihren Standpunkt so blitzschnell oder eloquent nach innen vertreten, dass es dem *Oberhaupt* schwerfällt, ungesunden Impulsen nicht zu folgen, blinde Gewohnheiten zu unterbinden oder einzelnen Anreizen nicht auf den Leim zu gehen.

In diesem Zusammenhang spielen sogenannte *Priming*-Vorgänge eine besondere Rolle. Im Modell des *Inneren Teams* ausgedrückt, rufen äußere Hinweisreize die passenden *inneren Teammitglieder* auf den Plan. Besonders bekannt geworden ist hierzu ein Experiment von John Bargh (vgl. Kahneman 2016), in dem Probanden Sätze aus zufällig vorgesetzten Wörtern bilden mussten, darunter auch solche, die im Allgemeinen mit Alter in Verbindung gebracht werden wie «vergesslich», «Falten» oder «grau». Das eigentliche Experiment bestand darin zu messen, wie lange die Menschen anschließend benötigten, um vom Versuchsraum bis zum Fahrstuhl zu gehen. Und siehe da, diejenigen, die vorher die Begriffe gelesen hatten, die man gemeinhin mit alten Menschen verbindet, brauchten länger als die Kontrollgruppe, obwohl sie sich weder bewusst mit Alter an sich auseinandergesetzt noch die entsprechenden Wörter überhaupt bemerkt hatten. Sie wurden auf Alter *geprimt*: Die Begriffe hatten auf einer unbewussten Ebene ihre inneren Altersstereotype aktiviert.

Eine externe, von der Person weder beabsichtigte noch erwünschte Aktivierung kann so den *inneren Methusalem* auf die innere Bühne bitten. *Priming*-Effekte zeigen, wie unser Gehirn blitzschnell und weitestgehend unbewusst ein ganzes neuronales Netzwerk aktivieren kann. Für kulturelle Überschneidungssituationen sind diese Mechanismen relevant, weil auch Merkmale wie Hautfarbe, Vollbart, Kopftuch oder sprachlicher Akzent als Hinweisreize für uns wirken, die rasant schnelle Assoziationsnetzwerke aktivieren, deren Inhalte wir ungeprüft zur Grundlage unserer Bewertungen und unseres Verhaltens machen.

Lassen Sie uns noch einmal festhalten: Es gibt eine Vielzahl von kognitiven Heuristiken, die uns viel stärker steuern, als wir gemeinhin annehmen. Diese können dazu führen, dass Sie im Dutyfree-Shop spontan einen französischen Wein kaufen, weil gerade ein *Chanson* erklingt. Darüber hinaus beeinflussen Ihre kognitiven Heuristiken auch, wie Sie Ihre Mitreisenden bewerten. Das sollten wir im Kontakt mit anderen nicht vergessen.

5. Exkurs: Wenn Kulturwechsel zum Schockerlebnis werden

Stellen Sie sich vor, Sie hätten die Gelegenheit bekommen, Ihre Lebenspartnerin bzw. Ihren Lebenspartner für zwei Jahre in einen netten spanischen Küstenort zu begleiten. Als Sie in dem kleinen

Fischerstädtchen ankommen, freuen Sie sich über das azurblaue Mittelmeer, die strahlende Sonne und den spanischen Flair. Die Menschen scheinen freundlich und lebensfroh, die kleineren und größeren Herausforderungen, die ein Umzug mit sich bringt, stecken Sie entspannt weg. Immerhin sind Sie eine gestandene Person, die in Ihrem Leben schon viel erreicht hat.

Nach einiger Zeit beobachten Sie allerdings an sich selbst, dass Sie beginnen, irritiert auf belanglose Kleinigkeiten zu reagieren. Sie haben immer noch nicht herausgefunden, wie Sie Ihren Kaffee bestellen müssen, damit er Ihnen schmeckt. Geschäfte schließen zu den unmöglichsten Zeiten. Im Supermarkt finden Sie nicht die Ihnen geläufigen Lebensmittel. Und der Internetanbieter hält Sie seit Wochen hin. Selbst die anhaltende Hitze, der ständige Wind und die vielen ungewohnten Gerüche stören Sie inzwischen. Um sich von Ihrer schlechten Laune abzulenken, setzen Sie sich ins Auto, nur um nach fünf Minuten vor einem Kreisverkehr zu halten und sich zu fragen, wie um alles in der Welt diese verdammten Markierungen auf dem Boden zu interpretieren sind.

In diesem Moment überschwemmt Sie eine Welle aus Verzweiflung und Selbstmitleid: Sie können nicht einmal mehr Auto fahren! Sie wollen einfach nur noch nach Hause.

So oder so ähnlich kommt es zu einem Kulturschock. Er braucht keine großen Auslöser, vielmehr ist er die Folge der andauernden Bombardierung mit mehrdeutigen Informationen, die verstanden und umgesetzt werden wollen – die Akkumulation vieler kleiner Befremdungsmomente. Alles, was normalerweise scheinbar mühelos vom Autopiloten erledigt wird – Kaffee bestellen, Einkaufen oder Autofahren –, verlangt nun Konzentration.

Ein Kulturschock geht mit Unwohlsein und Stress einher, und beides führt dazu, dass unsere Sicht auf die Welt eingeschränkt wird. Weil Menschen darauf programmiert sind, Gefahrensignale wahrzunehmen, rücken sie unerwartete oder unstimmige Einzelheiten in den Fokus ihrer Aufmerksamkeit. Das kann so weit gehen, dass Menschen im Ausland zu regelrechten «Unstimmigkeitsexperten» werden, die geradezu in eine Negativspirale abrutschen, und nur noch wahrnehmen, was ihnen nicht passt oder was ungute Gefühle in ihnen auslöst. Wobei eine «fremde» Kultur völlig unverhofft auch vor der eigenen Haustür existieren kann. So berichtete ein schwedischer Klient, der auf verschiedenen Kontinenten gelebt hatte, er habe seinen stärksten Kulturschock nicht etwa in Asien oder Afrika erlebt, sondern während einer mehrtägigen Feier bei entfernten Verwandten an einem abgelegenen Ort in seinem Heimatland Schweden.

Durch die Lupe des *Inneren Teams* geblickt, lassen sich die innermenschlich ablaufenden Dynamiken nachvollziehen (vgl. Abb. 7): Unter Stress hat das *Oberhaupt* weniger Kontakt zum gesamten *Inneren Team*. Auch der Zugang zum autobiografischen Gedächtnis ist erschwert, wodurch *das Oberhaupt* besonders schlecht mit den kreativen und/oder erfahrenen Anteilen in Kontakt kommt, die andere Optionen für den Umgang mit der jeweiligen befremdlichen Situation anzubieten hätten. So z. B. eine *innere Weise*, die praktische Vorschläge macht und ermunternd erinnert: «Wir schaffen das schon, wir haben doch schon ganz andere Dinge gemeinsam gestemmt, weißt du noch damals …» Oder einen *Ressourcenwächter*, der auf verschiedene Strategien aufmerksam macht, um die negativen Effekte weiter herunterregulieren zu können, und vorschlägt: «Atme tief ein und komm erst mal wieder zu dir. Schlaf dich aus, mach einen Spaziergang am Strand, heul dich bei deiner besten Freundin aus – aber besinne dich auch auf das, was gut ist.»

Gelingt es nicht, die negativen Gefühle unter eine kritische Schwelle zu regulieren, verfallen Menschen in polarisierendes Schwarz-Weiß-Denken. Das sorgt einerseits dafür, dass wir «die Anderen» nicht mehr verstehen und negativ über sie urteilen, andererseits versteht *das Oberhaupt* nun auch seine *inneren Stimmen* und ihre Dynamiken nicht mehr richtig. Es vergisst quasi, wen es schützen oder beruhigen muss, wer zur Selbststärkung nach vorne geholt werden sollte und wer in seinen destruktiven Botschaften jetzt ausgebremst gehört. Negative Zuflüsterer haben dann freie Bahn: Der *Selbstzweifler* souffliert: «Das kannst du nicht.» Woraufhin das *gebrannte Kind* seufzt: «Oje, dieses Gefühl von Kontrollverlust kenne ich nur zu gut und wollte es eigentlich nie mehr erleben. Hier ist Gefahr im Verzug!»

Weil das *Oberhaupt* nur noch diese Einzelstimmen hört statt ein zusammenhängendes Ganzes, können diese vorübergehend die Leitung an sich reißen. Und so geht ein Kulturschock oft mit Gefühlen wie Ohnmacht oder Ausgeliefertsein einher. Genau wie es auch mit äußeren Mitarbeitern geschehen würde, verliert das *Oberhaupt* infolge des schlechten Krisenmanagements das Vertrauen der *Teammitglieder*. Spätestens zu diesem Zeitpunkt rückt ein Krisenstab aus diversen *inneren Leibwächtern* auf den Plan und rüstet auf, um den Selbstwert zu schützen. *Wächter* stellen wichtige Anteile im *Inneren Team*, aber eins sind sie nicht: diplomatisch. Sie agieren nach dem Motto «Angriff ist die beste Verteidigung» eher mit Wut, Trotz oder Vorwürfen. Und dann posaunen sie Sätze hinaus wie: «Zu Hause ist alles viel besser. Hier sind doch alle ... verrückt, schlecht, dumm, respektlos etc.!» Zusätzlich stellen sie *moderate Stimmen* gerne vorsorglich unter Hausarrest, sodass etwa *die innere Liebhaberin des mediterranen Lebensgefühls* oder die *interkulturelle Verständigungsministerin* nicht mehr zu Wort kommen können, während der eigentlich so interessierte *Herr Neugier* ratlos in der Ecke sitzt und diesen inneren Staatsstreich mit großen Augen beobachtet.

Die meisten Menschen versuchen dann, diesen bürgerkriegsähnlichen inneren Zuständen etwas entgegenzusetzen und sich selbst zu stabilisieren. Dafür holen sie beispielsweise den *Rationa-*

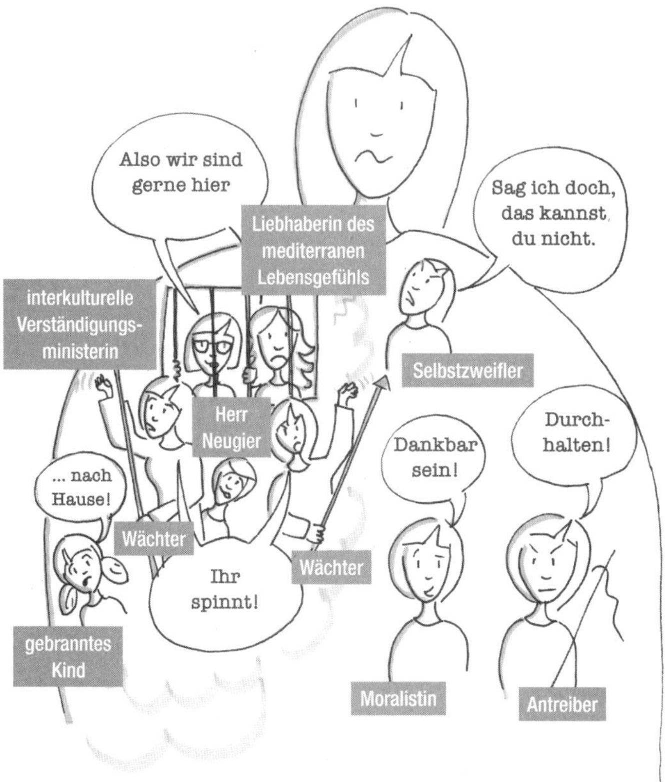

ABB. 7: Kulturschock mit dem *Inneren Team* dargestellt

listen auf den Plan, der dann energischer als gewohnt mahnt: «Was stellst du dich denn so an? Es ist doch schön hier!» Auch strenge *moralische Stimmen* mischen sich dann regelmäßig ein: «Du solltest dankbar sein. Von so einer Chance, um durchzuatmen oder gar neu anzufangen, können viele andere nur träumen.» Gleichzeitig bellt der *innere Antreiber* Durchhalteparolen: «Aufgeben kommt gar nicht infrage!»

Je länger der *innere Krisenstab* das Ruder übernimmt und stur den Kurs hält, desto stärker wird auch der innerseelische Kampf: Die *nicht gehörten Teammitglieder* lamentieren, machen Druck und sind unbequem. Die Verlockung ist groß, für Ruhe zu sorgen, indem die unliebsamen Mitglieder nach hinten oder gar in den Untergrund verbannt werden. Langfristig lassen sich *Teammitglieder* eine solche Behandlung jedoch nicht gefallen: Dann rebellieren die *Liebhaberin des mediterranen Lebensgefühls*, die *interkulturelle Verständigungsministerin, Herr Neugier* oder andere vernachlässigte Anteile und können sich auf ganz unterschiedliche Art und Weise bemerkbar machen, etwa durch Unruhe, Schwarzmalerei, Grübelei und Schlafstörungen oder auch anhaltende Kopfschmerzen und Magenbeschwerden.

Dazu kommt, dass diese innere Polarisierung nach außen getragen wird. Menschen können so eine regelrechte 180-Grad-Wende vollführen: Die anfängliche Faszination für eine neue Kultur kann in eine Ablehnung und Abwertung der Gastkultur münden.

Das Beispiel oben ist mir im Rahmen meiner Coaching-Tätigkeit für Expats – also salopp formuliert bei der Einwandererberatung – genauso so begegnet. Die Klientin litt unter starkem Heimweh, verließ kaum noch das Haus, war sehr unglücklich und weinte viel. Es tat ihr gut, ihre Erfahrungen einordnen zu können und zu hören, dass sie nicht verrückt wurde, sondern unter einem Kulturschock litt.

Im Gegensatz zu meiner Klientin ist vielen Menschen das Konzept des Kulturschocks inzwischen vertraut – dass aber auch das Wieder-Einleben in der Heimat Schwierigkeiten mit sich bringen kann, erwarten die wenigsten. Dabei wird der sogenannte Rückkehrschock oft als belastender erlebt als der ursprüngliche Kulturschock. Menschen, die einen längeren Auslandsaufenthalt hinter sich haben, reisen anfangs gedanklich immer wieder in ihr Gastland zurück. Sie vermissen ihre Rituale, den morgendlichen *Café au lait* im kleinen Bistro um die Ecke, das selbstverständliche Barbecue inklusive Kricketspiel am Wochenende, die neu gewonnenen Freunde, vielleicht auch das relativ sorglose Leben als privilegierte Expats oder das gute Wetter. Viele erleben es als frustrierend, dass ihr altes Umfeld nur begrenztes Interesse an ihren Erfahrungen zeigt. Doch auch zu Hause ist das Leben weitergegangen. Unter anderem wird sich – je nachdem, wie lange man weg war – sogar der Freundeskreis neu formiert haben.

Außerdem bemerken die Rückkehrer meistens erst nach einiger Zeit zu Hause, wie stark die neuen Erfahrungen sie selbst verändern haben. So erscheinen jetzt vielleicht *Teammitglieder* an der Kontaktlinie, die früher nicht zum Zug gekommen wären. Ein so verändertes Ich kann im Umfeld Überraschung bis hin zu Unverständnis auslösen. «So kennen wir dich ja gar nicht», sagen Freunde und Familie. «Hier passe ich nicht mehr so ohne Weiteres rein», denken die Betroffenen selbst. Würde man nun einfach versuchen, wieder die Person zu werden, die man vor dem Auslandsaufenthalt war, hieße das, die mühevoll erworbene innere Beweglichkeit achtlos beiseitezuschieben und die neue innere Wahrheit zu ignorieren. So braucht es manchmal eine Phase, in der man sich neu kennenlernt, bis sich im Beziehungsgefüge alles wieder zurechtgeruckelt hat.

Aber so unangenehm Kultur- und Rückkehrerschock auch sein mögen, wem es gelingt, sie konstruktiv zu bearbeiten, der trainiert sein *Inneres Team* darin, auch unter schwierigen Umständen integrative Entscheidungen zu fällen und seinen Handlungsspielraum zu erweitern. Selbstberuhigungstechniken wie Atemübungen, Meditation, Yoga oder Bewegung an der frischen Luft sind oft ein guter Anfang. Auch eine regelmäßige schriftliche Bestandsaufnahme der äußeren Geschehnisse und inneren Reaktionen in Tagebuchform hat sich als sehr hilfreich erwiesen. Denn die Fähigkeit, sich selbst beruhigen zu können, ist erlernt und kann dementsprechend trainiert und verbessert werden (vgl. Teil III, 1.3 Emotionale Stabilität). Das Ziel sollte dann nicht sein, negative Gefühle schönzureden, sondern sie erst einmal so weit zu beschwichtigen, dass alle relevanten *inneren Stimmen* gehört werden können und sie ihr Vertrauen in das *Oberhaupt* zurückgewinnen. Dabei gilt: Hilfe suchen ist erlaubt! Besonders für den Fall, dass es im seelischen Gebälk schon bedrohlich knirscht.

Tatsächlich zeigen entsprechende Studien, dass internationale Führungskräfte umso effektiver sind, je schwerer der Kulturschock war, den sie erlebt haben (Adler 2002). Einerseits weil sie sich wirklich auf die Gastkultur einlassen, andererseits weil solche Erlebnisse die Auseinandersetzung mit sich selbst sowie persönliches Wachstum anstoßen. Sind diese neuen Lebenserfahrungen erst integriert, fällt es dem *Oberhaupt* anschließend leichter, spätere negative Lebensereignisse und das daraus resultierende innere Wirrwarr zu bewältigen. So kann es auch in Zukunft schneller aus einem lähmenden inneren Gegeneinander ein arbeitsfähiges inneres Miteinander machen.

Ein Kultur- oder Rückkehrschock kann eine gewaltige Herausforderung darstellen. Sollten Sie jemals einen erleben, dient Ihnen vielleicht die Hoffnung als Trostpflaster, dass Sie kompetenter daraus hervorgehen werden.

6. Politisch korrekt – unser Denken ist es nicht und wir sind es erst recht nicht!

Lassen Sie uns nach diesem Ausflug zu kulturellen Schockerlebnissen noch einmal zu unseren ganz alltäglichen Denkprozessen zurückkommen. Auf das soziale Verhalten von Menschen wirken zwei machtvolle gegensätzliche Kräfte: Zum einen sind wir soziale Wesen, die fast immer und überall empathiefähig sind, zum anderen sind wir uns «selbst am nächsten», neigen etwa zu identitätswahrenden Verzerrungen, um unseren Selbstwert zu schützen. Dazu gehört z. B. ein rosaroter Filter, durch den wir alle Gruppen betrachten, denen wir uns zugehörig fühlen. Schließlich projizieren wir die Eigenschaften, die wir ihnen zuschreiben, auch auf uns selbst!

Selbst wenn Gruppen für Experimente zufällig zusammengewürfelt werden, sehen die Mitglieder die eigene Gruppe schon nach wenigen Minuten in einem positiveren Licht als die andere (Tajfel 1982). Das bewusste oder unbewusste Herabschauen auf andere ist eine der einfachsten Strategien, um den empfundenen Wert der eigenen Gruppe zu steigern. Dieser sogenannte Eigengruppen-Favorisierungs-Effekt führt dazu, dass die eigene Gruppe über die Abgrenzung nach außen erhöht wird und gleichzeitig noch enger zusammenrückt. Fremde Menschen, Gruppen und Positionen rücken dagegen noch weiter weg und werden als negativer wahrgenommen, als sie eigentlich sind.

Im Zusammenhang mit Kultur wird diese Selbstbezogenheit von Gruppen «Ethnozentrismus» genannt. Hierzu gehört, dass Menschen einerseits ihre Kulturen und deren Verhaltensmuster als besser, gut und richtig bewerten und andererseits fremdes Verhalten eher mit Respektlosigkeit, hinterhältigen Absichten oder Dummheit begründen. Dabei tendieren Menschen dazu, die andere Kultur als weitestgehend in sich homogen wahrzunehmen und individuelle Unterschiede zu ignorieren, während sie in der Eigengruppe fein abgestufte Differenzierungen erkennen. Gemeinsamen Schnittmengen werden ausgeblendet (vgl. Abb. 8).

Es ist immer wieder spannend zu erleben, wie Teilnehmerinnen und Teilnehmer im Training ausführlich darlegen, dass Norddeutsche nicht mit Bayern, Berliner nicht mit Hamburgern, Ostdeutsche nicht mit Westdeutschen gleichzusetzen seien – nur um im nächsten Moment zu beschreiben, wie toll «die Latinos» tanzen könnten und wie familienorientiert «die Afrikaner» seien.

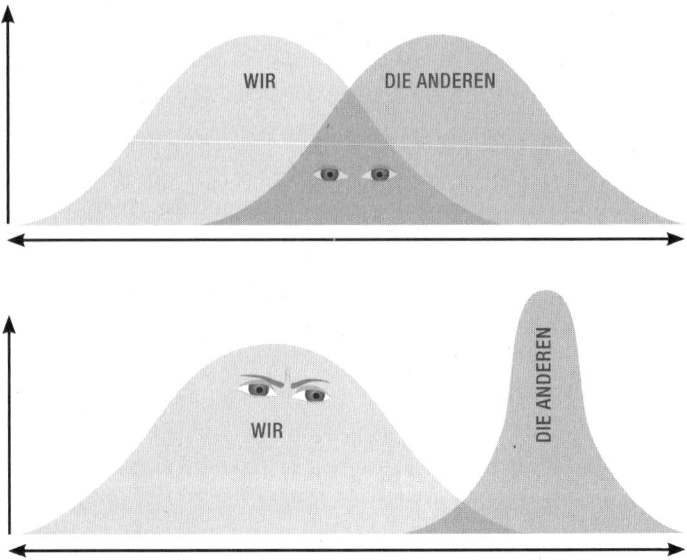

ABB. 8: *Fremdgruppen-Homogenitäts-Effekt* «Wir» sehen die «Anderen» schnell ganz weit weg und deutlich anders – dabei sind wir uns eigentlich ziemlich ähnlich (vgl. Rez et al. 2006, S. 34).

Der Fachbegriff für diese Gleichmacherei der Mitglieder fremder Gruppen nennt sich «Fremdgruppen-Homogenitäts-Effekt». Dieser «mentale Programmfehler» zeigt sich auch darin, wie schwer wir uns tun, Gesichter von Menschen anderer Ethnizitäten, etwa Asiaten, zu unterscheiden. Das Ganze funktioniert natürlich ebenfalls in die Gegenrichtung: Für die meisten Asiaten sehen Europäer sich alle ziemlich ähnlich (vgl. Chang 2016).

Meine Kollegen Rez, Kraemer und Kobayashi-Weinsziehr (2006) bezeichnen diese typischen Effekte interkultureller Wahrnehmung treffend als «Obelix-Verzerrung»: Der dicke Gallier, für den tief fliegende Fische, geschulterte Hinkelsteine oder der obligatorische

Wildschweinbraten zur Normalität gehören, zieht für Verhalten, das ihm fremd erscheint, nur ein Erklärungsmuster heran: «Die spinnen, die Römer!» Der tief in uns verankerte Obelix-Effekt wird seit jeher instrumentalisiert, wenn an nationale, ethnische oder religiöse Zugehörigkeitsgefühle appelliert wird, also um Fremdes als andersartig abzuwerten oder als abartig zu bekämpfen.

Um zu verstehen, wie unser Gehirn mit anderen umgeht, ist noch ein weiterer Faktor von Bedeutung, den die Sozialpsychologie als «fundamentalen Attributionsfehler» bezeichnet. Wenn wir uns unpassend benehmen, z. B. weil wir vor lauter Ungeduld ungehalten und patzig werden, tendieren wir dazu, unser eigenes Verhalten auf situative Umstände zurückzuführen, nach dem Motto: «Heute habe ich einen schlechten Tag, ich bin unausgeschlafen, die Situation war einfach zu frustrierend etc.» Geht es aber darum, das Verhalten unseres Gegenübers zu erklären, neigen wir dazu, situative Fakten zu unterschätzen und die Person in den Fokus unserer Wahrnehmung zu rücken. Dann finden wir: «Der oder die ist aggressiv, hat keine Manieren, keinen Anstand, ist respektlos.» Und je weniger wir eine Person kennen, desto leichter missdeuten wir ihre Motive, die wir negativ bewerten, als Ausdruck von Charakterschwäche.

Fundamentale Attributionsfehler können im interkulturellen Kontakt besonders schnell zu Fallstricken werden, weil wir hier auf so viel Unbekanntes und Neues stoßen. Dann tendieren wir nicht nur dazu, das Verhalten mit dem Charakter der Person zu erklären, sondern gehen mit der Generalisierung oft noch einen Schritt weiter und verstehen individuelle Handlungsweisen gleich als Eigenheiten der gesamten Kultur: Wir kulturalisieren und bilden auf Grundlage dieser fehlerhaften Attribution Stereotype und Vorurteile aus.

Die beschriebenen Muster sind so alt und tief in unseren Gehirnstrukturen verwurzelt, dass es kaum Chancen gibt, die Tendenz zur Selbsterhöhung komplett aus unserem Denkapparat zu verbannen – aber wir können lernen, konstruktiver damit umzugehen (siehe auch Teil III).

6.1 Die unsichtbare Macht von Stereotypen und Vorurteilen

Haben Sie Lust auf ein kleines Experiment? Dann schauen Sie sich doch einmal um, ob Sie in Ihrer Nähe zwei Ihnen unbekannte Menschen entdecken können (Fotos in einer Zeitschrift tun es im Zweifel auch). Und nun überlegen Sie, wer von den beiden klüger, vertrauenswürdiger oder extrovertierter ist. Wenn Ihr *innerer Wächter für politische Korrektheit* Sie den Gedanken zu Ende denken lässt und Ihnen nicht sofort den Mund verbietet, fällt Ihnen die spontane Beurteilung vermutlich leicht. Menschen sind «soziale Tiere», und Artgenossen sind so bedeutsam für uns, dass unser Gehirn gesonderte Bereiche ausgebildet hat, um Voraussagen über Absichten, Denken und Verhalten von anderen zu treffen und Rückschlüsse über ihre Persönlichkeit ziehen zu können. Die eigentliche Herausforderung besteht darin, das nicht zu tun!

Vielleicht waren Sie auch schon mal überrascht, als eine voll verschleierte Muslimin in einwandfreiem Deutsch mit Ihnen gesprochen hat. Oder als Sie wie selbstverständlich, aber fälschlicherweise davon ausgegangen sind, dass der italienische Kollege zu spät zum Treffen erscheinen würde, er dann aber sogar noch vor Ihnen da war. Kurz darauf haben Sie sich vermutlich über sich selbst geärgert und vielleicht auch ein bisschen geschämt, wie leicht Sie Stereotypen und den daraus resultierenden Vorurteilen aufgesessen sind.

Stereotype sind komplexitätsreduzierende, schematisierende, unkritische Verallgemeinerungen. Wissenschaffende beschreiben sie manchmal als gefrorene Gedanken. Denn so ähnlich wie Wasser zu ewigem Eis gefrieren kann, können auch Konzepte und

Überzeugungen in unseren Köpfen erstarren. Wenn Menschen mit Fremden in Kontakt gehen, sind sie nicht unvoreingenommen, sondern haben sich auf aufgrund von kulturell überlieferten Teilwahrheiten, Berichten, Filmen und eigenen Erfahrungen schon ein Bild gemacht. Und nicht nur das. Sie würden diese Bild aus erstarrtem, fehlerhaftem, implizitem Alltagswissen am liebsten bestätigt sehen. Dieser Mechanismus hilft, Energie zu sparen und in einer komplexen sozialen Umwelt schnell zu erfassen, mit wem man es zu tun hat. Vorurteile und Stereotypisierung erfüllen psychologisch gesehen wichtige Funktionen. Sie ermöglichen eine rasche Orientierung und verleihen darüber hinaus Urteils- und Handlungssicherheit. Außerdem dienen sie, anhand der schon besprochenen sozialen Vergleichsprozesse, der Abgrenzung von anderen, der Versicherung der Gruppenidentität, dem Selbstwertschutz und der Verteidigung der eigenen sozialen Privilegien.

Ein Beispiel gefällig? Ein solches erstarrtes Bild über «die Spanier» befindet sich – ob bewusst oder unbewusst – ganz automatisch im Reisegepäck. Erleben wir dann, dass Spanier viel Zeit am Strand verbringen, ausgiebig zu Mittag essen und abends lange feiern, bestätigt das die im Grundsatz wertfreie, stereotype Sichtweise auf Spanien als Land von «Paella, Party, Playa». Dass sich schon bei der ersten Beobachtung «der Spanier» einige Denkfehler eingeschlichen haben dürften, ignoriert unser Gehirn geflissentlich. Schließlich waren vermutlich auch die Spanier, die Zeit hatten, Paella, Party und Playa zu genießen, im Sommerurlaub. Die spanischen Verkäufer, Kellnerinnen, Hotelangestellten und Türsteher, die das alles möglich machen, blendet unser Denkorgan mit seiner Selbstbestätigungs-Tendenz mühelos aus. Machen wir aus solchen Stereotypen persönliche Zuschreibungen und ziehen daraus (voreilig) Schlüsse – «Pedro ist Spanier, also ist er faul» –, dann stecken wir Pedro damit in eine kognitive Schublade und aus dem Stereotyp wird ein Vorurteil.

Als Faustformel gilt: Begegnen Menschen Stereotypen, dann fühlen sie sich zwar falsch verstanden, doch sie sind in der Lage, mit den Schultern zu zucken oder irritiert lächelnd den Kopf zu schütteln. Sehen sie sich allerdings mit Vorurteilen konfrontiert, löst das Betroffenheit, Ärger oder auch Wut aus, weil sie erleben, dass sie und ihre Kollektive aufgrund von Hautfarbe, Ethnie, Nationalität etc. falsch beurteilt oder gar abgewertet werden.

Stereotype und Vorurteile gehören zu unserem impliziten Wissen und beeinflussen unser Handeln, ohne dass wir uns dessen überhaupt bewusst wären. Leider selbst dann, wenn dieses Verhalten ganz grundlegend gegen unsere persönlichen Werte verstößt. Selbst wem es ein wichtiges persönliches Anliegen ist, alle Menschen gleich zu behandeln, ist nicht davor gefeit, sie auszubilden. Hinzu kommt, dass wir Vorurteile nicht nur weitestgehend unbewusst übernehmen, wir replizieren und befeuern sie auch unreflektiert. Die wachsende Anzahl einflussreicher Instagrammerinnen macht es vor: Wer plakative weibliche Stereotype zelebriert, traditionelle Rollenbilder präsentiert und sich auf «Elternschaft», «Schönheit» und «Ernährung» beschränkt, kann sich der meisten «Likes» sicher sein (Weber 2020).

Die Wirkmächtigkeit von Stereotypen und Vorurteilen besteht darin, dass sie erstaunlich veränderungsresistent sind. Vorurteile verschwinden nicht einfach von selbst aus den Köpfen. Wie sollten sie auch, wenn sie im Alltag doch regelmäßig befeuert werden? Besonders die Medien transportieren eine Vielzahl von Informationen, die unser Gehirn ungeprüft im Unterbewussten platziert und nach denen wir unser Verhalten ausrichten. Deswegen ist es hoch relevant, wenn Schwarze Männer überdurchschnittlich oft als kriminell oder aggressiv dargestellt werden, Asiaten die Rolle als Nerd geradezu gepachtet zu haben scheinen oder wenn die aktiven Sprechrollen in Hollywood-Filmen viel öfter mit Männern besetzt sind.

Unser Hirn will nicht umdenken, stattdessen erklärt es Beobachtungen, die nicht zu unseren Erwartungen passen, kurzerhand zu Ausnahmen. US-Amerikaner sind oberflächlich, aber mit meiner kalifornischen Freundin Susan kann ich wirklich tiefgehende Gespräche führen. Arabische Männer sind aggressiv, aber mein Kollege Mohammed ist ein total sanftmütiger Typ. Hier werden lediglich einzelne Personen aus der vorurteilbehafteten Box herausgeholt, während die Box selbst unangetastet bleibt.

Dass nationaltypische Vorurteile weit verbreitet sind und verstanden werden, liegt daran, dass sie oft ein Körnchen Wahrheit enthalten. So gibt es für die Ausbildung von Stereotypen oft historische Gründe. Sangría, Flamenco, Stierkampf und Paella bilden längst nicht die kulturelle Diversität Spaniens ab, sondern stellen vielmehr einen Abklatsch andalusischer Folklore dar. Dennoch wurden Bilder davon zeitweise sehr bewusst ins Ausland getragen, um den Tourismus anzukurbeln.

Chimamanda Adichie (2009) fasst in ihrem *Ted Talk* den dahinterliegenden Mechanismus und die damit einhergehende Problematik folgendermaßen in Worte: «*The single story creates stereotypes, and the problem with stereotypes is not that they are untrue, but that they are incomplete. They make one story become the only story.*» («Die einzelne Geschichte erschafft Stereotype, und das Problem mit Stereotypen ist nicht, dass sie nicht wahr wären, sondern dass sie unvollständig sind. Sie machen eine Geschichte zur einzigen Geschichte.») Auf die außerordentliche Relevanz der *Single Story* komme ich in Teil III noch ausführlich zu sprechen.

Implizites Wissen überprüfen wir nur unter extrem «günstigen» Bedingungen. Humor kann Vorurteile verstärken und festigen, er kann aber auch Bedingungen schaffen, die uns die Reflexion und Auseinandersetzung mit Stereotypen erleichtern. Werden Vorurteile – etwa in Satire-Programmen – mit dem Ziel, sie zu hinterfragen, stark überzeichnet und somit ins grelle Rampenlicht unseres

Bewusstseins gerückt, machen wir sie überprüfbar – und damit revidierbar! Humor gilt als einer der wichtigsten zwischenmenschlichen Spannungslöser, zudem bleiben Informationen, die auf humorvolle Weise vermittelt werden, auch besser in Erinnerung.

6.2 Rassismus – eine bestenfalls unbequeme Realität

Die Auseinandersetzung mit Vorurteilen und Stereotypen wirft die Frage auf, wie diese Denkfehler unser Handeln und unser zwischenmenschliches Miteinander beeinflussen. Wenn wir uns damit beschäftigen, wie wir respektvoll und kultursensibel miteinander umgehen wollen, schwingen Diskriminierung und Rassismus als negativer Gegenpol immer mit. Da dieses Thema einer vertiefenden Auseinandersetzung bedarf, erwartet Sie hier lediglich eine kurze Zusammenfassung. Für die individuelle Erarbeitung einer rassismuskritischen Haltung und deren Umsetzung im Alltag sei an die ausgewiesenen Fachleute verwiesen. Viele von ihnen haben in den letzten Jahren äußert lesenswerte Bücher geschrieben (vgl. etwa Amjahid 2021; Eddo-Lodge 2020; Hasters 2019; Ogette 2017; Roig 2021).

Vielleicht ist Ihnen schon aufgefallen, dass ich an einigen Stellen von Weißen und Schwarzen schreibe. Um es noch einmal ganz klar zu sagen: Damit beschreibe ich keine Rassen, denn Menschenrassen gibt es nicht. Menschliche Gene sind sich generell quer durch alle Ethnien sehr ähnlich. Kleinere Unterschiede finden sich zwar überall auf der Welt, doch sie sind nicht nach Hautfarbe oder Geburtsort verteilt. Das großgeschriebene «Schwarz» oder «Schwarzsein» ist, genauso wie *«People of Colour»*, zu einer Selbstbezeichnung von Menschen geworden, die aufgrund unterschiedlicher biologischer Eigenschaften wie bspw. Hautfarbe, Augenform und Haarstruktur Rassismuserfahrungen ausgesetzt sind. Genauso bezeichnet «Weiß» oder «Weißsein» keine reale Hautfarbe, sondern steht für Menschen mit bestimmten historisch verwurzelten, sozialen, politischen und kulturellen Privilegien.

Von Rassismus sprechen wir, wenn Menschen aufgrund einer vermeintlichen «Rassezugehörigkeit» diskriminiert werden, das betrifft im Wesentlichen Kategorien wie die geografische Herkunft und die Zugehörigkeit zu einer Ethnie oder Religion. Der Psychologe Claude Steele (1995) spricht von einer «Bürde des Argwohns», die bestimmten Gruppen aufgrund falscher Evidenzen auferlegt wird und in deren Folge sie unter Generalverdacht gestellt und anders behandelt werden.

Es ist wichtig, sich klarzumachen, dass Rassismus und Rassentheorien erst durch den transatlantischen Sklavenhandel – der Menschen grausam, hocheffizient und in zuvor nie gesehenem Ausmaß zu reiner Handelsware degradierte – mit aller Macht befördert wurden. Die Antirassismus-Trainerin Tupoka Ogette (2017, S. 33 f.) beschreibt den Zusammenhang eindrücklich: «Die Europäer waren nicht zu Sklavenhändlern geworden, weil sie Rassisten waren. Andersherum wird ein Schuh draus. Sie wurden Rassisten, um Menschen für ihren eigenen Profit versklaven zu können. Sie brauchten eine ideologische Untermauerung; eine moralische Legitimierung ihrer weltweiten Plünderungsindustrie. Kurz und plakativ: Sie wollten gut schlafen.»

Rassismus ist ein unrühmliches Beispiel dafür, wie Kollektive eine bestimmte Sichtweise entwickeln und diese dann noch lange Zeit von Generation zu Generation weitergeben.Wissenschaftliche Studien sind eindeutig: Weder Bildungsgrad noch bewusste Überzeugungen können Sie gegen Rassismus, Stereotype und Vorurteile schützen. Gemeint ist hier kein offener Rassismus, den es natürlich auch gibt, sondern strukturelle Benachteiligung und ein ganz «alltäglicher» Rassismus, der auf leisen Sohlen und manchmal sogar mit einem freundlich gemeinten Lächeln daherkommt oder sich schlichtweg als blinder Fleck äußert. «Negative Botschaften über andere Gruppen sind dermaßen verinnerlicht, dass man ein subtiles Überlegenheitsgefühl für ganz normal hält», schreibt die Politologin und Aktivistin Emilia Roig (2021, S. 18). Deshalb ist die Auseinandersetzung mit den eigenen rassistisch geprägten Anteilen in unserem *Inneren Team* so schmerzhaft wie notwendig. Selbst wenn wir diese Stimmen ablehnen, nicht zu Wort kommen lassen wollen, verdrängen oder sogar abspalten: Wir tragen sie in uns, und wenn wir uns nicht mit ihnen auseinandersetzen, agieren sie als machtvolle Strippenzieher im Untergrund.

Transkulturell kompetent zu sein bedeutet nicht, keine Vorurteile zu haben – denn das ist schlicht und ergreifend unmöglich –, sondern eine vorurteilsbewusste und rassismuskritische Haltung zu entwickeln!

Vielleicht haben Sie an dieser Stelle Lust, einen der «Impliziten Assoziationstests» der Universität Cambridge auszuprobieren (www.implicit.harvard.edu/implicit). Die meisten Seminarteilnehmerinnen und Seminarteilnehmer sind von ihren Ergebnissen überrascht.

6.3 Fremdwahrnehmung und Kommunikation – Eigenes im Spiegel des Fremden

Wer dem Blick der Fremden folgt, merkt schnell, dass nicht nur «die» komisch sind – «wir» sind genauso sonderlich. Hier nur eine kurze Auflistung von Dingen, die Besucherinnen und Touristen in Deutschland seltsam finden: lautes Naseputzen, geschlossene Geschäfte am Sonntag, Schultüten, Kirchensteuer, Kinder, die Erwachsene mit ihrem Vornamen anreden, Ungeduld beim Schlangestehen und nicht zuletzt die so oft genannte fast schon an Unfreundlichkeit grenzende Ehrlichkeit. Dank des «fremden Blicks» können wir neue Seiten an uns entdecken, deswegen lernen wir im Ausland auch so viel über unsere eigenen kulturellen Handlungsmuster.

Wie wir zu anderen stehen und was wir von ihnen halten, transportieren wir, mit dem Kommunikationsquadrat gesprochen, anhand der Beziehungsbotschaft, die zwei Aspekte in sich vereint: «So bist du» und «So stehen wir zueinander». Diese für den zwischenmenschlichen Kontakt so relevanten Aspekte verstecken sich fast immer «zwischen den Zeilen» und müssen vom Empfänger gedeutet werden. Weil es in der Kommunikation keine objektive Wahrheit gibt, muss die Bedeutung aus der Wechselwirkung von Gesagtem und Verstandenem konstruiert werden. Das macht Kommunikation zu einem Gemeinschaftsprodukt, in dem auch die Empfängerin aus vier Optionen auswählen kann: wie sie die Botschaft versteht und auf welche Seite sie reagiert.

Eine negativ gemeinte oder verstandene Beziehungsbotschaft kann große Betroffenheit auslösen. Das lässt sich exemplarisch anhand der berühmten «Herkunftsfrage» nachvollziehen, denn auch wenn das Thema in den letzten Jahren stärker in den Fokus der gesellschaftlichen Aufmerksamkeit gerückt ist, taucht es nach wie vor in fast jedem meiner Seminare auf: Bitte ich Studierende, Sätze zu suchen, die ihnen «Bauchgrummeln» bereiten, um sie anschließend in Kleingruppen mithilfe des Kommunikationsquadrats zu analysieren, ist regelmäßig die gleiche Äußerung dabei. «Wo kommst du her?» (vgl. Abb. 9). Für mich, die ich als Deutsche in Barcelona lebe, birgt diese Herkunftsfrage kein Konfliktpotenzial; meine Kinder werden sie mit ihrer argentinisch-deutsch-katalanisch-spanischen Mehrfachzugehörigkeit vielleicht anders erleben.

Werden Menschen in den Ländern, in denen sie aufgewachsen sind, oftmals sogar geboren wurden und in denen sie sich zu Hause fühlen, immer wieder gefragt, wo sie herkommen (wo sie die Landessprache so gut gelernt haben oder ob sie planen, in «ihr eigenes

ABB. 9: Die vier Ebenen der Kommunikation, die in der «Herkunftsfrage» mitschwingen

Land» zurückzukehren) hat die Beziehungsbotschaft eine andere Qualität. Wir erinnern uns: Beim Beziehungshinweis geht es darum, was ich vom anderen halte und wie ich zu ihm stehe, also auch um Akzeptanz und Zugehörigkeit. Im Grunde geht es um die Frage, ob ich die andere Person ernst nehme, schätze und als gleichwertig behandele. Wird die Herkunftsfrage Menschen gestellt, die sich dort, wo sie gefragt werden, zu Hause fühlen, transportiert sie genau das Gegenteil: «Du bist exotisch, interessant, vielleicht auch nett, aber eben vor allem anders! Du bist nicht normgerecht deutsch, spanisch, französisch … Du gehörst nicht wirklich zu uns, nicht wirklich hierher.»

Kein Wunder, dass die Aussage zu einem diffusen Bauchgrummeln führt und die Betroffenen oftmals nicht wissen, wie sie damit umgehen sollen. Denn offen abwertend oder feindselig ist die Frage nicht. Ganz im Gegenteil, allzu schnell wird die Verantwortung für «übersensible» Reaktionen beim Empfänger geparkt. Thematisieren Betroffene den Beziehungsinhalt, erhalten sie auffällig oft Antworten, die sich an die anderen drei Seiten richten. Auf der Sachseite «Du siehst doch nun mal anders aus, das ist doch nicht böse gemeint», auf der Appellseite «Es war doch nur eine Einladung, ins Gespräch zu kommen» oder auf der Selbstkundgabeseite «Ich wollte nur nett sein. Ich frage nicht nur so. Es interessiert mich wirklich, wo du herkommst».

Vor ein paar Semestern hat genau dieses Thema eine lange Diskussion im Seminar ausgelöst, bis eine Schwarze Studentin ein weiteres Beispiel einbrachte. Sie war mit Freunden tanzen, als ein attraktiver junger Weißer Mann ihr ein Bier anbot und sie freundlich lächelnd ansprach: *«You are beautiful … for a black girl!»* («Du bist hübsch … für ein Schwarzes Mädchen!») Es wird Sie kaum wundern, dass sie ihn an der Bar stehen ließ. «Natürlich», so das Fazit der Studentin, «hätte ich geschmeichelt auf die Interessenbekundung reagieren können, wie der Typ es sich ja ganz offensichtlich erhofft hatte. Aber wieso hätte ich das tun sollen? Hier zählt nicht die Intention, sondern die Wirkung. Nur weil etwas nett gemeint ist, bedeutet es keinesfalls, dass es nicht unangebracht, verletzend oder eben rassistisch ist.»

Sprache ist machtvoll! Kommunikation spiegelt die Sichtweisen unserer Gesellschaft wider. Wo immer wir kommunizieren, verhandeln wir ganz nebenbei auch über Fremdwahrnehmung, Identitäten und Zugehörigkeit (vgl. auch Gümüşay 2020). Es ergibt wenig Sinn, Gefühle, die diese Beziehungsbotschaften auslösen, wegdiskutieren zu wollen. Sie sind widerstandsfähig! Angemessener wäre es, zu versuchen nachzuvollziehen, wie das Gegenüber die Situation erlebt.

Im kulturübergreifenden Kontakt sollten wir einen besonders

feinen Spürsinn für den Beziehungsaspekt entwickeln, da hier oft machtvolle zusätzliche Triebkräfte mitmischen: stereotype und historische Verstrickungen, aber auch ungewohnte kommunikative Codes, Unterschiede im Verständnis von sozialem Status, Hierarchie oder Loyalität, die wir alle in Teil II noch genauer betrachten werden. Denn wo Sachbotschaften sich vor allem an den Verstand des Empfängers richten, haben Beziehungsbotschaften die Macht, uns um den Schlaf zu bringen, auf den Magen zu schlagen, Herzen zu brechen und (Geschäfts-)Beziehungen ernsthaft zu gefährden. In all diesen Fällen kann uns das Kommunikationsquadrat als Analyseinstrument wichtige Dienste erweisen (vgl. auch Teil II, 4.1 Ein Beispiel aus der Praxis).

7. *Third Culture Kids* und *Cross Culture Kids* – zu Hause an mehreren Orten

In diesem Teil des Buches haben wir uns bisher damit beschäftigt, was Kultur ist und welchen Anteil sie daran hat, uns zu den Menschen zu machen, die wir sind. Denn wollen wir in den unterschiedlichsten Situationen sowohl kultursensibel und wirkungsvoll als auch authentisch und wesensgemäß handeln, hilft es zu verstehen, wie wir innerlich «ticken». Jedes Eintauchen in andere Kulturen verändert unser individuelles, kulturgeprägtes Ticken ein kleines bisschen und je mehr wir uns zwischen sich verändernden Welten bewegen, umso vieltöniger wird auch unser kulturgeprägter Rhythmus.

An dieser Stelle möchte ich Sie einladen, eine Gruppe von Menschen genauer zu betrachten, die gleichermaßen Experten wie auch «Versuchskaninchen» eines globalen Lebens sind: *«Third Culture Kids»* (*TCKs*) sowie *«Cross Culture Kids»*. Beide Begriffe stehen für Kinder und Jugendliche, die in bzw. mit mehreren Nationalkulturen aufgewachsen sind. Die nächsten Seiten sind ihnen gewidmet – und längst nicht nur für diejenigen Leserinnen und Leser relevant, die ein globales Leben mit ihrem Kinderwunsch kombinieren wollen oder ihre *Cross Culture Kids* gerade ins Bett gebracht haben. Denn erstens lassen sich an ihnen einige innermenschliche Mechanismen, die uns alle betreffen, besonders gut nachvollziehen, und zweitens können wir viel von ihnen über die Vorteile und Herausforderungen lernen, die mit einem globalen Leben einhergehen.

Der Begriff «*Third Culture Kids*» wurde von den Soziologen John und Ruth Useem (1967) in den wissenschaftlichen Diskurs eingebracht. Er stammt aus einer Zeit, in der ein globales Leben bestimmten Bevölkerungsgruppen vorbehalten war – insbesondere Kolonialverwaltern, Diplomatinnen, Missionaren, Entwicklungshelferinnen, internationalen Geschäftsleuten und Militärangehörigen. Diese Gruppen lebten zwar durchaus unterschiedlich, wiesen aber gleichzeitig große Gemeinsamkeiten auf. Zu den bedeutendsten gehört, dass sie meistens in mehr oder weniger ausgeprägten Parallelgesellschaften mit klarer Abgrenzung zu den Einheimischen lebten, ein vergleichsweise privilegiertes Leben führten und die Familie meistens davon ausging, nach einigen Jahren oder Jahrzehnten in ihre Ursprungskultur zurückzukehren. Kinder, die in solchen besonderen Konstellationen aufgewachsen waren, fühlten sich nach Beobachtungen der Useems weniger ihren Nationalkulturen zugehörig, sondern fanden Trost, Bestätigung und das Gefühl, verstanden zu werden, in ihren jeweiligen «dritten Kulturen», den internationalen Parallelgesellschaften.

Auch die Autoren David Pollock, Ruth Van Reken und Georg Pflüger nehmen ähnliche internationale Bevölkerungsgruppen in den Blick und definieren ein *TCK* folgendermaßen: «Eine Person, die einen bedeutsamen Teil ihrer Entwicklungsjahre außerhalb der Kultur der Eltern verbracht hat.» (2003, S. 31) Wie lang die Aufenthaltsdauer in einer «elternfremden» Kultur sein muss, um ein Kind zu einem *TCK* zu machen, lässt sich nicht einheitlich festlegen.

In meiner Arbeit komme ich auch heute noch regelmäßig mit Menschen in Kontakt, die einen solchen «klassischen» *TCK*-Hintergrund haben, die mit ihren Familien alle paar Jahre in ein neues Land oder gleich auf einen neuen Kontinent zogen und auf internationale Schulen gingen, in denen sie wiederum auf Klassenkameraden mit einem ebenfalls hoch mobilen Leben trafen.

Für solche Menschen wird das Leben in «Expat-Gemeinschaften» und der regelmäßige Wechsel zu einem stabilen Teil ihrer Kindheit und Jugend. Das kann so weit gehen, dass sie Heimweh nach Flughäfen haben statt nach einem Haus, einem Dorf, einem Stadtviertel – weil sie kein Heimatgefühl für einen bestimmten Ort entwickeln konnten. Als Erwachsene haben diese *Adult Third Culture Kids (ATCKs)* Elemente aus den verschiedenen Kulturen für sich übernommen, in denen sie gelebt haben, ohne sich jedoch einer einzigen vollständig zugehörig zu fühlen. Zu Hause fühlen sie sich meistens auch weiterhin in ihrer «dritten Kultur», der wachsenden internationalen Gemeinschaft von globalen Nomaden (vgl. Pollock et al. 2003).

Inzwischen wachsen immer mehr Kinder in «elternfremden» Nationalkulturen auf, doch nur ein kleiner Teil von ihnen lebt ein «klassisches» *TCK*-Leben. Das spiegelt sich auch in der Literatur wider, in der Kinder mit den unterschiedlichsten kulturübergreifenden Lebensrealitäten mit dem Begriff *TCK* belegt werden. Ruth Van Reken hat deswegen in einem Beitrag auf ihrem Blog *Cross Cultural Kids* (www.crossculturalkid.org) vorgeschlagen, das Konzept *TCK* um den Oberbegriff *«Cross Cultural Kid» (CCK)* zu ergänzen. Damit möchte sie neben den traditionellen *TCKs* auch all diejenigen einschließen, die «während ihrer Entwicklungsjahre und über einen längeren Zeitraum in zwei oder mehr kulturellen Umgebungen gelebt haben und in sinnvoller Weise mit ihnen interagiert haben». Also auch Kinder von Einwanderern, die dauerhaft in ein neues Land gezogen sind, Kinder von Flüchtlingen, die außerhalb ihres ursprünglichen Landes oder Ortes leben, Kinder binationaler Eltern, Kinder von Menschen, die Minderheiten angehören, international adoptierte Kinder oder Kinder, die «inländisch» zwischen verschiedenen Kulturen innerhalb ihres Heimatlandes umgezogen sind.

Wie von Van Reken vorgeschlagen, nutze ich im Folgenden den Begriff *TCK* für Kinder, die regelmäßig den Standort wechseln und ein weitestgehend privilegiertes Leben führen, und *CCK* als übergeordnete Beschreibung für alle Kinder, die in oder mit mehreren Nationalkulturen aufwachsen.

Der «gemeinsame Nenner» von *CCKs* besteht darin, dass die Interaktion mit unterschiedlichen Kulturgemeinschaften ein fester Bestandteil ihres Lebens ist. Wenn ein marokkanisches Kind als Neugeborenes mit seiner Familie nach Berlin übergesiedelt ist und sich heute auf seinem internationalen Kiez zu Hause fühlt, wird es eine deutsche Grundschule besuchen, zu Hause vielleicht Ramadan feiern und je nach Kollektiv zwischen Deutsch, Arabisch und Französisch hin und her wechseln. Es lernt also viele – teils widersprüchliche – Sprachmuster, Weltsichten und Selbstverständlichkeiten, ungeschriebene kulturelle Regeln und Sichtweisen innerhalb der einzelnen Gruppen und in dem geteilten sozialen Umfeld kennen.

Weil diese Regeln weitestgehend gleich bleiben, erweist sich auch die gelebte kulturelle Vielfalt als relativ stabil. Sollten die Eltern sich nun jedoch entscheiden, den familiären Lebensmittelpunkt nach Japan, Mexiko oder Mali zu verlegen, wäre dieser Umzug für das Kind mit dem Verlust eines großen Teils der ihm bekannten Welt und der gewohnten Verhaltensregeln verbunden. Ein Verlust, dem die meisten *TCKs* mehrmals in ihrem Leben ausgesetzt sind. Und je weniger kulturelle Knotenpunkte, je weniger bekannte kulturelle Grundregeln und Verhaltensweisen dem Kind in der neuen Kultur begegnen, desto stärker die kulturelle Erschütterung.

7.1 Die besonderen Herausforderungen für *Third Culture Kids* – von dynamischen Persönlichkeiten, Stammspielern und Drehbühnen

Zwischen verschiedenen Kulturen zu wechseln lehrt Kinder, sich flexibel an diverse Umfelder anzupassen, und erhöht nachgewiesenermaßen ihre Toleranz anderen gegenüber. Es bringt aber auch besondere Herausforderungen mit sich, die sich mit dem Inneren-Team-Modell abbilden lassen. Einige unserer inneren Stimmen treten immer wieder auf und prägen unsere Persönlichkeit in ganz besonderem Maße. Diese *Stammspieler* machen uns für unsere soziale Umwelt berechenbar. Wir wissen durch sie beispielsweise, wer von unseren Freunden eher extrovertiert oder eher introvertiert ist.

Von diesen quasi allgegenwärtigen Stimmen unterscheiden wir *innere Hauptdarsteller,* die in bestimmten Situationen aktiviert werden. So kann eine eher introvertierte Person während Vorträgen und Präsentationen einen *inneren Entertainer* an die Vorderlinie schicken. Kollegen wundern sich dann vielleicht, dass dieser sonst so stille Typ ein dermaßen toller Redner ist. *Hauptdarsteller* und *Stammspieler* bilden die innermenschliche Grundkonstellation, die unsere Persönlichkeit ausmacht.

Gleichzeitig verfügen wir über *innere Mannschaften*: situationsspezifische Konfigurationen, die wir je nach Setting und Gegenüber in den Außenkontakt schicken. Sie können wechseln, als stünden sie auf einer beweglichen Drehbühne, die sie nach Bedarf blitzschnell an die Kontaktlinie befördert (vgl. Abb. 10).

Diese Drehbühnen erlauben es uns allen, im Meeting, auf einer Party oder am familiären Abendbrottisch den Anforderungen von außen entsprechend aufzutreten und verschiedene Teile unserer Identität dabei sichtbar werden zu lassen. Die *Stammspieler* können sich dabei von Bühnenbild zu Bühnenbild mitbewegen, sodass wir trotz dieser innerlichen Beweglichkeit von außen als die gleiche Person wahrgenommen werden sowie unser stabiles Ich-Gefühl beibehalten können.

Für die transkulturelle Kommunikation ist das von Bedeutung, weil jede Kultur andere Stimmen und *innere Mannschaften* fordert und fördert. An einer Studie der Psychologin Sheena Iyengar (2010) lässt sich das exemplarisch ablesen. Verglichen wurde das Entscheidungsverhalten von Kindern angloamerikanischer bzw. asiatischer Herkunft in Japantown, einem Stadtteil von San Fran-

ABB. 10: Eine «Innere Drehbühne» erlaubt einen schnellen Mannschaftswechsel (vgl. Schulz von Thun 2013c, S. 234).

cisco. Wie Iyengar zeigen konnte, war es für die Kinder ausschlaggebend, wer Aufgaben und zur Verfügung stehendes Material für sie aussuchte: Während die angloamerikanischen Kinder besser abschnitten, wenn sie selbst bestimmen durften, erzielten die asiatischen Kinder bessere Ergebnisse, wenn sie annahmen, ihre Mütter hätten die Entscheidungen für sie getroffen. Mit dem Inneren Team gesprochen, beherrschte bei den asiatischen Kindern eine kulturspezifische *Mannschaftsaufstellung* mit einem kollektivistischen Weltverständnis die Bühne, dementsprechend Entscheidungen nicht gefällt werden, um die eigene Individualität hervorzuheben, sondern um «Gemeinschaftlichkeit und Harmonie zu erzeugen, indem man den Entscheidungen von vertrauten und respektierten Leuten ent[spricht]» (Iyengar 2010). Die angloamerikanischen Kinder hingegen mobilisierten eine individualistisch geprägte *innere Mannschaft*, in der ein starker *innerer Autonomiewächter* darüber wachte, selbstbestimmt handeln zu können. Auf wahrgenommene «Bevormundung» durch die Versuchsleiterin oder ihre Mutter reagierten sie irritiert und mit schlechteren Leistungen. Das heißt, Menschen lernen, je nachdem wo sie aufwachsen, bestimmte Anteile an die Vorderlinie zu schicken, die auf eine spezifische Art und Weise untereinander und mit der Außenwelt interagieren.

Nun erleben *CCKs* im Allgemeinen und *TCKs* im Besonderen unterschiedliche kulturelle Anforderungen («So sollst du sein, so sollst du dich verhalten») und verschiedene Blicke von außen («So bist du»). Bei dieser Fülle teils widersprüchlicher Informationen, denen sie ausgesetzt sind, fällt es schwer, stimmige situationsspezifische *Mannschaften* zu bilden oder die eigenen *Stammspieler* und *Hauptdarsteller* überhaupt zu identifizieren. *Ich ist immer anderswo* fasst die in Deutschland geborene türkischstämmige Autorin Funda Ağırbaş (2021) dieses Phänomen in einem Zeitungsartikel in Worte.

Dazu kommt, dass Hinweisreize wie etwa Sprache kulturspezifische Konfigurationen automatisch und für den Betroffenen oft unbewusst in den Vor- bzw. Hintergrund der Drehbühne befördern können (siehe auch Abb. 10).

Viele mehrsprachig aufgewachsene Menschen erleben sich demnach je nach Sprache, die sie gerade sprechen, wie ausgewechselt. Ein Sprichwort aus Tschechien lautet: «Mit jeder neu gelernten Sprache erwirbst du eine neue Seele.» Aus Perspektive des Inneren-Team-Modells könnten wir hinzufügen: Mit jeder Kultur, die Menschen sich zu eigen machen, ergänzen sie ihre innere Drehbühne um weitere Bühnenbilder und *Mannschaftsaufstellungen*. Sie entdecken neue Facetten an sich oder entwickeln gar neue *innere Anteile*. Diese verschiedenen *inneren Szenen* unter einen Hut zu bringen und ein stabiles Selbstkonzept zu entwickeln ist nicht einfach: Spüren wir besonders viele dieser hochgradig beweglichen inneren Impulse in uns, schwellen sie manchmal zu einem lärmenden inneren Wirrwarr an, das den Zugang zu den eigenen Gefühlen und Bedürfnissen erschwert. Kein Wunder, dass *CCK* sich selbst eher als wankelmütig, weniger konsistent und ambivalent beschreiben und teilweise auch von ihren Mitmenschen so erlebt werden.

Besonders schwierig wird es für Kinder, wenn die vormals kulturell geforderten *inneren Stimmen* im neuen Umfeld negativ bewertet werden. Zum Beispiel kann ein *bescheidener Gruppenharmoniewächter*, der die eigenen Interessen denen der Familie unterordnet, bei den neuen Klassenkameraden auf Unverständnis stoßen oder gar dazu führen, als rückgratloser Anpasser verlacht zu werden. «So soll ich nicht sein», lernen Kinder dann.

Werden Menschen, die ihre Persönlichkeit noch entwickeln, so mit einer negativen Fremdsicht auf einzelne *innere Stimmen* oder *Mannschaftsaufstellungen* konfrontiert, ist das *Oberhaupt* versucht, sich mit den systemkompatiblen *Mannschaften* zu überidentifizieren – also mit den Anteilen, die mit Zugehörigkeitsgefühl und Anerkennung von außen belohnt werden. Eigentlich täte das *Oberhaupt* gut daran, die Anteile weiter als Teil von sich zu verstehen und lediglich nicht mehr so stark nach außen zu zeigen. Aber gerade Kinder reagieren auf das von außen kommende «So sollst du nicht sein» oft drastischer mit einem inneren «Dann will ich auch nicht so sein», wodurch sie die entsprechenden Anteile zu *inneren Außenseitern* machen (vgl. Abb. 11). Wer lange genug versucht, «nicht so zu sein», verdrängt entsprechende Anteile hinter eine *innere Schandmauer*. Mitunter bis zu dem Punkt, an dem man sie wirklich nicht mehr wahrnimmt und erleichtert feststellt: «So bin ich nicht!».

Wie schon gesehen, bilden Stimmen, die ignoriert, ausgeschlossen oder gar verbannt werden, allerdings kraftraubende Untergrundbewegungen: Dann zünden sie bildlich gesprochen den Laden an oder ziehen die Notbremse, zum Beispiel in Form körperlicher und seelischer Erkrankungen. Vor allem Kinder, die erleben, dass ihre Umwelt Anteile ihrer Persönlichkeit negativ bewertet, brauchen deswegen Unterstützung dabei, diese nicht zu verdrängen, sondern wertschätzend als Teil von sich selbst zu akzeptieren.

Wer ein mobiles Leben mit häufigen Umzügen plant oder lebt, nimmt ein permanentes Abschiednehmen und Eingewöhnen in Kauf und tut gut daran, sich klarzumachen: Solche Übergänge bringen immer auch Verluste mit sich, verbunden mit der Trauer um «verlorene» Zugehörigkeit, Gemeinschaft, Status, Routinen, Stabilität, Vorhersehbarkeit und – ganz besonders – zwischenmenschliche Beziehungen. Gerade Kinder «erlauben» sich häufig nicht, diesen Trauerprozess zu durchlaufen, weil sie glauben, funktionieren zu müssen oder ihren Eltern nicht noch mehr Probleme zumuten zu können etc. Ohne die Chance, ihren Verlust konstruktiv zu verarbeiten, kapseln sie ihren Schmerz innerseelisch

ABB. 11: Das *Innere Team* als Bühne mit *Stammspielern* im Vordergrund, *schützenswerten Stimmen* und *lichtscheuem Gesindel* im Hintergrund sowie *verbannten Stimmen* im Untergrund (Bildidee: Schulz von Thun 2013c, S. 225)

ein, sodass er sie ein Leben lang begleitet. Manche *Adult Third Culture Kids* berichten dementsprechend von Rastlosigkeit und der Schwierigkeit, sich festzulegen und an Menschen oder Orte zu binden – aus Angst, diese Bindungen ebenfalls zu verlieren. Auch aus Expertensicht stellen Kontrollverlust bzw. die Angst davor sowie unverarbeitete Trauer die größten Gefahrenquellen für die psychische Gesundheit von *TCKs* und *Adult TCKs* dar (vgl. etwa Pollock & Van Reken 2003).

Nur mit genug Raum und Verständnis für den Ablösungsprozess kann Trauer konstruktiv bewältigt werden, was außerdem die benötigte Energie freisetzt, um die Spielregeln der neuen Kultur zu erlernen. Beanspruchen Abschiednehmen und Eingewöhnungen dauerhaft zu viele Ressourcen, stehen z. B. weniger dafür zur Verfügung, die eigenen Bedürfnisse und Talente zu entdecken. Zudem aktivieren solche schlechten Gefühle wiederum die kognitiven Systeme, durch die wir die Welt mit einem schwarzmalerischen, fehlerorientierten Blick betrachten, und verstellen uns den Zugang zum gesamten *Inneren Team* – mitsamt aller Bedürfnisse, Erfahrungen, Werte und Handlungsmöglichkeiten.

Je stärker der Zugang zu sich selbst erschwert ist, desto eher übernehmen Menschen Erwartungen, Werte, Ziele und Wünsche von außen. So ein angepasstes Verhalten macht das Leben zunächst einfacher. Langfristig wird die Gegenreaktion aber nicht ausbleiben. Entweder nach innen gerichtet mit Depression und innerer Verbannung. Oder als nach außen getragene zornige Rebellion gegen die «auferlegten» kulturellen Werte und Normen (vgl. etwa Pollock & Van Reken 2003). Gleichwohl schätzen die meisten *TCKs* das mobile Leben sehr, das ihnen ermöglicht wurde.

Im Portugiesischen gibt es den Ausdruck «*saudade*». Er beschreibt eine melancholisch-nostalgische Erinnerung, ein Verlangen nach Personen, Orten oder Erlebnissen, die in der Vergangenheit liegen, die Sehnsucht nach Verlorenem, verbunden mit dem Glücksgefühl, dass man jemanden oder etwas kennenlernen durfte und dass dieses Geliebte in der Erinnerung weiter existiert. Für viele *CCKs* beschreibt *saudade* ein traurig-schönes Gefühl, das sie in ihrem globalen Leben begleitet.

So oder so: Sie profitieren von den verschiedenen Sprachen und Erfahrungen, die sie machen konnten, und von ihrer Fähigkeit, offen auf Menschen zuzugehen und Kontakte zu knüpfen. Ihre kulturübergreifenden Kompetenzen und ihre «Anpassungsfähigkeit» sind so ausgeprägt, dass sie von ihrer jeweiligen Umgebung innerhalb kürzester Zeit als kulturelle Insider wahrgenommen und deswegen oft als kulturelle Chamäleons bezeichnet werden.

Überraschenderweise sind sich *Adult CCKs* ihrer verborgenen inneren kulturellen Vielfalt selten bewusst. Die Selbstkategorisierung «Ich bin ein *Third Culture Kid* oder ein *Cross Cultural Kid*» wird dann oft als enorme Erleichterung wahrgenommen, gibt sie ihnen doch die Möglichkeit, Lebenserfahrungen und die daraus resultierenden inneren Dynamiken, Gefühle und Charaktereigenschaften einzuordnen. Das tut auch dem Selbstkonzept gut, denn nun kann das *«Ich, das immer anderswo ist»* verortet werden, und zwar in einer dritten Kultur.

8. Keine transkulturelle Kompetenz ohne innere Beweglichkeit – von weltgewandten Menschen und Persönlichkeits-Schwerstarbeit

Auch Erwachsene, die sich dafür entscheiden, in oder mit mehreren Nationalkulturen zu leben, können eine gewisse kulturelle Erschütterung erleben. Da sie, im Gegensatz zu Kindern, ihre persönliche und kulturelle Identitätsentwicklung aber schon durchlaufen haben, bleibt ihr Bewusstsein dafür, wer sie sind und wofür sie stehen, weitestgehend intakt. Trotzdem machen auch sie Fremdheitserfahrungen, die die innerseelische Aufgabenverteilung verändern. Es werden neue *innere Teammitglieder* eingestellt, die Aufstellung der *inneren Mannschaften* erneuert und die *innere Drehbühne* beweglicher gemacht: Die bereits existierende multikollektive innere Vielfalt wird noch vielfältiger. Solche Menschen beschreiben wir häufig mit Begriffen wie «weltgewandt». Weltgewandte Menschen zeichnen sich auch dadurch aus, dass sie gelernt haben, Denkfehlern, vorschnellen Impulsen und eingeschliffenen Verhaltensweisen nicht gleich nachzugeben. Das kann nur mit einem aufmerksamen und wohlwollenden *Oberhaupt* gelingen. Zur Persönlichkeitsentwicklung gehört, alle *inneren Stimmen* – also auch die *inneren Vertreter* der verschiedenen kulturellen Zugehörigkeiten – anzunehmen, ihre gegenseitigen Interessen ernst zu nehmen, ihnen ein gutes Zusammenleben zu ermöglichen und den innermenschlichen Pluralismus anzuerkennen. Das ist zwar Persönlichkeits-Schwerstarbeit, doch die Anstrengung lohnt sich. Und wer lernt, Ambiguitätstoleranz für das eigene Innenleben aufzubringen und alle Stimmen zu akzeptieren, kann diese Offenheit und Empathie auch besser für andere aufbringen.

Fazit Teil I

Im ersten Teil haben wir uns dem Kulturbegriff genähert, das Kommunikationsquadrat kennengelernt und uns damit beschäftigt, wie unser Gehirn tickt. Eine ganze Reihe kognitiver Mechanismen helfen uns dabei, durch eine Welt voller chaotischer Sinneseindrücke zu navigieren. Allerdings entwickelt unser Denkorgan ein fast schon besorgniserregendes Eigenleben, wenn es Informationen selektiert, die es für relevant erachtet, Informationen ignoriert, die sich in der Vergangenheit als unwichtig erwiesen haben, und frei vor sich hin interpretiert, wenn es Informationslücken füllen muss. All das trägt dazu bei, dass wir uns mit falschen Wahrnehmungen, Erinnerungen und Urteilen selbst an der Nase herumführen und unsere ungeprüften Grundannahmen, unseren Ethnozentrismus und unsere Tendenz zum Selbstwertschutz in den Kontakt mit anderen Menschen mitnehmen.

Mit dem Modell des *Inneren Teams* können wir solche innermenschlichen Dynamiken abbilden: von der Identitätsbildung über die innermenschlichen Mechanismen eines Kulturschocks oder einer Kindheit als *Cross Cultural Kid* bis hin zu kulturtypischen *Mannschaftsaufstellungen*.

Der zweite Teil des Buches widmet sich nun den Dynamiken, die auf unser zwischenmenschliches Miteinander wirken. Wie unterscheiden sich Kulturen? Was passiert, wenn Menschen mit ihren lang erprobten kulturgeprägten *Mannschaftsaufstellungen* aufeinandertreffen? Was hilft uns dabei, gut miteinander zu reden, und wo sollten wir auf Stolpersteine vorbereitet sein?

TEIL II

Wie Kulturen sich unterscheiden und welche Dynamiken zwischen ihren Mitgliedern wirken

Interkulturelle Kompetenz gilt heutzutage als Schlüsselkompetenz, und tatsächlich öffnet sie Türen und erlaubt den Zugang zu anderen Welten, seien diese nun beruflich oder privat. Dieser zweite Teil des Buches schärft den Blick für kulturelle Eigenheiten, Besonderheiten und Unterschiede, denn im Idealfall betreten wir diese Welten nicht nur, sondern erschließen sie uns, lernen sie zu verstehen und uns wirkungsvoll darin zu bewegen. Dabei helfen weitere kommunikationspsychologische Modelle: Wir starten mit kulturellen Werten und dem Wertequadrat (S. 106), das uns hilft, den Blick nicht nur auf Trennendes, sondern auch auf Gemeinsamkeiten zu richten. Mit Stimmigkeitslehre (S. 111) und Situationsmodell (S. 114) bekommen Sie weitere Werkzeuge an die Hand, um eine kultursensible Kommunikation entwickeln zu können.

Weiter geht es mit einigen grundsätzlichen Überlegungen zu Kommunikationsprozessen und Missverständnissen. Hier wird Ihnen auch das Kommunikationsquadrat wieder begegnen (S. 121).

Mit dem Riemann-Thomann-Modell (S. 131) betrachten wir danach die vier Grundströmungen von Menschen und Kulturen, inklusive Schattengebieten und Entwicklungszielen.

Wann immer Menschen ihr Verhalten nach erlernten Wahrnehmungs- und Handlungsmustern ausrichten, wirkt Kultur wie ein innermenschlicher Kompass. Kulturdimensionen sind ein Versuch zu verstehen, nach welchen Kräften dieser Kompass sich ausrichtet. Deswegen werde ich im Anschluss auf Kulturdimensionen (S. 144) eingehen und sie mit dem Modell des *Inneren Teams* kombinieren, um kulturtypische Stimmen und Aufstellungen vorzuschlagen. Da die klassische interkulturelle Kommunikation einen besonderen Fokus auf Unterschiede legt, geht es auch immer um Konfliktpotenzial. Dieses werden wir zum Abschluss mit dem Teufelskreise-Modell (S. 180) unter die Lupe nehmen, bevor wir in Teil III den Blickwinkel erweitern und uns mit transkulturellen Konzepten befassen.

1. Werte sind die Grundlage unseres Verhaltens

Es ist nicht möglich, sich mit Kultur auseinanderzusetzen, ohne über Werte nachzudenken, also über emotional aufgeladene Konzepte und Glaubensvorstellungen. Werte haben eine zentrale Bedeutung in der Zusammensetzung der «Persönlichkeit» von Menschen und Kulturen. Sie sind schwer zu greifen und teilweise kaum in Worte zu fassen. Meist stellen sie unausgesprochene, aber vermeintlich selbstverständliche Ziele des Zusammenlebens dar.

Lassen Sie mich das anhand einer literarischen Begegnung verdeutlichen: In ihrem Roman *Drei sind ein Dorf* (2018) beschreibt die Schriftstellerin Dina Nayeri, wie ihre iranische Protagonistin Nilo in Amsterdam eine Gruppe iranischer Landsleute kennenlernt. Als einer von ihnen anmerkt, er sei noch nie von Niederländern zum Essen eingeladen worden, erklären die anderen, er habe nicht viel verpasst: Zum Mittagessen gäbe es nicht viel mehr als eine Scheibe Brot und danach einen Kaffee. Um dem Ganzen die Krone aufzusetzen, würde dann nur ein einzelner Keks neben die Kaffeetasse gelegt. Die gesamte Situation wird von den Beteiligten als Beispiel für niederländischen Geiz verstanden, widerspricht das Verhalten doch komplett der im Iran vorherrschenden äußerst großzügigen Gastfreundschaft. Das Beispiel zeigt auf, dass Menschen über eine Art *innere Werte-Mindmap* verfügen, ein weit verzweigtes Netzwerk aus Werten, mit deren Hilfe sie eigene Handlungen legitimieren und fremde Verhaltensweisen beurteilen. Lebensstil, Weltbild, Ansichten, die aufrichtige und grundsätzliche Überzeugung, wie richtige Kommunikation oder korrektes Verhalten aussieht – also etwa die angemessene Anzahl von Keksen, die zum Kaffee gereicht werden sollten –, ist untrennbar in dieses Netzwerk eingewebt.

Die wohl bekannteste Einteilung von Werten stammt von dem israelischen Soziologen und Kulturwissenschaftler Shalom Schwartz (2006). In seinem Wertesystem fasst er verschiedene Werte in jeweils übergeordneten «Wertetypen» zusammen, darunter «Unabhängigkeit», «Abwechslung», «persönlicher Erfolg», «sozialer Status», «Zugehörigkeit», «Schutz von Mensch und Natur», «Höflichkeit» und «Tradition». Schwartz geht davon aus, dass diese Werte universell sind, also überall auf der Welt als bedeutsam angesehen werden, wenn auch mit unterschiedlicher Gewichtung. Während etwa einige Kulturen Zugehörigkeit priorisieren, geben andere Kulturen Unabhängigkeit und Freiheit den Vorzug.

Kulturelle Wertegerüste sind einerseits relativ stabil und befinden sich andererseits in ständiger Veränderung. Denken Sie nur einmal daran, wie Ihre eigenen Eltern und Großeltern aufgewachsen sind – Sie werden feststellen, wie stark sich in einigen Bereichen deren Wertvorstellungen von den Ihrigen unterscheiden.

Dabei sagen Wertvorstellungen an sich erst einmal wenig darüber aus, wie sich Menschen tatsächlich verhalten. So ist es gut zu wissen, dass die Werte «Höflichkeit» und «Gastfreundschaft» im Mittelpunkt des persischen Regelsystems stehen, das auch heute noch das Verhalten von Iranern prägt. Für den interkulturellen Kontakt entscheidend ist allerdings, wie sie gelebt werden, das heißt, welche Handlungen erwartet, gestattet, unerwünscht oder verboten sind. So gibt der Regelkanon etwa vor, Einladungen dreimal höflich auszuschlagen, bevor sie angenommen werden können.

Bekommen Menschen die Gelegenheit, einen Blick auf diese zugrunde liegenden Werte – also die Triebkräfte des Verhaltens ihres Gegenübers – zu werfen und sie zu verstehen, erwächst daraus fast immer Verständnis. Denn dann stellen sie fest, dass es gar keine tiefgründige Unterschiedlichkeit in den kulturellen Wertesystemen gibt, sondern dass die gleichen Werte unterschiedlich gewichtet und gelebt werden. Schließlich wird Gastfreundschaft auch in den Niederlanden großgeschrieben!

Höchste Zeit, uns mit einem Modell auseinanderzusetzen, das uns sowohl dabei hilft, menschliche Werte, Tugenden und Qualitäten genauer zu bestimmen, als auch die darin verborgenen Chancen und Gefahren zu benennen.

2. Das Werte- und Entwicklungsquadrat – Perspektivwechsel und Ergänzungspotenzial

Um den eigenen Werten und den damit verbundenen Kommunikationsstilen sowie dem Umgang mit anderen auf den Grund zu gehen, haben wir mit dem Werte- und Entwicklungsquadrat ein bestens geeignetes Werkzeug zur Hand (Schulz von Thun 2013b). Es basiert auf dem Grundgedanken, dass im menschlichen Zusammenleben jeder Wert bzw. jede Tugend eine sogenannte Schwestertugend braucht, um nicht zu vereinseitigen oder überpräsent zu sein (vgl. Abb. 12).

So unterscheiden sich Menschen etwa darin, ob sie eher Klartext sprechen oder Harmonie und Taktgefühl den Vorzug geben. Welche Art zu kommunizieren ist also die richtige? Nach dem Verständnis, das dem Wertequadrat zugrunde liegt, brauchen wir unbedingt beide Kommunikationsformen. Bildlich gesprochen, stehen sich diese beiden Werte im oberen Teil des Quadrats in einer Balance gegenüber. Wird eine dieser Qualitäten übertrieben, läuft sie Gefahr «abzurutschen». Wenn beispielsweise aus Klarheit plumpe, kränkende Direktheit oder aus Taktgefühl unverständliches, nebulöses Herumdrucksen wird, dann empfinden wir das als «des Guten zu viel». Diese «Untugenden» finden sich dementsprechend im unteren Teil des Quadrats wieder.

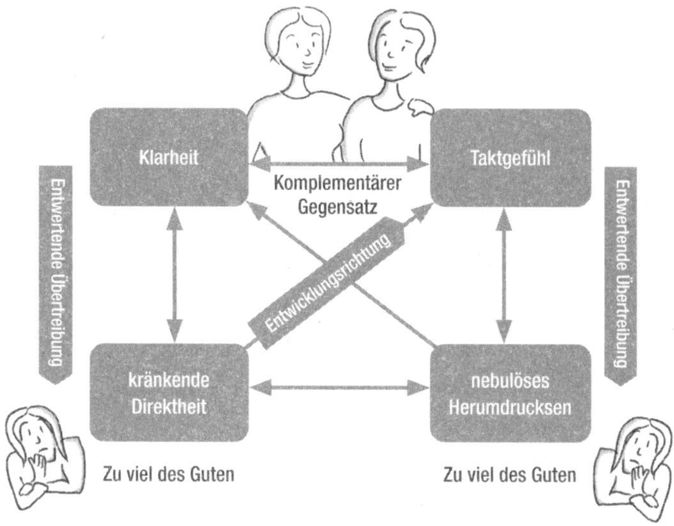

ABB. 12: Das Werte- und Entwicklungsquadrat

Das Denken in «Werte-Paaren» versetzt uns in die Lage, zu definieren, wo in unserer Entwicklung noch «Luft nach oben» ist. Im Wertequadrat wird das mit entsprechenden Pfeilen als individuelle Entwicklungsrichtung dargestellt: So ist Klartext ohne Taktgefühl ebenso wenig zielführend wie Taktgefühl ohne Klartext. Wer also dazu tendiert, zu direkt zu sein, sollte mehr Taktgefühl entwickeln – und umgekehrt. Daher auch der Name des Modells: Werte- und Entwicklungsquadrat. Drehen wir den Pfeil um, wird die

Entwicklungsrichtung zur Vorwurfsrichtung: «Ich bin freundlich und zeige Taktgefühl, du dagegen bist kränkend direkt, ja geradezu aggressiv!» (Vgl. Abb. 13.)

Gelänge es mir in einer solchen Situation, mir das Wertequadrat vor Augen zu halten, müsste ich mich schnell verabschieden von der irreführenden Idealvorstellung, es gäbe «die eine» objektive Wahrheit; in diesem Falle «die eine» richtige Art und Weise zu kommunizieren – nämlich meine. Denn auch hier gilt: Wann etwas «abgerutscht» ist, liegt im Auge des Betrachters.

Aus gutem Grund gibt das Modell deswegen auch keine goldene Mitte vor, schließlich lebt Vielfalt von Unterschieden. Selbst punktuelle Einseitigkeit gehört zum zwischenmenschlichen Kontakt dazu. Eine schroffe direkte Ansage ist manchmal genauso notwendig wie eine schwammige Aussage, um sich aus der Affäre zu ziehen oder die Gefühle des Gegenübers zu schützen.

Die oberste Prämisse bleibt ein dynamisches Gleichgewicht. Das Wertequadrat wird Ihnen im Folgenden als kommunikationspsychologischer «Universalschlüssel» immer dann begegnen, wenn es darum geht, Gegensätze, Widersprüchlichkeiten, Polarisierungen oder Dilemmata zu verstehen. Wir benutzen es auch als Beratungsquadrat, Feedbackquadrat, Polarisierungsquadrat, Herausforderungsquadrat, lebensphilosophisches Gleichgewichtsquadrat – und als Kulturquadrat (vgl. Schulz von Thun 2018). Als Letzteres kommt das Modell in diesem Buch meistens zum Einsatz. Das oben dargestellte Wertequadrat wird Ihnen daher als «Kulturquadrat für einen direkten versus indirekten Kommunikationsstil» (vgl. Abb. 27) wiederbegegnen.

Darüber hinaus hilft es, wiederkehrende Dynamiken kulturübergreifender Begegnungen zu verstehen: Menschen erleben sich schnell als Vertreter ihrer Gruppe, erst recht, wenn sie sich von jemandem in ihren Werten oder ihrer Identität angegriffen fühlen. Dann ziehen sie sich auf eine Seite des Wertequadrats zurück und machen diese Seite zu «ihrer Seite». Das Ergebnis: Beide Parteien polarisieren, vertreten ihre Position immer vehementer und rücken dabei immer weiter von der anderen ab. Die abwärts gerichteten Pfeile, die im Wertequadrat die zwischenmenschliche Vorwurfsrichtung anzeigen, werden in der praktischen Anwendung des Kulturquadrats daher als «interkulturelle Befremdungsrichtungen» bezeichnet: Wenn «Spanier» «Deutsche» spöttisch als «Quadratköpfe» bezeichnen, während «Deutsche» «Spanier» als «unzuverlässige Chaoten» abstempeln, führt diese Polarisierung dazu, dass an sich graduelle Unterschiede als generelle Andersartigkeit interpretiert werden (vgl. Abb. 13). Kippt so eine Befremdung gar in ideologische Hetze wie etwa negativer Stimmungs-

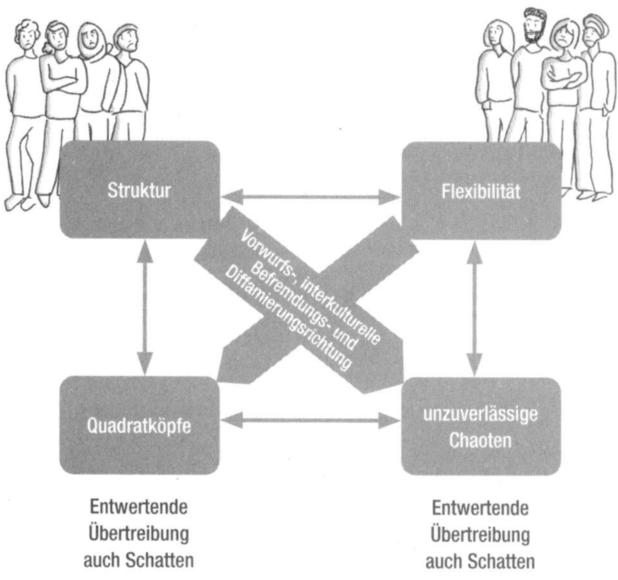

ABB. 13: Wird das Wertequadrat zum Kulturquadrat, können auch kulturelle Vorwurfs-, Befremdungs- und Diffamierungsrichtungen abgebildet werden.

mache gegen einzelne Bevölkerungsgruppen sprechen wir auch von Diffamierungsrichtungen (Pörksen, Schulz von Thun 2020).

Im unteren Teil des Kulturquadrats stehen sich die entwertenden Übertreibungen gegenüber. Diese Felder bilden gleichzeitig auch die «Schattenfelder» ab: Angenommen, «die Deutschen» sind im Vergleich zu «den Spaniern» wirklich besonders strukturiert und übertreiben es tatsächlich bisweilen mit einer starren Überreglementierung und quadratköpfischem Verhalten – dann könnte das an der Grundangst liegen, in die komplementäre Untugend und damit in totales Chaos abzustürzen. Umgekehrt könnte die Sorge «der Spanier» darin bestehen, sich in roboterhafte Paragrafenreiter zu verwandeln, die das Leben nicht zu genießen wissen.

Mit dem Werte- und Kulturquadrat abgebildet, können wir aufzeigen, was uns übertrieben oder missglückt erscheint, und Polarisierungen nachvollziehen. Es hilft uns aber auch zu sehen, was wertvoll, gut und erhaltenswert im fremden Verhalten ist. Dabei sollten wir nicht vergessen, dass Werte, menschliche Qualitäten oder auch Tugenden universell sind. Dementsprechend sollten Menschen sich und ihre Kollektive in beiden Feldern des Werte- und Kulturquadrats wiederfinden können. Kulturabhängig ist lediglich die Relevanz, die den Werten beigemessen wird, sowie die Art und Weise, wie sie gelebt werden.

Gelingt es im kulturübergreifenden Kontakt, diese beiden Gewichtungen konstruktiv zu verbinden und das Synergiepotenzial kultureller Unterschiede zu nutzen, kann manchmal etwas ganz Neues entstehen. Schulz von Thun spricht in diesem Zusammenhang von einer «dritten Qualität», die den ersten beiden quasi übergeordnet ist. Auf das oben angeführte Beispiel angewendet, könnte das eine «strukturierte Flexibilität» oder eine «vorausschauende Planung mit Raum für Anpassungen» sein (vgl. Teil III, 3.1. Die Integration von Gegensätzen).

Noch ein Hinweis zur Anwendung: Ist die Grundidee einmal

verstanden, lassen Wertequadrate sich einfach lesen und nachvollziehen. Zum Erstellen braucht es erfahrungsgemäß ein wenig mehr Übung. Werfen Sie die Flinte daher nicht gleich ins Korn. Wenn Sie den Bogen aber erst heraushaben, geht das leicht von der Hand. Einmal verstanden und verinnerlicht, läuft das Modell fast automatisch im Hintergrund mit. Das Üben lohnt sich, denn das Modell hat Potenzial, den eigenen Blick auf die Welt und ihre Bewohner zu verändern.

3. Stimmigkeit als Kommunikationsideal

Während einer Gruppenarbeit zum *Inneren Team* berichtete ein Teilnehmer von einem Geschäftstermin in Indien, bei dem sein männliches Gegenüber immer wieder kurz seinen Arm berührt und einmal sogar nach seiner Hand gegriffen hatte. Der Teilnehmer, Herr Silvar, wusste, dass diese Art des Körperkontakts durchaus üblich war und keine sexuelle Konnotation hatte. Das änderte allerdings nichts daran, dass er sie als unangenehm erlebte. Mit dem *Inneren Team* betrachtet, meldete sich als Erstes ein *Intimitätswächter*, der den Körperkontakt als übergriffig empfand und am liebsten einen inneren *Klartextsprecher* an die Vorderlinie geschickt hätte, um das Problem an Ort und Stelle zu benennen und zu klären.

Gerade im Ausland sehen wir uns häufiger mit Interaktionsgewohnheiten konfrontiert, die uns nicht geläufig und dadurch unangenehm sind. Verschwitzte Wangenküsschen zur Begrüßung, als unhygienisch wahrgenommene Essgewohnheiten, als zu persönlich empfundene Fragen bringen uns an unsere persönlichen Grenzen innerhalb des Spannungsfeldes Nähe – Distanz. Wäre Herr Silvar aus dem obigen Beispiel seinem ersten Impuls gefolgt, hätte er seine Hand brüskiert weggezogen und sich diese Berührungen für die Zukunft deutlich verbeten. Doch er wusste um die kulturellen Unterschiede und wollte sich respektvoll und kultursensibel verhalten. Nicht zuletzt war ihm auch an einem erfolgreichen Abschluss gelegen. Um die Gefühle seines Gegenübers nicht zu verletzen und damit die gute Geschäftsbeziehung aufs Spiel zu setzen, ließ er den Kontakt also zähneknirschend zu. Im Seminar wollte er nun erarbeiten, wie er bei seinem anstehenden Besuch besser mit der Situation umgehen könnte.

Schulz von Thun (2013c) schlägt als Leitstern für eine gelungene Kommunikation die Stimmigkeitslehre vor, nach der Kommunikation zwei Bedingungen erfüllen sollte: authentisch sein – also der eigenen inneren Wahrheit entsprechen – sowie situationsgerecht sein – also die «Wahrheit der Situation» berücksichtigen. Auch die «Stimmigkeit» gibt demnach kein «korrektes Verhalten» vor, stattdessen zeigt sie zwei Suchrichtungen auf: «Was macht mich aus?» und «Wie sollte ich mich hier geben?» Im Wertequadrat abgebildet, wird deutlich, dass Stimmigkeit als «dritte Qualität» zu verstehen ist (vgl. Abb. 14).

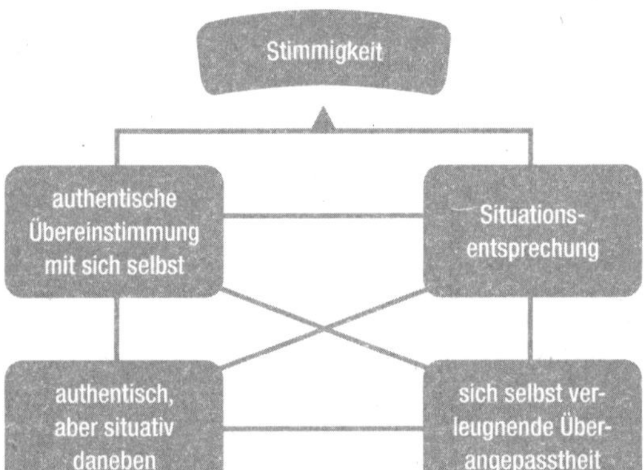

ABB. 14: Stimmigkeit als «dritte Qualität» beruht auf der doppelten Übereinstimmung mit sich selbst und mit der Situation (vgl. Schulz von Thun 2018, S. 67).

Die Stimmigkeitslehre lädt uns ein, das, was wir als stimmige Kommunikation empfinden, bewusst mit uns selbst und unseren Interaktionspartnern auszuhandeln. Denn offensichtlich haben wir alle unterschiedliche Vorstellungen davon, welches Verhalten stimmig ist – so wie Herr Silvar und sein indischer Geschäftspartner. Für den einen stellte der Körperkontakt ein gut gemeintes Beziehungsangebot dar, das sich authentisch und situativ richtig anfühlte, für den anderen hatte «Händchenhalten» in Geschäftsbeziehungen nichts zu suchen.

Als Herr Silvar sich dafür entschied, die kurzen Berührungen zuzulassen, entsprach er dabei «der Wahrheit der Situation». Er befand sich in Indien, wo ein solcher Kontakt offensichtlich üblich war. Diese Entscheidung führte aber dazu, dass er sich nicht mehr identitätskonform verhalten konnte: Herr Silvar hatte das Gefühl, sich zu verbiegen. Das eigene Verhalten so an die Situation anzupassen, kann für eine Weile gut gehen. Es droht aber die Gefahr, dass der Interaktionspartner die unterschwellige Irritation und Abneigung spürt und unter Umständen auf sich bezieht.

Da Menschen ihre eigenen Verhaltensnormen eher selten hinterfragen, kommen sie oft gar nicht auf die Idee, Verstimmungen auf ungewohntes Verhalten zu beziehen. Für sie selbst ist es schließlich nicht ungewohnt. Stattdessen erklären sie sich die schwelende Missstimmung damit, dass ihr Gegenüber «komisch» ist, oder sie beziehen sie auf sich selbst und reagieren daraufhin entweder gekränkt oder indem sie noch mehr des «Guten» tun – also im Falle des indischen Geschäftspartners von Herrn Silvar womöglich noch mehr beziehungsaufbauenden haptischen Kontakt suchen.

Menschliches Miteinander ist keine Einbahnstraße, sondern gleicht einem Tanz, bei dem sich die Tanzenden, teilweise anhand minimaler Hinweisreize, immer wieder aneinander orientieren und ausrichten, sodass schon allein die Erforschung der *inneren*

Teammitglieder dabei helfen kann, dass der Knoten sich löst und die zwischenmenschliche Dynamik sich ändert.

Darüber hinaus können kleinere oder größere innere Teamentwicklungen vorgenommen werden. Dann stellt sich die Frage: Mit welcher inneren Dynamik möchte und sollte ich in diese Situation gehen? Wer muss gebremst oder gestärkt werden? Für Herrn Silvar bedeutete das vor allem, in Verhandlung mit seinem *inneren Intimitätswächter* zu gehen und ihn zu bitten, nicht gleich alle Register zu ziehen, wenn es ihm zu nah wurde. Als Gegenleistung versprach er, darauf zu achten, dass die Nähe sich immer in einem tolerierbaren Bereich bewegte. Dafür legte Herr Silvar sich mithilfe der anderen Seminarteilnehmer Strategien zurecht: bei Berührung nach einer Flasche Wasser greifen; Unterlagen zur Hand nehmen, um darauf etwas zu zeigen; auf Sehenswürdigkeiten zu deuten oder zu gestikulieren. Während dieser kultursensiblen Ausweichmanöver wollte Herr Silvar bewusst darauf achten, eine positive Beziehungsbotschaft zu senden, etwa mit einem freundlichen Lächeln.

Für den Fall, dass seine Strategien nicht fruchteten, hatte er zwei weitere Eskalationsstufen geplant: Bei der ersten sollte ein Kollege als neutraler Vermittler fungieren und das Problem ganz nebenbei zur Sprache bringen, eine in vielen Kulturen seit Jahrhunderten bewährte Deeskalationsstrategie, die für Deutsche allerdings nicht zum kulturtypischen Verhaltensrepertoire gehört und durchaus zu Irritationen führen kann. Bei Nichterfolg wollte Herr Silvar, als letzte Möglichkeit, das Thema wertschätzend ansprechen. Weder das eine noch das andere war nötig gewesen, wie er die Gruppe einige Wochen später wissen ließ.

3.1 Das Situationsmodell – die Wahrheit der Situation erkunden

Wir wissen nun: Für eine stimmige Kommunikation braucht es zum einen den Blick nach innen, zum anderen den Blick nach außen. Bei der Suche nach der *«inneren Wahrheit»* hilft uns, wie wir gerade gesehen haben, das *Innere Team*. Für die Erfassung der Situation bietet sich das Situationsmodell an (Schulz von Thun et al. 2012, S. 200 ff.). Es nimmt dafür vier Grundkomponenten in den Fokus: «Vorgeschichte», «Thema», «zwischenmenschliche Konstellation» und «Ziele» (vgl. Abb. 15).

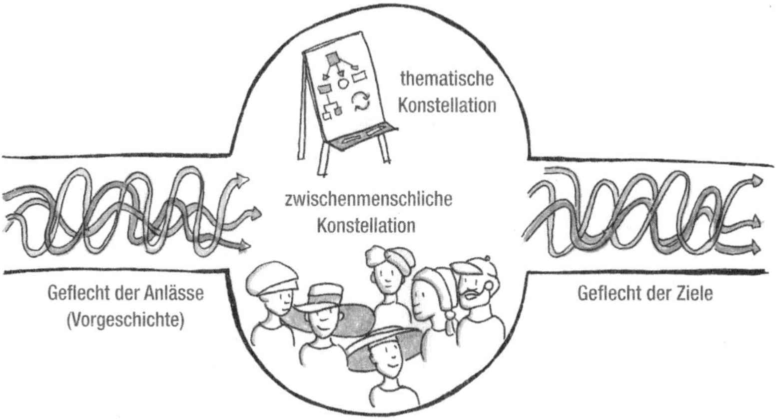

ABB. 15: Situationsmodell mit vier Komponenten (vgl. Schulz von Thun et al. 2012, S. 200)

Lassen Sie mich das anhand eines interkulturellen Geschäftstreffens verdeutlichen: Der Eingangskanal des Situationsmodells steht für die Vorgeschichte, also das vielschichtige Geflecht der Anlässe, die zu der aktuellen Situation geführt haben. Wie sah das Geschäftsverhältnis in der Vergangenheit aus? War es auf Augenhöhe? Im interkulturellen Kontext ist es daher sinnvoll, historische und geografische bzw. territoriale Faktoren, wie etwa kriegerische Auseinandersetzungen, Kolonialisierung oder gar Sklaverei, nicht aus den Augen zu verlieren. (Mehr dazu später, im Abschnitt zum Teufelskreis.) Der Oberbauch steht für die thematische Struktur:

Worum geht es bzw. worum soll es eigentlich gehen? Was ist das Thema? Und was nicht? Was gehört zur Aufgabenstellung und was muss hier gar nicht besprochen werden? Je nach Kultur kann es sehr unterschiedliche Vorstellungen von der thematischen Konstellation eines Geschäftstreffens geben.

Der Unterbauch steht für die Beteiligten und ihre Rollen: Wer ist in welcher Funktion mit welchen Interessen und in welchen Rollen anwesend? Von wem wurden die Anwesenden entsandt? Sind die richtigen Leute für diesen Anlass beisammen? Fehlt vielleicht der oder die Wichtigste? Eine besondere Bedeutung kommt dabei der jeweiligen Rolle zu, in der Menschen anwesend sind, denn sie bestimmt Verhaltensweisen, Erwartungen und Ziele maßgeblich, was in Abb. 15 wird durch Rollenhüte symbolisiert wird. Entsprechend stellt sich auch immer die Frage: Ist bspw. Frau Yilmaz in ihrer Rolle als Moderatorin, Abteilungsleiterin oder gleichberechtigte Projektgruppenmitarbeiterin dabei – oder muss sie gar zwei oder noch mehr Rollen gleichzeitig vertreten?

Für mich gehören zu dieser zwischenmenschlichen Struktur auch Überlegungen zu Machtgefügen und kulturellen Hintergründen. Welche Berufe, Generationen oder Nationalitäten sind vertreten? Handelt es sich um globale Nomaden? Kommen die Teilnehmer und Teilnehmerinnen aus der Start-up-Szene? Welche Normen, Werte, (Vor-)Urteile oder Auffassungen werden sie vielleicht mitbringen? Aus diesen Informationen ergeben sich auch Hinweise für die Beziehungsdynamik, die mit meiner Person zusammenhängen: Wofür stehe ich hier? Welches Verhalten erwarten meine Gegenüber vermutlich von mir? Was ist erlaubt? Wie können wir miteinander umgehen?

Der Ausgangskanal steht für die Ziele, die ihrerseits als Fadengewirr aus diversen Haupt- und Unterzielen symbolisiert werden. Denn auch hinsichtlich der Zielsetzung stehen oftmals ganz unterschiedliche, teils unbewusste Erwartungen im Raum. Soll eine

Entscheidung getroffen oder ein Meinungsbild entworfen werden? Oder geht es erst einmal darum, sich gegenseitig kennenzulernen? In vielen Kulturen werden Besprechungen beispielsweise als rituelle Anerkennung bereits getroffener Entscheidungen genutzt.

Als generelle Leitfragen schlägt Schulz von Thun (2013c, S. 285) in diesem Zusammenhang vor: Wie kommt es (Vorgeschichte?) und welchen Sinn macht es (Zielsetzung?), dass ausgerechnet ich (in welcher Rolle?) ausgerechnet mit Ihnen (in welcher Zusammensetzung?) ausgerechnet dieses Thema (wie hat es sich ergeben?) bearbeiten möchte?

3.2 Situationsangemessenheit und Stimmigkeit – authentisch sein ist nicht unbedingt gleich authentisch sein

Vielleicht haben Sie sich beim Lesen der letzten Seiten gefragt, ob dieses Gleichgewicht aus Authentizität und Situationsangemessenheit überall auf der Welt gilt. Dann gehören Sie vermutlich zu den «fortgeschrittenen» Lesern und Leserinnen. Und tatsächlich gibt es Unterschiede, die gar nicht so unerheblich sind.

Die Hamburger Kommunikationspsychologie geht davon aus, dass Menschen, die sich dauerhaft nur der Situation anpassen – und dabei ihre eigenen Tendenzen verleugnen –, Gefahr laufen, vom Gegenüber als inkongruent wahrgenommen zu werden und auf Dauer selbst nicht mehr zu wissen, wofür sie stehen. Und eins ist gewiss: Wer (überwiegend) angepasstes Verhalten zeigt, wird langfristig unglücklich.

Was aber, wenn sich Menschen vorrangig als in ihrer Umgebung eingebundene und mit ihren Kollektiven vernetzte Wesen verstehen? Viele Personen erleben sich nicht so sehr als «Ich» mit verschiedenen Gruppenzugehörigkeiten, sondern als Teil eines «Wirs». Meine Kollegen Rez, Kraemer und Kobayashi-Weinsziehr schreiben in diesem Zusammenhang über deutsch-japanische

Missverständnisse: «‹Authentisch› fühlt sich ein Japaner weniger mit sich als Individuum als vielmehr in der Orientierung an seinem jeweiligen Gemeinschafts-Ich. [...] Sich ‹authentisch› zu verhalten mag in westlichen Ländern heißen, stimmig zu sich und seinen Gefühlen zu sein und sie daher *nicht* zu verbergen; in Japan dagegen ist man ‹authentisch›, wenn man [...] sich auf jeden Fall stimmig zur sozialen Situation verhält.» (2006, S. 44)

Wird es als «wesensgemäß» empfunden, die Bedürfnisse der Gruppe für sich selbst zu übernehmen, und fühlt es sich authentisch an, selbst widersprüchliche persönliche Impulse ganz automatisch dem Gruppeninteresse unterzuordnen, dann gibt es nur noch sehr wenig Raum für das, was die westliche Wissenschaftstradition unter «authentische Übereinstimmung mit sich selbst» versteht. Dann fragen Menschen sich vielleicht nicht, «was sie ausmacht und wie sie sich geben sollen». Denn wie sie sich geben sollen, macht sie aus!

Es wäre vermessen, eine solche das gesamte Leben überspannende Orientierung an Situation und Gemeinschaft als «sich selbst verleugnende Überangepasstheit» und somit als «nicht stimmig» zu bewerten. Eher scheint es geboten, zu akzeptieren, dass die Unterscheidung von wesensgemäßer und systemgerechter Kommunikation nicht überall auf der Welt in selbem Maße möglich ist.

4. Kommunikation – und wie Kultur sie beeinflusst

Gebe ich Teilnehmenden in einem Rollenspiel ganz simple Verhaltensanweisungen – während eines Gespräches ihrem Gegenüber deutlich näher zu rücken, es viel zu unterbrechen, ihm persönliche Fragen zu stellen oder weniger Blickkontakt herzustellen –, dann setzt sie das unter Druck. Meist ist er so groß, dass sie die Rollenspielanweisungen nur bis zu einem gewissen Grad befolgen können, obwohl sie wissen, dass auch allen Mitspielern klar ist, dass sie ihr Verhalten lediglich nach zufällig ausgeteilten Vorgaben ausrichten. In der anschließenden Auswertung zeigt sich, warum ihnen dieses fremde Verhalten so schwerfällt: Führen sie es aus, erleben sie sich als respektlos, übergriffig, schlecht erzogen, grob oder schlichtweg als abgrundtief «falsch». Die beschriebene Gruppenübung stresst Menschen, weil sie gegen die Regeln und Normen ihrer kulturellen Bezugssysteme verstoßen. Teilnehmende, deren Rollenspielanweisungen mit den ihnen bekannten Kommunikationsgewohnheiten übereinstimmen, haben dementsprechend auch keinerlei Schwierigkeiten, die Aufgabe zu erfüllen.

Die Kulturanthropologin Ruth Benedict spricht in diesem Zusammenhang von *«unconscious canons of choice»* (vgl. Flechsig 2011, S. 259), die wir uns wie «persönliche kulturelle Heimspielfelder» vorstellen können: Auch wenn wir uns meistens nicht darüber im Klaren sind, fühlen wir uns doch nur innerhalb eines begrenzten kulturell geprägten Handlungsfeldes wohl (vgl. auch Teil II, 5. Das Riemann-Thomann-Modell). Fallen Verhaltensanweisungen in dieses Handlungsfeld, können wir sie meistens einfach ausführen, ohne dafür erst innere Widerstände überwinden zu müssen, und zwar, weil wir das erbetene Verhalten bereits in einem unserer kulturellen Systeme kennengelernt haben.

Die Idee einer ganz persönlichen kulturellen «Heimat» beschreibt also unsere – aus der Zugehörigkeit zu multiplen Kollektiven resultierende – kulturelle Orientierung. Sie wird Ihnen im Laufe des Buches noch in verschiedenen Zusammenhängen begegnen, direkt im Anschluss in Form kultureller Kommunikationsgewohnheiten.

Zwar hat jeder Mensch individuelle Kommunikationsgewohnheiten; dem einen gehen Schimpfwörter einfacher über die Lippen, die andere mag Small Talk und der Nächste nutzt Ironie mehr als andere. Dennoch täten wir Menschen unrecht, wenn wir ihr

Kommunikationsverhalten lediglich als individuelle Vorliebe verstünden. Die «kommunikativen Grundregeln» innerhalb einer Gesellschaft stehen nämlich fest. Für ihre Mitglieder ist dadurch weitestgehend voraussehbar, was gesagt werden darf, wie Gespräche eröffnet und beendet werden, wie Sprecherwechsel signalisiert werden oder Zustimmung gezeigt wird. Um durch das subtile Gefüge der kommunikativen Grundregeln zu navigieren, nutzen Menschen neben dem Gesprochenen diverse zusätzliche Hinweisreize: paraverbale Mittel wie Intonation, Lautstärke und Betonung sowie nonverbale Signale wie Gestik, Mimik, Berührung, Körperhaltung, Bewegung im Raum und Abstand zwischen den Sprechenden. Diese Signale relativieren oder verstärken das Gesagte. Meistens merken wir erst über diese «Begleitmusik», ob eine Nachricht ironisch, kritisch, drohend oder witzig gemeint ist.

Die Übereinstimmung von verbalen und nonverbalen Signalen beeinflusst in großem Maße, wie vertrauenswürdig und authentisch wir unser Gegenüber wahrnehmen. Nehmen wir zwei sich widersprechende Botschaften wahr, sprechen wir von «inkongruenten Doppelbotschaften». Ihnen kann eine unbewusste innere Zerrissenheit zugrunde liegen – die berühmten zwei Seelen in einer Brust. Manchmal handelt es sich gar um einen bewussten Manipulationsversuch. Weitaus häufiger ist eine als inkongruent wahrgenommene Nachricht aber schlichtweg das Resultat einer nach anderen kommunikativen Regeln platzierten Botschaft.

Dass unser Gehirn im Zweifel nonverbale Signale als vertrauenswürdiger bewertet als das Gesagte, macht die Sache nicht einfacher. Und in interkulturellen Settings verstärkt sich dieser Effekt auch noch. Denn hier ist unsere Interpretation von Mimik, Gestik, Tonlage, Gesprächspausen, Unterbrechungen und Lautstärke besonders fehleranfällig. Weil ein großer Teil der kommunikativen Hinweisreize auch noch unterhalb der bewussten Wahrnehmungsschwelle wirkt, finden wir Menschen dann vielleicht unsympathisch, albern oder aufdringlich, ohne zu bemerken, dass wir uns eigentlich «nur» an fremden Kommunikationsgewohnheiten stören.

Erschwerend kommt hinzu, dass wir uns unserer eigenen Kommunikationsgewohnheiten größtenteils nicht bewusst sind. Direkter Blickkontakt beispielsweise wird in nordeuropäischen Ländern eingesetzt, um Interesse, Offenheit und Akzeptanz zu signalisieren, in Asien dagegen drückt man damit häufig nachdrücklich seinen Ärger aus, während er in anderen Kulturen womöglich als Flirtversuch gewertet wird. Und während freundlich lächelnde Menschen in Deutschland eher als intelligent wahrgenommen werden, gelten sie etwa in Russland schnell als unbedarft. Wer sich nun im Meeting kompetent und zugänglich geben möchte, viel Augenkontakt sucht und sein strahlendstes Lächeln zeigt, kann unwissentlich ein völlig falsches Signal senden.

4.1 Ein Beispiel aus der Praxis: Herr Nielson

Unterschiedliche Kommunikationsgewohnheiten führen nicht selten zu Konflikten, wie auch Herr Nielson, ein sympathischer skandinavischer Manager, erleben musste. Herr Nielson verstand sich gut mit seinen südeuropäischen und lateinamerikanischen Kolleginnen und Kollegen. Umso überraschter war er, von Beschwerden über seine Aggressivität zu erfahren. Als wir gemeinsam nach Gründen für diese negative Fremdeinschätzung suchten, fiel ihm ein, dass er bei Überlastung manchmal eigene Aufgaben an seine Kollegen übertragen hatte und dann – trotz freundlicher anfänglicher Zusage – tagelang hingehalten worden war. Wie mir bereits schwante, bestätigte er auf Nachfrage den genauen Wortlaut dieser Zusage folgendermaßen: «*Ya veré lo que puedo hacer.* (Ich werde sehen, was ich tun kann.)»

Unter der Lupe des Kommunikationsquadrats wird bei dieser

Aussage sichtbar, wie unterschiedlich Kulturen die vier Seiten des Kommunikationsquadrats gestalten – und zwar verbal, paraverbal wie nonverbal. Herr Nielson hatte das Gewicht auf die Sachseite gelegt und verstanden: «Ich versuche, es zu schaffen». Die spanischen Kolleginnen und Kollegen hatten allerdings vermutlich eher das Gegenteil ausdrücken wollen (vgl. Abb. 16). Wo Beziehungspflege wichtig ist, gilt es meist als unhöflich, Ablehnung di-

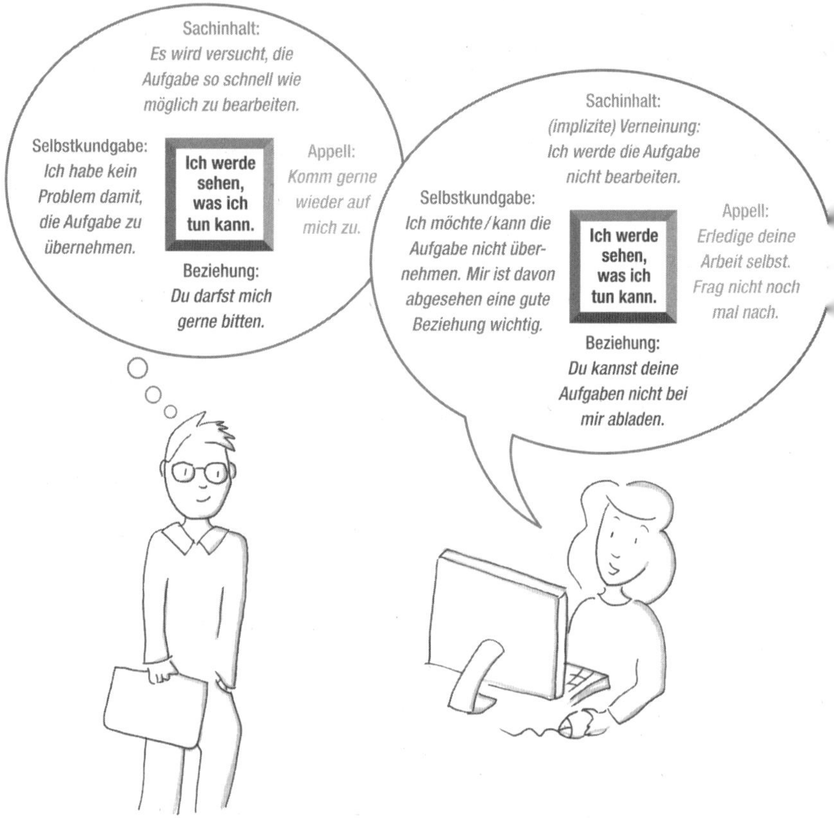

ABB. 16: Ein interkulturelles Missverständnis – das Kommunikationsquadrat als Werkzeug zur Analyse von kulturtypischen Kommunikationsgewohnheiten

rekt auszusprechen. Das wiederum setzt voraus, dass beide Seiten Situation, Intonation und nonverbale Signale «richtig» zu deuten wissen. Jeder Spanier und jede Spanierin würde bei dem Satz, den Herr Nielson zu hören bekam, wissend nicken. Denn je nachdem, wie er ausgesprochen wird, ist nicht nur die indirekte Verneinung auf der Sachseite unmissverständlich, sondern auch der ebenfalls indirekt mitschwingende Appell: «Frag nicht mehr nach. Bitte mich nicht mehr.»

Herr Nielson aber war sich dessen nicht bewusst – und hakte entsprechend Tag um Tag nach: «Na, sind Sie schon dazu gekommen? Ach, noch nicht? Na gut, könnten Sie es denn bis morgen schaffen? Sie müssen mal schauen? Ja, gut, dann melde ich mich einfach morgen noch mal.» Zu seiner großen Überraschung brauchte es trotzdem oft mehrere Tage und diverse Erinnerungen seinerseits, bis er das fragliche Dokument endlich auf seinem Tisch hatte. Hinzu kam, dass Herr Nielson mit seinem direkten Kommunikationsstil daran gewöhnt war, sich so wörtlich und explizit wie möglich auszudrücken, um Missverständnisse auszuschließen. Wenn er also im Gegenzug von Kollegenseite gebeten wurde, Aufgaben zu übernehmen, aber keine Zeit dafür hatte, antwortete er freundlich, aber bestimmt: «Es tut mir sehr leid, diese Aufgabe fällt nicht in meinen Zuständigkeitsbereich und leider bin ich momentan auch total ausgelastet.» Eine sachlich gemeinte Aussage, die von den Kollegen und Kolleginnen allerdings als unangebrachte, aggressive und überhebliche «Ansage» wahrgenommen wurde.

Beispiele wie das mit Herrn Nielson begegnen mir im Coaching regelmäßig. Einmal analysiert, wird meistens deutlich, wo die Ursachen für die Spannungen zu finden sind. Unter dem Strich geht es oft darum, dass gesichtswahrende Ablehnung zwischen den Zeilen gelesen werden muss. Eine generelle Herausforderung, wenn direkter und indirekter Kommunikationsstil aufeinandertreffen.

4.2 Kommunikation – und wie sie sich weltweit unterscheidet

Zum erfolgreichen Umgang mit anderen Menschen gehört eben nicht nur, sich die jeweilige Sprache anzueignen, sondern auch die entsprechenden Sprachroutinen zu erlernen, wie etwa den Einsatz von Ironie und Flüchen oder das Auslassen bestimmter Themen.

Ein Unterschied, der im interkulturellen Kontakt immer wieder zu Irritationen führt, ist die Funktion von Small Talk. Während ein solch beiläufiges Geplänkel ohne Tiefgang in manchen Kulturen eine wichtige Rolle für die Beziehungspflege spielt, wird zweckloses Plaudern in anderen als Zeitverschwendung oder gar falsche Freundlichkeit angesehen. Auf Schwedisch sind sogar die Begriffe *lallprat* (kaltes Gerede) und *dödprat* (totes Gerede) dafür entstanden.

Außer in ihren Sprachroutinen unterscheiden sich Kulturen u. a. darin, wie Körperkontakt, Blickkontakt, Mimik und Gestik eingesetzt werden, welchen Gesprächsrhythmus oder welche Kommunikationsstile sie bevorzugen. Diese Punkte werden wir im Folgenden genauer betrachten.

4.3 Kommunikationsstile

Während bei einem linearen Kommunikationsstil ein Argument auf dem anderen aufbaut und etwa Tagesordnungspunkte nacheinander abgearbeitet werden, ist die Gesprächsführung bei einem zirkulären Kommunikationsstil sprunghaft und nimmt die einzelnen Punkte wieder auf. Wenn Menschen im kulturübergreifenden Kontakt «ohne triftigen Grund» ungeduldig oder ärgerlich werden, verwirrt sind oder sich nicht ernst genommen fühlen, stecken oft ungewohnte Kommunikationsstile hinter der Irritation.

So interpretieren Menschen, die an einen zirkulären Stil gewöhnt sind, lineare Meinungsäußerungen häufig als abwertend;

sie wirken desinteressiert auf sie. Demgegenüber berichten viele Kursteilnehmerinnen und -teilnehmer von «nicht enden wollenden, unstrukturierten Sitzungen», wenn darin eine zirkuläre Gesprächsführung dominiert: Sie wird schnell als Zeitverschwendung gesehen, das Gegenüber gar als inkompetent eingestuft. Dabei wird übersehen, dass hier zwar der Beziehungsaufbau im Vordergrund steht, aber trotzdem sehr wohl ein klares Ziel verfolgt wird.

In der Forschung werden neben den beiden genannten noch weitere Kommunikationsstile unterschieden, die zusammenhängen und sich gegenseitig bedingen. Als Unterscheidungskriterien gelten u. a.: Ist ein Kommunikationsstil eher direkt oder indirekt? Werden Emotionen eher zurückgehalten oder deutlich zum Ausdruck gebracht? Ist die Sprache eher formell oder informell? Steht eher das Erledigen einer Aufgabe im Zentrum oder die Beziehung und Gruppenharmonie?

4.4 Gesprächsrhythmus

In Ihrer Mittagspause bemerken Sie zwei Kolleginnen, die sich angeregt unterhalten. Vom Nachbartisch aus fällt Ihnen auf, dass die anfänglich engagierte freundschaftliche Stimmung langsam kippt. Sie bemerken, dass die eine Kollegin der anderen immer wieder ins Wort fällt und diese ihr dann jedes Mal, offenbar leicht irritiert, das Wort überlässt.

Sprechgeschwindigkeit, Sprechlänge und Sprecherwechsel unterscheiden sich maßgeblich von Kultur zu Kultur. Trompenaars und Hampden-Turner (1997, S. 74 f.) haben eine Systematik entworfen, die zwischen *Anglo-Saxon*, *Latin* und *Oriental Style* unterscheidet.

Ihnen zufolge kommt es beim *Anglo-Saxon Style* kaum zu Unterbrechungen. Zum Sprecherwechsel wird durch Betonung, Körpersprache oder den Abschluss des Arguments eingeladen. Wer an einen solchen Kommunikationsstil gewöhnt ist, signalisiert Interesse über Blickkontakt, aufmerksames Zuhören oder sogenannte Telefonlaute (Aha! Mhm ...). Wer unterbricht, entschuldigt sich dafür, doch selbst dann werden Unterbrechungen schnell als respektlos erlebt. Demgegenüber beinhaltet der *Latin Style* Unterbrechungen nicht nur, die Sprechenden sind es grundsätzlich auch gewohnt, eine Zeit lang gleichzeitig zu reden. Mit solchen lebhaften Unterbrechungen, inklusive verbaler Überlappungen, werden Aufmerksamkeit, Interesse, Zustimmung und Begeisterung ausgedrückt, im Sinne von: «Ich bin voll bei dir und steige deswegen gleich mit meinem eigenen Erleben ein». Hier kommt es vor, dass fehlende Unterbrechungen als Desinteresse verstanden werden.

Der *Oriental Style* schließlich bringt längere Pausen zwischen den Gesprächsbeiträgen mit sich – dazu im nächsten Abschnitt mehr.

Das Bewusstsein um unterschiedliche Gesprächsrhythmen hätte den Kolleginnen aus dem Eingangsbeispiel sicher geholfen – der Einteilung von Kommunikation in *Anglo-Saxon, Latin* und *Oriental Style* sollten sie dagegen mit angemessener Skepsis begegnen. Denn ein Stil mit hoher Gesprächsbeteiligung, Unterbrechungen, schnellen Sprecherwechseln und fehlenden Pausen lässt sich längst nicht überall in Latino-Kulturen finden, dafür aber auch in arabischen und afrikanischen Kulturen. Darüber hinaus wird auch jungen Menschen oder Großstädtern ein schnellerer Sprecherwechsel nachgesagt. Aber: Auch wenn die Bezeichnungen unglücklich gewählt sind, habe ich noch keine internationale Gruppe getroffen, der diese Kommunikationsunterschiede nicht bekannt vorkamen. Ganz im Gegenteil: Studierende fangen an dieser Stelle meistens an zu tuscheln und allerhand lustige Begebenheiten zum Gesprächsrhythmus auszutauschen. Vermutlich ist Ihnen auch gleich eine Anekdote dazu eingefallen.

Solche kulturellen Unterschiede verdienen eine besondere Beachtung, denn sie bergen einen gewissen Zündstoff. Es droht nämlich die Gefahr, vorschnell und irrtümlich darauf zu schließen, dass man zwischenmenschlich nicht zueinanderpasst – und deswegen für die nächste Mittagspause resigniert an getrennten Tischen Platz zu nehmen.

4.5 Schweigen

Als der kanadische Ministerpräsident Justin Trudeau, kurz nachdem im Mai 2020 ein weißer Polizist in den USA den wehrlosen Schwarzen George Floyd ermordet hatte, auf einer Pressekonferenz nach seiner Reaktion auf das Verhalten des amtierenden US-Präsidenten Donald Trump befragt wurde, bestand seine Antwort aus 21 Sekunden – beredtem – Schweigen. Diese demonstrative Gesprächspause Trudeaus war wohlgesetzt, erschütternd und einfach zu deuten. Im interkulturellen Kontakt hingegen werden Gesprächspausen schnell als Gesprächslücken überhört oder gar gefüllt. Dabei ist Schweigen in vielen Kulturen ein ganz alltäglicher Weg zur Informationsvermittlung.

Wenn kulturelle Normen vorgeben, dass bestimmte Gefühle oder Wünsche nicht in den öffentlichen Raum gehören, werden diese nicht nur sprachlich, sondern auch nonverbal kaschiert. Dann bleibt das Wichtigste oft ungesagt und das Aufspüren der feinen Energie, die im Raum steht, wird zu einem wichtigen Teil des kommunikativen Vorgangs. Die wirkliche Stimmungslage einer Person oder einer Gruppe wird dann erst in Momenten des Schweigens durch das Mitschwingen des eigenen Körpers spürbar und erlebbar.

In westlichen Sprachräumen sind längere Gesprächspausen eher ungewohnt und lösen das unbestimmte Gefühl aus, nicht richtig verstanden worden zu sein, dass das Gegenüber abgelenkt ist oder gar ausweicht. Auf einige Sekunden Schweigen am Telefon reagieren wir irritiert, wenn nicht verärgert. Dabei kann so eine Gesprächspause je nach Kultur Ausdruck eines anderen Gesprächsrhythmus sein oder sogar bewusst eingesetzt werden, um Wohlwollen und Respekt zu vermitteln, im Sinne von: «Ich schätze Sie sehr und möchte mir deswegen die Zeit nehmen, um eine wohlüberlegte Antwort zu geben» (vgl. Meyer 2018). Aufmerksames Zuhören mag im interkulturellen Kontext andere Kanäle betreffen und andere Gesprächsrhythmen erfordern, als Sie es gewohnt sind.

4.6 Mimik und Gestik

Vor einigen Jahren ging ich wegen einer sehr schmerzhaften Nervenentzündung in Spanien zum Arzt. Es brauchte mehrere Termine, bis er mein Anliegen «Es tut so weh, dass ich es nicht mehr aushalten kann» richtig deutete. Dem Arzt fehlten anscheinend expressiv untermalende Körpersignale, um zu verstehen, dass es nicht mit einem einfachen Schmerzmittel getan war. Er realisierte den Ernst meiner Lage erst, als mir der Schmerz wortwörtlich ins Gesicht geschrieben stand.

Während in vielen Kulturen Körpersprache eingesetzt wird, um das Gesagte deutlich zu akzentuieren, wird sie in anderen eher neutral gehalten, und in wieder anderen aktiv zurückgehalten oder gar maskiert, um sozial angemessenes Verhalten zu zeigen. Gesichtsausdrücke oder Körpersprache zu entschlüsseln, ist somit leichter gesagt als getan, oftmals mit weitreichenden Folgen: Ich konnte bei meinen Recherchen nicht abschließend klären, wie sehr sich spöttisch-abfällige Begriffe wie «Morbus Mamma-mia», «Transalpines Syndrom» oder «Mittelmeerkrankheit» im Medizinjargon tatsächlich etabliert haben. Fest steht aber, dass deutsche Medizinerinnen und Mediziner oft Schwierigkeiten haben, das expressive Verhalten von Patienten aus dem Balkan oder Mittelmeerraum richtig zu interpretieren. Das kann dazu führen, dass zu schnell zu starke Medikamente verschrieben werden oder das genaue Gegenteil eintritt: Weil sie als anstrengend, überkandidelt, ja geradezu hysterisch wahrgenommen werden, werden die Beschwerden dieser Patientinnen und Patienten vorschnell als Übertreibung oder Somatisierung abgetan.

4.7 Körperhaltung und Körperabstand

Neben Mimik und Gestik spielt auch die Körperhaltung in unserer Kommunikation eine Rolle. So ist es in manchen Kulturen üblich, in Geschäftstreffen relativ schnell zu einer entspannten Körperhaltung überzugehen, um damit gegenseitiges Vertrauen und eine gute Beziehung zu signalisieren. In anderen Kulturen wiederum wird eine solche «schlaffe» Haltung als Respektlosigkeit interpretiert. Wem das neu ist, der muss einen Weg finden, seine Körpersprache formell zu gestalten und die gute persönliche Beziehung auf anderem Wege aufzubauen.

Darüber hinaus ist auch die räumliche Positionierung ein wichtiges Kommunikationselement. Alle Menschen verfügen über ein feines Gespür dafür, welcher Abstand zu der Partnerin, dem Freund, der Bekannten, dem Kollegen oder der Fremden sich stimmig anfühlt. Bitte ich Studenten im Seminar, aufzustehen und sich so nah gegenüberzustellen, dass ihre Schuhspitzen sich berühren, sind die körperlichen Reaktionen unmittelbar spürbar. Die Wangen röten sich, die Raumtemperatur scheint förmlich zu steigen, nervöses Kichern macht sich breit – die Teilnehmenden zeigen eine akute Stressreaktion, allgemein bekannt als Kampf- oder Fluchtreaktion. Wird ein kritischer Abstand unterschritten, kommt Stress auf. Wie groß dieser Wohlfühlabstand ist, hängt dabei vom jeweiligen kulturellen Hintergrund ab. Eine peruanische Teilnehmerin etwa klagte darüber, dass die Spanier so distanziert seien, so werde sie beispielsweise auf der Straße überhaupt nicht freundschaftlich berührt. Woraufhin eine norwegische Teilnehmerin sofort entgegnete, alles, absolut alles in Spanien sei ungewohnt nah für sie, inklusive die Menschendichte sowie die räumliche Nähe zu den Nachbarn.

Der räumlichen Positionierung – also z. B. auch einer Sitzanordnung – entnehmen wir maßgeblich, wie der andere «zu uns steht». Da die Analyse dieser Hinweisreize unterhalb unserer Bewusstseinsschwelle abläuft, ist es kaum möglich, ihre Kulturabhängigkeit zu berücksichtigen, obwohl sie eine herausragende Rolle spielt. Denn Menschen, die uns nach unserem subjektiven Empfinden «auf die Pelle rücken» oder «auf Distanz gehen», vertrauen wir nicht!

4.8 Wenn Gesten das Gesagte übertönen

Bei der Recherche für dieses Kapitel stolperte ich über ein angebliches italienisches Sprichwort, das mich stutzen ließ: «Deine Gesten sprechen so laut, dass ich nicht hören kann, was du sagst.» Da mich Sprichwörter interessieren, schrieb ich einer befreundeten Germanistin, die seit über 40 Jahren in Italien lebt. Die Antwort kam prompt: «Liebe Anna, ich habe verschiedene, auch kompetente Leute gefragt, aber – wie erwartet – das Sprichwort war nicht bekannt. Auf Italiener, die ja – oft heftig – gestikulieren, passt es auch gar nicht. Ein Nordeuropäer (das sind für Italiener alle Menschen ab Österreich) könnte es aber zu einem Südländer sagen.»

Warum, so die implizite Reaktion meiner Freundin, sollten Italiener sich Gedanken über «laute» Gesten machen, wenn das Gestikulieren doch zu ihrer kommunikativen Normalität gehört? Was das wieder einmal deutlich macht: Aus der eigenen kulturgeprägten Perspektive sind es immer die anderen, die sich komisch verhalten. So hat unser gewohntes Kommunikationsverhalten einen enormen Einfluss auf die Erwartungen, wie Telefonate, Präsentationen, Meetings oder Verhandlungen ablaufen sollten. Und vermeintliche Bagatellen wie stärkeres Gestikulieren oder eine unterschiedliche Intensität des Blickkontaktes können zu schwerwiegenden Missverständnissen führen.

Weil wir gerade dann besonders stark auf nonverbale und paraverbale Hinweisreize zurückgreifen, wenn wir nicht die gleiche Muttersprache sprechen, kann es in solchen Situationen besonders hilfreich sein, sich über das Kommunikationsverhalten der Gastkultur zu informieren. Entsprechende Ratgeber gibt es zuhauf – sie sind aber natürlich mit Vorsicht zu genießen: Denn sie geben einem zwar eine Vorstellung von den kommunikativen Rahmenbedingungen, doch sollte man immer weiter hineinzoomen, um zu berücksichtigen, dass Menschen von vielen Kulturen beeinflusst werden und ihre Nationalkultur nicht unbedingt die relevanteste sein muss.

Abschließend möchte ich hier noch erwähnen, dass auch nonverbale Anteile einer Fremdsprache gelernt und trainiert werden können. Haben wir sie erst einmal integriert, ist es kaum vorstellbar, dass wir sie vormals nicht beherrscht haben.

5. Das Riemann-Thomann-Modell – von Himmelsrichtungen der Seele und Kulturfeldern

Nachdem wir uns nun ausgiebig mit der unterschiedlichen verbalen und nonverbalen Kommunikation beschäftigt haben, soll es nun erneut um die Werte gehen, die unserem Verhalten zugrunde liegen. Dafür ziehen wir ein weiteres Kommunikationsmodell heran: das Riemann-Thomann-Modell, ein Persönlichkeitsmodell, das dabei hilft, sowohl Individuen als auch Kollektive besser zu verstehen.

Das Riemann-Thomann-Modell geht auf den Psychoanalytiker Fritz Riemann (2006) zurück und wurde von dem Psychologen Christoph Thomann für die Alltagskommunikation weiterentwickelt (Thomann, Schulz von Thun 2013). Es handelt sich um ein Persönlichkeitsmodell, das die vier seelischen Grundstrebungen visualisiert, die jeder Mensch in sich trägt: Nähe, Distanz, Dauer und Wechsel (vgl. Abb. 17).

Überall auf der Welt suchen Menschen nach Nähe, das heißt Verbundenheit, Kontakt und ein wertschätzendes Miteinander. Sie streben danach, in Kollektiven zu leben, die ihnen Schutz, Harmonie, Zugehörigkeit und Gefühlsintensität bieten.

Andererseits hat jeder Mensch auch ein Bedürfnis nach Distanz, das heißt, er oder sie möchte eigenständig und frei sein, sich als Individuum fühlen und sich weiterentwickeln. Das kann sich etwa in dem Wunsch zeigen, Entscheidungen über das eigene Leben zu treffen, anderen die eigene Frustration oder Konflikte zuzumuten und Meinungsverschiedenheiten offen zu thematisieren.

Zusätzlich sind wir Menschen auf Dauer angewiesen, das heißt Verlässlichkeit, Stabilität, Beständigkeit und Struktur. Dies drückt sich in Regeln, Absprachen und Plänen aus oder in dem Bedürfnis, Altbekanntes zu bewahren.

Gleichzeitig sind alle Menschen ständig in Bewegung, ohne Wechsel geht es nicht, das heißt Veränderung, neue Herausforderungen, Kreativität, Spontaneität und Lebendigkeit. Das zeigt sich darin, dass Menschen ein Leben lang nach neuen Informationen suchen, lernen und sich weiterentwickeln.

Dem Modell zufolge hat jeder Mensch ein individuelles seelisches Heimatgebiet, das als Fläche in ein Koordinatenkreuz eingetragen werden kann (vgl. z. B. Abb. 19) und das anzeigt, wo die Stärken einer Person liegen, welche Werte oder Verhaltensweisen ihre Grundängste berühren und wonach sie sich sehnt. Vielleicht haben Sie ja Lust, sich selbst einmal einzutragen.

Dabei will das Modell situativ verstanden werden: Die Einordnung in das Koordinatenkreuz kann und sollte je nach Rolle, Situation, Interaktionspartner, Herausforderung, aktueller Stimmung oder Dynamik neu erfolgen. Davon unberührt durchdringen

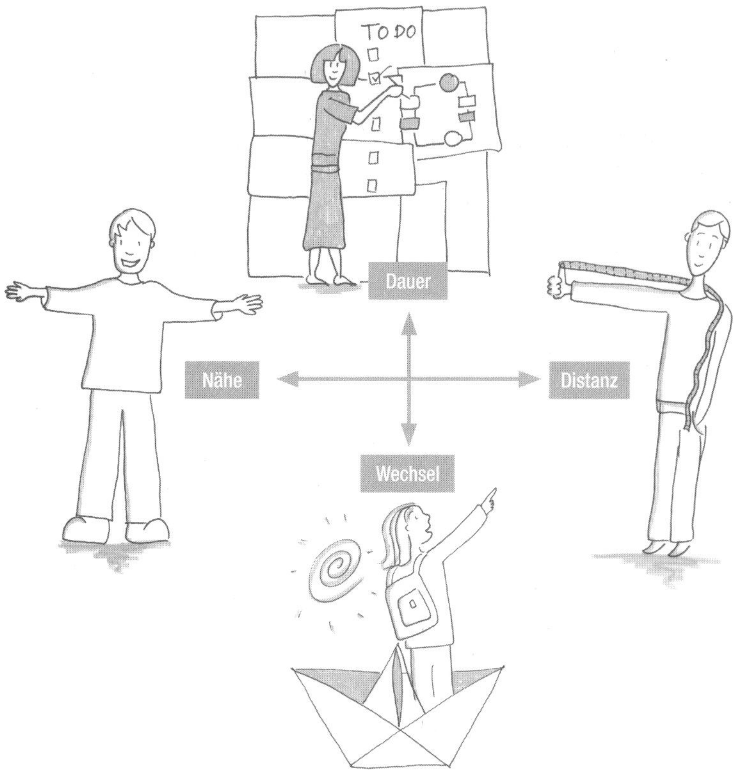

ABB. 17: Riemann-Thomann-Modell (in Anlehnung an Thomann, Schulz von Thun 2013)

dominante Grundströmungen alle Lebensbereiche, und zwar in Form von Werten, Vorlieben, Einstellungen und Verhaltensweisen, die eine Person beeinflussen, also ihre Persönlichkeit ausmachen.

5.1 Kulturen im Riemann-Thomann-Modell

Wie wir bereits gesehen haben, unterscheiden sich Kulturen in ihrer Ausprägung von Nähe, Distanz, Wechsel und Dauer. Während in manchen Kulturen (körperliche) «Nähe», Einfühlungsvermögen und Hingabefähigkeit gefördert wird, gehen andere Kulturen stärker auf «Distanz», etwa indem sie Abgrenzung und Individualität den Vorzug geben. Jedes Kollektiv entwickelt auch ein Zeitverständnis, das den Mitgliedern wie selbstverständlich vorgibt, ob eher «Dauer» – also Kontinuität, Planung, Struktur und Bewahrung des Bekannten – oder eher «Wechsel» – also Lebendigkeit, Prozessorientierung und Veränderungsbereitschaft – akzentuiert wird (vgl. Stahl 2007). Eingetragen in das Koordinatenkreuz des Riemann-Thomann-Modells lässt sich demnach auch das seelische Heimatgebiet einer gesamten Kultur abbilden. Das sich daraus ergebende Kulturfeld gibt dann Aufschluss über akzeptierte bzw. konfliktive Werte, implizite Regeln und Normen, Bedürfnisse und Verhaltensweisen.

Nimmt man eine Generationenkultur statt einer Nationalkultur in den Blick, wird allerdings sofort deutlich, dass eine einzige Gruppenzugehörigkeit nicht genügen kann, um die kulturelle Prägung von Menschen abzubilden. Denn wer beispielsweise in dem Zeitraum zwischen den frühen 1980ern und den späten 1990ern geboren wurde, ist gleichzeitig auch Mitglied vieler anderer Kulturen. Als Millennials haben diese Personen aus ihrer Umgebung und ihrem Kulturfeld bestimmte Sozialisationsangebote erhalten, und Wertvorstellungen übernommen, die sie in ihre Persönlichkeit und in ihr Verhalten integrierten, darunter Individualität, persönliche Freiheit und Selbstoptimierungsdruck. Sie sind die erste Generation, die in einer technologisierten Umwelt mit Internet und mobiler Kommunikation und – zumindest als Bewohner der sogenannten Ersten Welt – in einer Überflussgesellschaft mit offenen Grenzen und hoher Mobilität aufgewachsen ist. Das schlägt sich in ihrem Weltbild nieder. Darüber hinaus wurde bei ihrer Erziehung und Schulbildung höchstwahrscheinlich Wert auf die Ausbildung einer eigenen Meinung und das Verfolgen der eigenen Interessen gelegt. Entsprechend stark orientieren sie sich an ihrem eigenen Bedürfnis nach Freiheit. In ihrer Welt spielen Selbstdarstellung und Selbstoptimierung eine große Rolle, wofür sie u. a. auf Social-Media-Plattformen die idealen Bühnen finden. Dies bringt ihnen oft den Vorwurf ein, verhätschelte Narzissten mit einem fast schon ungesunden Hang zu Superfood zu sein, die, anstatt andere zu fotografieren, lieber optisch aufgewertete Selfies posten.

Innerhalb des Riemann-Thomann-Modells könnten wir die Millennials im Wechsel-Distanz-Quadranten verorten. Was heißt das für den Einzelnen? Hätte Tim mit 19 erklärt, er habe die Liebe seines Lebens gefunden und werde außerdem den von seinen Eltern angedachten Beruf bis zur Rente ausüben, hätten seine Freunde – die anderen Mitglieder des Kollektivs – vermutlich irritiert geguckt. Die Millennial-Kultur zeigt eine klare Bevorzugung des Wechselpols, während ein starker Ausschlag zum Dauerpol als einschränkend für die eigene Freiheit empfunden wird. Dementsprechend wird auch radikale Nähe, wie sie etwa in symbiotischen Beziehungen herrscht, in denen der Einzelne sich selbst aufgibt, als befremdlich erlebt.

Tims eigenes kulturelles Heimspielfeld, seine *«unconscious canons of choice»* sind allerdings nicht mit einem einzigen Kulturfeld identisch. Tim ist nämlich natürlich weit mehr als nur ein Millennial, selbst wenn er sich vor allem über diese Kulturzugehörigkeit definieren würde. Denn nicht nur er, sondern alle Menschen richten ihr Denken, Fühlen und Handeln an einem ganzen System solcher kulturellen Kraftfelder aus, die aufeinander wirken und sich überlappen. Das heißt, wir können so viele «persönliche kulturelle Heimspielfelder» finden, wie es Menschen gibt. Und jedes einzelne davon bildet die Gesamtheit der kulturell geprägten Normen und Werte einer Person ab – ihr ganz individuelles kulturelles Zuhause.

Das Riemann-Thomann-Modell versteht sich somit nicht nur als Werkzeug zur Persönlichkeitsanalyse. Darüber hinaus erlaubt uns dieses grobe und zweidimensionale Raster, einen unverstellten Blick auf zwischenmenschliche und interkulturelle Dynamiken zu werfen. In diesem Sinne sind auch die Gruppenfelder zu verstehen, die mein Kollege Eberhard Stahl (2007) für die Betrachtung von Teams und Organisationen erarbeitet hat (vgl. Abb. 18).

Im Dauer-Distanz-Sektor verortet Stahl die «Truppe». Sie steht für Sachlichkeit, Funktionalität, Disziplin, Korrektheit, Leistungsbereitschaft, direkte Kommunikation, klare Strukturen und Hierarchien. Das in Deutschland vorherrschende stereotype Bild von Verwaltungsbeamten oder fast jede andere traditionell männlich dominierte Gruppe in der Arbeitswelt ist hierfür ein gutes Beispiel. Und raten Sie mal, wo andere Nationen «die Deutschen» verorten? Genau!

Zu jedem Sektor gehört auch ein Schattengebiet, das dem Gruppenfeld punktsymmetrisch gegenüberliegt. Das Schattengebiet der «Truppe» ist das Heimatgebiet des «Teams». Ungebundenheit, Lebendigkeit und ein lockerer Umgang geben hier den Ton an, während es sich zwischen Wechsel- und Nähe-Tendenz hin- und herbewegt. Das Team lebt Prozesse intensiv und reagiert flexibel auf Herausforderungen. Der Start-up-Sektor wird hier genauso gerne verortet wie Jugendliche, Hipster oder südländische Kulturen.

Die «Gemeinschaft» zeigt ebenfalls eine hohe Tendenz zur

Nähe, allerdings gepaart mit dem Streben nach Dauer: Für sie sind Solidarität, emotionale Wärme und Zusammengehörigkeitsgefühl besonders wichtig. Eine Gemeinschaft steht für Sicherheit und Beständigkeit. Offene Konflikte gefährden die Harmonie und sind nicht erwünscht, sodass sie auf anderen Wegen ausgetragen werden müssen. Kulturen, in denen die Sozialstrukturen von Familien- oder Dorfgemeinschaften geprägt sind, werden hier verortet. Das klassische Familienbild oder auch die Ehe – für immer und ewig, in guten wie in schlechten Zeiten – bedienen dieses Gruppenideal, das sich stereotyp auch im Sozialbereich verorten lässt.

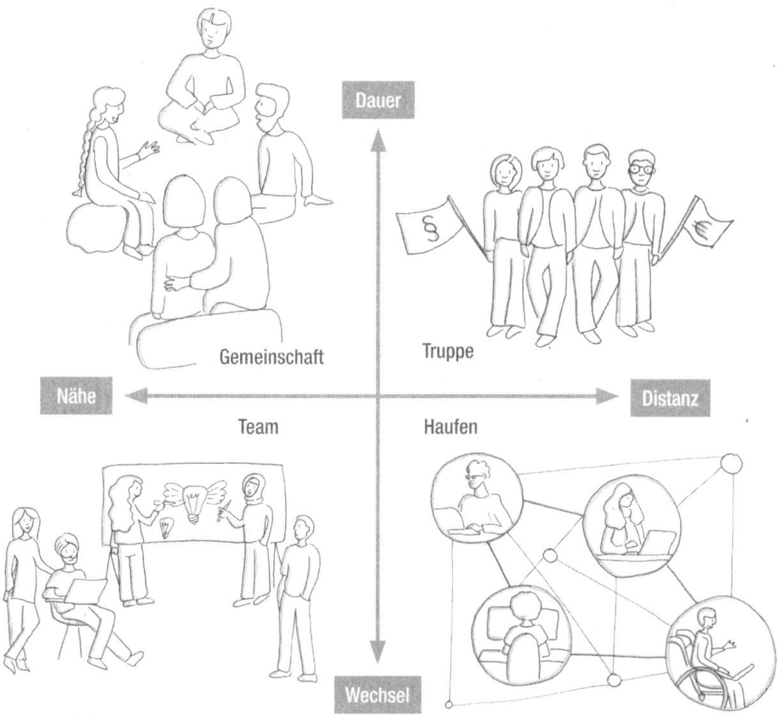

ABB. 18: Vier Gruppenfeldtypen nach Eberhard Stahl (Bildidee: Stahl 2007, S. 258)

Während Individualität von der Gemeinschaft eher als Bedrohung erlebt wird, ist sie für den «Haufen» charakteristisch. Hier dominieren Distanz- und Wechseltendenzen, sodass Stahl im Kontext von Organisationen darin eher einen Zusammenschluss von Einzelkämpfern erkennt. Unverbindlichkeit, Freiheit und Eigensinn sind genauso relevant wie Sachorientierung und Flexibilität. Die «moderne Welt», gekennzeichnet durch ihr Streben nach Mobilität und Innovationsbegeisterung, wird hier manchmal angesiedelt (vgl. Stahl, S. 257 ff.). Auch Großstädte mit ihrem anonymen und wandelbaren Zusammenleben können als Beispiel für dieses «gemeinsame Alleinsein» dienen.

Wie schon für den Einzelnen gilt auch für die Gruppe, dass diese Einteilung stark vereinfachend bzw. stark herausgezoomt ist. So ist nicht jeder Großstädter «gemeinsam allein», sondern vielleicht zwar Single, aber dennoch ein fester Bestandteil des sozialen Gefüges in seinem Kiez. Und genauso wie kein Mensch ein reiner Nähe-Mensch ist, stellt sich auch keine Kultur ausschließlich als «Truppe», «Gemeinschaft», «Team» oder «Haufen» dar.

Komplexer, aber auch realistischer wird die Idee von Kulturfeldern, also der Persönlichkeit von Kulturen, wenn wir sie uns nicht als statische Gebilde vorstellen, sondern als Kraftfelder im dreidimensionalen Raum. Zwar verändern sie ihre Position nicht abrupt, dennoch sind sie ständig in Bewegung und entstehen durch einen Prozess, bei dem äußere und innere Kräfte permanent aufeinander einwirken. Die zweidimensionale Darstellung entspräche dann, ähnlich wie eine Fotografie, einem momentanen Schnappschuss.

Auch zu jedem kulturellen Heimatgebiet gehört ein «Schattengebiet», hier tummeln sich Verhaltensweisen, Werte oder Bedürfnisse, die kulturelle Grundängste berühren und Fremdheitsgefühle hervorrufen: Das Bedürfnis nach Nähe ist untrennbar verbunden mit der Angst vor Einsamkeit und Ausgeschlossensein; der Wunsch nach Distanz geht Hand in Hand mit der Sorge vor Selbstverlust, Ausgeliefertsein oder Abhängigkeit; das Streben nach Dauer hängt mit der Furcht vor Chaos und Kontrollverlust zusammen; und die Wechseltendenz spiegelt sich in drohender Unbeweglichkeit, Begrenzung und Eintönigkeit (vgl. Stahl 2007, S. 235 ff.).

Übrigens: Bisher hat noch jede von mir befragte Seminargruppe «die Deutschen» – mit den Grundströmungen «Zielorientierung», «Vorhersehbarkeit», «Sachlichkeit», «Selbstverantwortung» und «Individualität» – im Dauer-Distanz-Quadranten verortet, während sie das kulturelle Heimatgebiet «der Spanier» – mit den Grundströmungen «Improvisation», «Kooperation», «Warmherzigkeit» und «Lebendigkeit» – im Nähe-Wechsel-Feld sah.

Und die Schattengebiete? Aus Sicht des spanischen «Teams» (das sich im Nähe-Wechsel-Quadranten verortet) kann das Verhalten der deutschen «Truppe» Befremdung hervorrufen: «Empörend, wie die Deutschen Gefühle und Bedürfnisse anderer ignorieren! Die nehmen wohl jeden Konflikt in Kauf, um zu bekommen, was sie wollen! Welch kalte, freudlose Sachzwang-Mentalität.» Umgekehrt denkt die deutsche Truppe (die sich im Dauer-Distanz-Quadranten verortet) dann vielleicht über das spanische Team: «Was für eine chaotische, undisziplinierte Spaßgesellschaft! Kein Wunder, dass die Spanier nichts gebacken kriegen.»

Das Fremde bzw. das Schattengebiet übt neben einer gewissen Irritation aber auch eine Anziehungskraft aus und kann dabei tiefliegende Sehnsüchte wecken: «Beneidenswert, wie frei die Deutschen sich von der Meinung anderer machen können, wie gerade heraus, wie professionell, wie effizient die sind», denken dann vielleicht die Spanier. Wohingegen die Deutschen sich womöglich sagen: «Bewundernswert diese Spontaneität, Gelassenheit, Wärme und Lebensfreude der Spanier.»

Je sicherer wir uns fühlen, desto mehr können wir Neugier und Faszination gegenüber den Vertretern des Schattenreiches zulassen, je bedrohter wir uns fühlen, desto intoleranter und abwertender werden wir ihnen gegenüber (Stahl 2007, S. 239 f.). Deutsche und Spanier liegen also im jeweiligen Schattengebiet der anderen. Die Unterschiede sind allerdings eher graduell, denn die Kulturfelder weisen großflächige Überschneidungen auf. Erst wenn es zu Irritationen kommt, schaukeln sich die stereotypen Wahrnehmungen auf: Dann werden die Kulturen als weit voneinander entfernt und in sich abgeschlossen erlebt (vgl. Teil I, 6. Politisch korrekt).

5.2 Ein Beispiel aus der Praxis: Frau Blum

Vor sechs Monaten hatte Frau Blum ihren Lebensmittelpunkt von Deutschland nach Madrid verlegt. Im Coaching berichtete sie nun von der Unzuverlässigkeit und der fehlenden Arbeitsmoral, die ihr neues Umfeld auszeichnete. Besonders verärgert war sie über ihre Chefin Frau Rodríguez, eine Kolumbianerin, die Entscheidungen offenbar aus dem Bauch heraus traf, sich nicht an Verabredungen hielt und ständig unabgesprochen mit neuen Aufgaben an Frau Blum herantrat, was deren gesamte Planung durcheinanderbrachte.

Bei der Analyse mit dem Riemann-Thomann-Modell wurde schnell klar, dass Frau Blums Schwierigkeiten im Spannungsfeld «Dauer – Wechsel» zu verorten waren. Und ganz offensichtlich besetzte das neue Umfeld und allen voran Frau Rodríguez den Wechselpol. Die herrschende Unverbindlichkeit und der ständige Zwang zu improvisieren überforderten Frau Blum. Diese Einsicht war erst einmal überraschend für sie, denn sie hätte sich selbst durchaus als Wechseltyp beschrieben. Schließlich brachte sie ihren Partner regelmäßig zur Verzweiflung, weil sie Vereinbarungen nicht einhielt, regelmäßig zu spät kam und sich weigerte, die Wochenenden im Voraus zu planen, um sich spontan entscheiden zu können.

Was war in Madrid anders? Solange wir uns in unserem gewohnten Umfeld bewegen, organisieren wir unser Leben meistens so, dass wir uns nicht zu weit außerhalb unseres persönlichen kulturellen Heimspielfelds bewegen. Dadurch navigieren wir mit einer für uns gut erträglichen Intensität von Dauer, Wechsel, Nähe und Distanz durch unsere sozialen Beziehungen. Beim Eintauchen in andere Kulturen werden die Grenzen des eigenen Heimatgebiets allerdings schnell überschritten, weil wir vor allem auf Menschen treffen, die uns von einem fremden Heimspielfeld aus begegnen (vgl. Stahl 2007, S. 235 ff.). Von Frau Blum etwa wurde plötzlich verlangt, sich weiter in Richtung Wechsel zu bewegen, als sie das im beruflichen Kontext gewohnt war.

Hinzu kommt, dass ein Standortwechsel wie der von Frau Blum anfangs ganz automatisch ein «Dauerdefizit» mit sich bringt: eine neue Stadt, ein fremder Arbeitsplatz, ein ungewohntes soziales Umfeld und vielleicht sogar eine neue Sprache – das kann schon mehr Wechsel im Leben sein, als noch bequem zu ertragen ist. Ein solcher Ausflug ins eigene seelische Niemandsland kann zu Beginn aufregend, exotisch und attraktiv sein. Sind Menschen aber nicht in der Lage, sich an die neue Situation zu gewöhnen oder sich ihr zu entziehen, dann werden negative Emotionen als seelische Grenzwächter aktiviert. Und je weiter und länger Menschen sich von den eigenen Grenzen weg auf unbekanntes Terrain wagen, desto stärker wird die innermenschliche Abwehr aktiviert.

Zu viel Wechsel auf einmal löst dann Gefühle von Chaos und Kontrollverlust aus. Frau Blum bemühte sich, ihre Sicherheit wiederherzustellen und mit Dauer auszugleichen: Sie achtete besonders darauf, an schriftlichen Vereinbarungen festzuhalten, und pochte auf die Verbindlichkeit von Absprachen. So bewegte sie sich «komplementär» innerhalb ihres Heimatgebiets so weit in Richtung Dauer wie nur möglich – wodurch sie ihre eigene Wechseltendenz kaum noch spüren konnte (vgl. Abb. 19). Gut, dass wenigsten in ihrer Paarbeziehung der Dauerpol schon besetzt war, denn hier zog es sie zum Ausgleich auch weiterhin gen Wechsel.

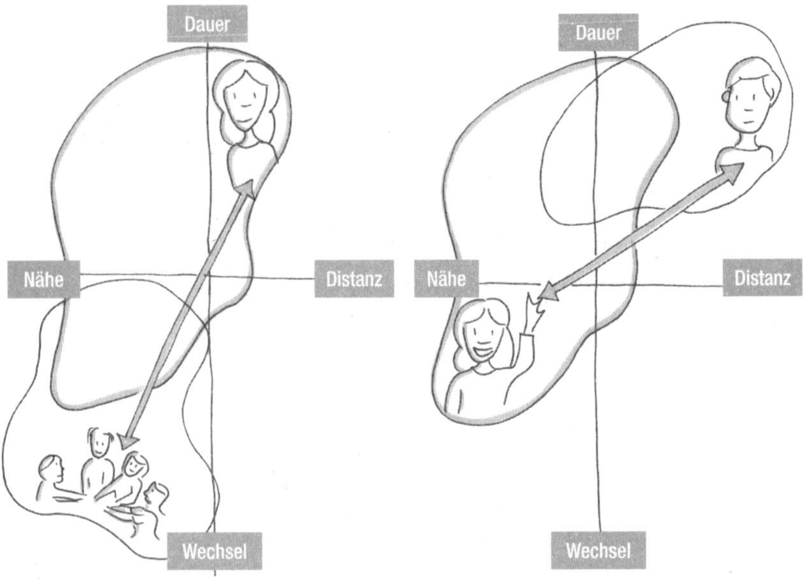

ABB. 19: Komplementäre Gegenbewegungen bewirken, dass Frau Blum sich im Kontakt mit Partner und Arbeitsteam in jeweils unterschiedlichen Randgebieten innerhalb ihres eigenen Heimspielfelds verschanzt (in Anlehnung an Stahl 2007, S. 246).

In ihrem neuen Umfeld versuchte Frau Blum, ihre Angst vor Kontrollverlust und Chaos zu besänftigen, indem sie ihr Bedürfnis nach Dauer befriedigte. Solange sie sich über «die anderen» ärgerte, sie belehrte oder sich innerlich zurückzog, bestärkte sie das auch in ihrer inneren Gewissheit, recht zu haben. Und dann musste sie sich auch nicht den Grundstrebungen stellen, denen sie sich nicht gewachsen fühlte. Aufseiten ihres Teams, und besonders ihrer Chefin, lief eine ähnliche Dynamik ab: Auch Frau Rodríguez bewegte sich in der Interaktion mit Frau Blum «komplementär» an den Rand ihres Heimatgebiets. Allerdings zog es sie gen Wechsel – der Dauerpol war ja schon von Frau Blum besetzt.

Inwieweit Menschen sich in ihr seelisches Zuhause zurückziehen, hängt von einer ganzen Reihe von Belastungsfaktoren ab. Je mehr Druck, desto stärker auch das subjektive Gefühl von Bedrohung und desto größer die Angst vor dem «Schattengebiet» – bis es zu unserer «Antiheimat» wird, die wir als unzumutbar, fremd und inakzeptabel empfinden (vgl. Stahl 2007, S. 238). Mit der Bedrohung wächst auch unsere Angst vor dem «Schattengebiet». Das führt manchmal dazu, dass Menschen sich am äußersten Rand ihres Heimatgebietes eine Festung bauen, in der sie sich, bis an die Zähne bewaffnet, geradezu verschanzen. Den Rest ihres Heimspielfeldes betreten sie dann vorsichtshalber gar nicht erst, um die größtmögliche Distanz aufrechtzuerhalten.

Weil beide Parteien grundsätzlich derselben Dynamik unterliegen, manövrieren sie sich auf diese Weise immer weiter an die gegensätzlichen Ränder ihrer Heimatgebiete, sodass sich anfangs geringfügige Unterschiede zu Teufelskreisen (Teil II, 8. Der Teufelskreis) hochschaukeln können und die Überschneidungen der Heimatgebiete immer weniger wahrnehmbar sind.

Diese Polarisierung sorgt dafür, dass wir für Gemeinsamkeiten und Ergänzungspotenzial blind werden und uns stattdessen eindimensional, ja geradezu stereotyp verhalten. So lässt sich auch erklären, warum viele Expats sich nach eigenem Bekunden in der neuen Heimat – ganz anders als zu Hause – als typisch deutsch (türkisch, US-amerikanisch …) erleben. Wer sich in einer solchen innerseelischen Krisensituation befindet, wird dem Fremden gegenüber kaum Toleranz, Neugier oder gar Wertschätzung entgegenbringen. Da kann das «Schattengebiet» noch so sehr damit locken, beim Abwerfen der eigenen Begrenztheit behilflich zu sein.

Aber: Auch wenn es fast schon zu simpel klingt, meistens braucht es einfach nur Zeit und ein wenig Abstraktion – allerdings gepaart mit einer ordentlichen Portion wohlwollender Geduld und Wertschätzung für sich selbst und die anderen –, um so eine Polarisierung zu beenden. Gelingt das, lockt die Verheißung, ehemals fremde Verhaltensweisen ins eigene Verhaltensrepertoire zu übernehmen, den eigenen Handlungsspielraum zu erweitern und somit auch die eigene Persönlichkeit weiterzuentwickeln.

6. Kulturdimensionen – von der Kunst, Kulturen zu vergleichen

Sobald Menschen auf «Fremde» treffen, beginnen sie ganz automatisch, Vergleiche anzustellen. Sie versuchen zu verstehen, wie die anderen sind und was sie ausmacht. Diese Suche, die vermutlich so alt ist wie die Zivilisationsgeschichte selbst, hat auch Eingang in die Wissenschaft gefunden. Forschende versuchen schon lange, kulturelle Unterschiede mithilfe von Kategoriensystemen zu strukturieren und vergleichbar zu machen. Zu diesem Zweck haben sie Kulturdimensionen ermittelt, von manchen Forschenden auch Kulturstandards genannt.

Als Vater der Kulturstandards gilt der US-amerikanische Kulturanthropologe Clyde Kluckhohn, der gemeinsam mit Henry A. Murray 1948 folgende Grundannahme formulierte: «Jeder Mensch ist in gewisser Hinsicht wie alle anderen Menschen, in anderer Hinsicht wie manche anderen Menschen und auf bestimmte Weise auch wie kein anderer Mensch» (zitiert nach Helfrich 2019, S. 4). Diese Ähnlichkeit zeigt sich ihm zufolge darin, dass Menschen aus einer Kultur ein vergleichbares Verständnis von etwa Zeit, Hierarchie, Gerechtigkeit, Unsicherheit oder Raum haben. Und das wiederum lässt sich jeweils als kulturelles Strukturmerkmal – bzw. als Kulturstandard – abbilden.

Später haben u. a. die Sozialwissenschaftler Geert Hofstede oder Shalom Schwarz, der Psychologe Alexander Thomas, der Ethnologe Edward T. Hall sowie die Unternehmensberater Fons Trompenaars und Charles Hampden-Turner eigene Kategoriensysteme für ihre kulturvergleichenden Studien in Anlehnung an Kluckhohn entwickelt und modifiziert, wodurch sich Überschneidungen und Ähnlichkeiten ergeben.

Das Konzept der Kulturdimensionen betrachtet Kulturen von einem sehr weit herausgezoomten Standpunkt. Deswegen weisen diverse Autoren sie als zu deterministisch oder gar spekulativ zurück. Tatsächlich sind sie empirisch kaum zu belegen. Hofstede, dessen Werke in diesem Zusammenhang zu den meist zitierten Quellen gehören, hat den Großteil seiner Daten in den Jahren 1967 und 1972 lediglich mit Mitarbeitern und Mitarbeiterinnen des IBM-Konzerns erhoben, Trompenaars auf Grundlage von Literaturanalysen (vgl. Haß 2020). Auch kulturelle Wandlungsprozesse, die überall vonstattengehen und in den letzten Jahrzehnten etwa im asiatischen Kulturraum zu gravierenden Veränderungen geführt haben, finden in Kulturdimensionen überhaupt keine Berücksichtigung. Sind Kulturdimensionen also wissenschaftliche Klischees, die lediglich aufgrund ihrer verführerischen Simplifizierung und Handhabbarkeit genutzt werden? Sind sie zu Recht verpönt, oder ist es angemessen, dass sie trotz aller Kritik bei interkulturellen Trainings, zur Auslandsvorbereitung und in Außenhandelsabteilungen noch immer regelmäßig zum Einsatz kommen?

Erneut lautet die Antwort: sowohl als auch (vgl. Abb. 20). Konstruktiv angewendet, lassen sich Kulturdimensionen durchaus mit einem realistischeren Kulturverständnis vereinen. Die «kugelige», weit herausgezoomte Sichtweise verschafft uns eine schelle Grundorientierung und stellt die Handlungsfähigkeit sicher. Sie hilft, kulturelle Eigenheiten ausdrücken zu können, strukturiert das Nachdenken über kulturelle Differenzen und ermöglicht es, Bedürfnisse des Gegenübers besser zu verstehen. Sie muss allerdings ergänzt werden um eine differenzierte systemische Sichtweise, die näher heranzoomt und anerkennt, dass ein paar Schubladenbegriffe nicht ausreichen, um Kulturen und die Interaktionsgewohnheiten ihrer Mitglieder zu erklären.

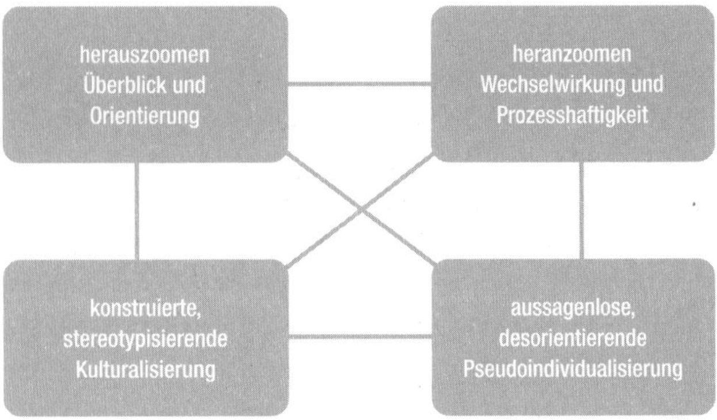

ABB. 20: Spannungs- und Ergänzungsverhältnis der «herauszoomenden» und «heranzoomenden» Perspektive auf Kultur

Jede Sichtweise für sich genommen droht in eine entwertende Übertreibung abzurutschen. Dann werden Menschen (wie im Feld unten links) allein aufgrund ihrer Herkunftskultur definiert, in Schubladen gesteckt und nach der vermeintlich mitgelieferten Gebrauchsanweisung behandelt, nach dem Motto «Du bist Marokkanerin, Chinese, Neuseeländerin und ich habe schon viel darüber gelesen, wie du tickst». Ein zu festgefahrenes Denken in Kulturdimensionen verführt dazu, kulturelle Unterschiede zu stark zu gewichten, beschwört langlebige Nationalstereotype herauf und läuft dadurch Gefahr, falsche Handlungsstrategien zu vermitteln.

Allerdings droht auch eine Perspektive, die Menschen nur in ihrer individuellen Vielfalt erkennt, in Schieflage zu geraten. Manchmal höre ich in der Führungskräfteentwicklung Sätze wie «Nein, kulturelle Unterschiede gibt es bei uns nicht, meine Mitarbeiter verhalten sich bloß nicht, wie ich es von ihnen erwarte». Was sich daran zeigt: Auch wenn wir zu nah heranzoomen, wird das Bild vom Gegenüber irgendwann unscharf und wir übersehen wichtige kulturelle Strukturmerkmale. Das bestärkt den Automatismus, kulturelle Eigenheiten auf Grundlage der eigenen «Normalität» als falsch, respektlos oder bösartig zu beurteilen. In solchen Fällen können Kulturdimensionen helfen, einen Überblick über potenzielle kulturelle Unterschiede zu gewinnen. Im Sinne des Wertequadrats gilt es dann, eine dynamische Balance zu suchen und beide Sichtweisen situativ flexibel und sinnstiftend zu kombinieren.

Wie sind Kulturdimensionen demnach zu lesen? Sie können als Landkarten verstanden werden, die zentrale Landschaftsmerkmale bzw. zentrale kulturell geprägte Lebensthemen aufzeigen. Allerdings immer in dem Wissen darum, dass diese Landkarten erstens die Realität nicht perfekt abbilden und zweitens schon mehrere Jahrzehnte alt sind. Das heißt, um sie richtig lesen zu können, müssen wir wissen, was auf ihnen dargestellt wird und wie wir das einzuordnen haben.

Einen Hinweis gibt uns die Expertin für *Cross Cultural Management* Erin Meyer in ihrem Werk *Die Culture Map* (2018, S. 30): «Die Kultur gibt eine Bandbreite vor, und innerhalb dieser Bandbreite trifft jede Person ihre Wahl. Es ist also keine Frage von Kultur *oder* Persönlichkeit, sondern eine Frage von Kultur *und* Persönlichkeit.» Wie viele Forschende stellt Meyer Kulturdimensionen als Normalverteilung dar, also als Glockenkurve, die angibt, welches Verhalten von den meisten Menschen einer Gruppe als normal, angemessen und korrekt angesehen wird (vgl. Abb. 21). Je weiter hin zum Ausläufer, desto seltener das Verhalten. Auch Ausreißer kommen vor, also Punkte, die außerhalb der Kurve liegen. Sie bilden aber ein Verhalten ab, das von der Mehrheit der

Mitglieder einer Kultur als untypisch oder unangemessen bewertet wird.

ABB. 21: Kulturdimensionen werden oft als Glockenkurven auf einer Skala dargestellt.

Weil diese Kurve lediglich eine quasi übergeordnete kulturelle Tendenz abbildet, kann sie nicht genutzt werden, um das Verhalten von Individuen vorherzusagen. Während wir also mit der Aussage, dass Franzosen eher indirekt kommunizieren, grundsätzlich richtigliegen, können wir nicht automatisch davon ausgehen, dass Pierre oder Cléo das auch tun, nur weil sie aus Frankreich kommen. Bei solchen Kulturvergleichen spielen noch weitere Faktoren mit hinein: 1. Die eigene kulturelle Perspektive: Kommunizieren «die Franzosen» wirklich indirekt? Aus Sicht der nordeuropäischen Kulturen können wir das bestätigen, aus Sicht vieler asiatischer oder afrikanischer Kulturen wiederum nicht. 2. Wie genau sich kulturelle Unterschiede zeigen: Ein indirekter Kommunikationsstil kann sich ganz unterschiedlich anhören. Während mancherorts fast jede relevante Information mitschwingt, gilt anderswo, dass beispielsweise Kritik implizit vermittelt werden sollte, während sie in wieder anderen Kulturen trotz eines indirekten Kommunikationsstils explizit formuliert werden muss (vgl. Teil II, 7.5.3 Abschließende Betrachtung direkte – indirekte Kommunikation).

7. Kulturdimensionen und das *Innere Team* – Welche *Stammspieler* melden sich zu Wort?

Wachsen Menschen in eine Kultur hinein, machen sie sich deren zentrale Elemente und Leitmotive zu eigen, indem sie diese gleich einem Echo in Form von *inneren Teammitgliedern* integrieren. Dabei handelt es sich um «kulturtypische Stammspieler» – also innermenschliche Vertreter der Kulturdimensionen –, die uns entsprechend Werte, Normen und Glaubenssätze soufflieren. Das heißt, sie geben vor, welches Verhalten an den Tag gelegt werden soll, und sanktionieren Zuwiderhandlungen mit Minderwertigkeits-, Scham- oder Schuldgefühlen.

Einige dieser *kulturtypischen Stammspieler* stelle ich Ihnen im Folgenden vor (vgl. Abb. 22). Im echten Leben werden sie Ihnen nicht genau in dieser Form begegnen, denn die Auswahl ist typologisch zu verstehen. Die Magie des *Inneren Teams* liegt gerade darin, dass es die Individualität der Menschen in den Vordergrund stellt und deutlich macht, dass jeder Mensch auf seine ganz eigene Weise pluralistisch aufgestellt ist. Verstehen Sie die hier vorgestellten *inneren Stimmen* also bitte nicht als Must-have, sondern als Anregungen für die Erkundung Ihrer ganz individuellen *kulturtypischen Wortmelder*.

Entstanden ist die Typologie auf Grundlage der Kulturdimensionen, die mir sowohl in meinem Arbeitsalltag als auch in der Literatur immer wieder begegnen – wobei ich mir die Freiheit genommen habe, Unteraspekte verschiedener Experten zu kombinieren. Ohne bei der Darstellung einen Anspruch auf Vollständigkeit zu erheben, erhoffe ich mir eine hohe lebenspraktische Anwendbarkeit für Sie. Nach einer kurzen Einführung in die jeweilige Kulturdimension stelle ich Ihnen die beiden einander gegenüberstehenden Stammspieler vor. Anschließend folgt eine abschließende Betrachtung, inklusive Kulturquadrat, aus dem sich

Befremdungs- und Ergänzungsrichtungen ablesen lassen. Denn auch unsere inneren Repräsentationen kultureller Orientierung kommen mit Antipoden daher. Wer beispielsweise einen starken *inneren Optimisten* bezüglich der Zukunft in sich spürt, verfügt auch über innere Anteile mit Zukunftsangst, auch wenn er oder sie diese Antipoden schamhaft vor anderen versteckt oder sogar selbst nicht mehr ohne Weiteres spürt.

Die Einsicht, dass jeder Mensch immer Vertreter beider Ausprägungen einer Kulturdimension in sich trägt, die allerdings

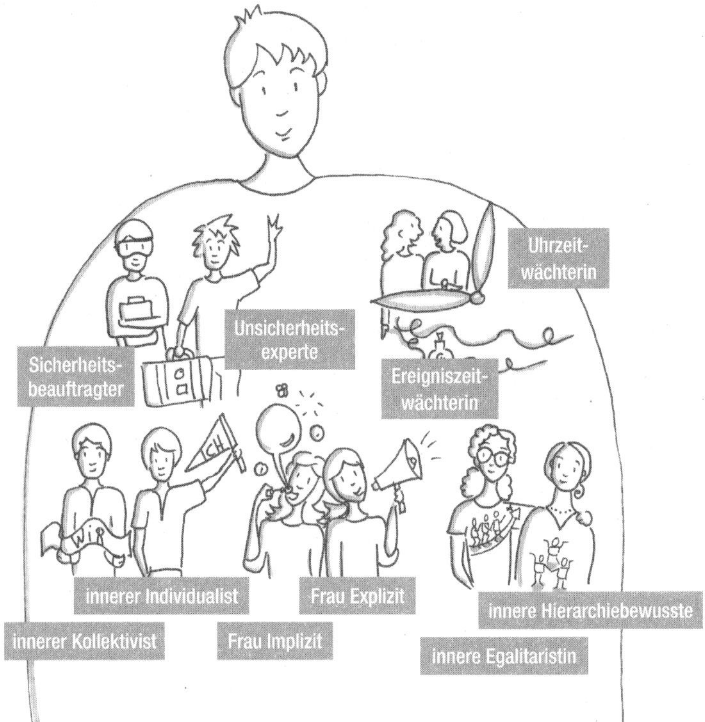

ABB. 22: Kulturdimensionen als *kulturtypische Stammspieler* dargestellt

sehr unterschiedlich akzentuiert und «ausgelebt» werden, und auch ganz verschiedene Verhaltensweisen nach sich ziehen, birgt sowohl zwischenmenschliches Verständigungs- als auch innermenschliches Entwicklungspotenzial.

7.1 Zeitgestaltung: Uhrzeit vs. Ereigniszeit

Ich erinnere mich noch gut an eine Begebenheit in Costa Rica. Wir standen bei flirrender Hitze unter dem Wellblechdach einer Bushaltestelle, schauten sehnsuchtsvoll auf den nahe gelegenen Strand und das kühle Wasser und warteten auf einen Bus, der hier irgendwann einmal vorbeikommen sollte. Wann genau, wussten wir nicht: Es gab keinen Fahrplan und auch die einheimischen Mitreisenden konnten uns nicht helfen. *«Pura vida»,* also *«pures Leben»,* antworteten sie entspannt lächelnd auf meine Nachfrage. Eine Formulierung, die in Costa Rica als Begrüßung, Abschied, Bestätigung oder auch Frage benutzt wird. Sie symbolisiert Lebensfreude, Überschwang, den Genuss der einfachen Dinge und die Kunst des guten Lebens.

Meine Antwort bestand aus einem schiefen Lächeln, während ich regelrecht dabei zusehen konnte, wie meine *innere Uhrzeitwächterin* die Deutungshoheit über meine Zeitrechnung übernahm: «*Pura Vida?»,* fragte sie entgeistert. «Wohl eher pure Resignation, dass ich hier meine wertvolle Lebenszeit an einer Bushaltestelle verschwenden muss!» Als der Bus endlich kam, dauerte die Freude nicht lange an. Stattdessen musste ich konsterniert beobachten, wie das Ein- und Aussteigen geradezu rituell gefeiert wurde und in gnadenloser Ruhe vonstattenging. Vorbei war es mit meiner entspannten Urlaubsstimmung, dafür zählte mir meine *Uhrzeitwächterin* jeder Minute dieser Busreise vor, die sich inzwischen anfühlte wie eine Ewigkeit.

Zeit ist lange nicht so objektiv, wie Menschen sie erleben. Schon die Relativitätstheorie basiert auf der Annahme, dass Zeit nicht absolut ist. So sollte es uns auch nicht wundern, dass wir drastische kulturelle Unterschiede im Erleben von Zeit beobachten können. Begriffe wie «sofort», «dringend», «später» oder «pünktlich» können in verschiedenen Sprachen völlig unterschiedliche Bedeutungen haben und lassen sich dementsprechend etwa zu Forschungszwecken nur schwer übersetzen. Der Sozialpsychologe Robert Levine schreibt: «[W]ie wir uns durch die Zeit bewegen, bestimmt letztendlich die Art und Weise, in der wir unser Leben leben.» (2009, S. 25) Ihm zufolge gewinnen wir mit dem Verständnis für das Zeitgefühl eines Ortes auch Zugang zur Psyche der Kultur. Was sagt es aus, wenn etwa Geschäftsöffnungszeiten sich danach richten, wann die Besitzer gerade Zeit haben, oder Tagesabläufe in enge Zeitkorsetts gepresst werden? Was hat es zu bedeuten, wenn noch fast jeder frisch in Spanien eingetroffene US-amerikanische Manager, der mir bei meiner Arbeit begegnet ist, mit dem Gedanken spielt, den Kaffeeautomaten aus dem Büro zu verbannen, um den zeitraubenden «Kaffeeklatsch» der Mitarbeiter im Büro zu unterbinden? (Spoiler: Keine gute Idee – das Beziehungsgeflecht, das sich dort entspinnt, wird benötigt, um die teilweise langwierigen Arbeitsabläufe zu beschleunigen.)

Unabhängig davon, ob es sich um Kommunikation, Verhandlungsverhalten, Teamprozesse oder strategische Planungen handelt: Über kurz oder lang taucht «Zeit» in jedem Beratungsprozess auf. Denn alle Menschen verfügen zwar über *innere Zeitwächter*, was genau diese bewachen, ist aber sehr unterschiedlich.

In Anlehnung an Levine möchte ich Ihnen im Folgenden zwei *Zeitwächterinnen* vorstellen: die *Ereigniszeitwächterin* und die *Uhrzeitwächterin*.

7.1.1 *Die Ereigniszeitwächterin* – der Zeit die Zeit geben, die sie braucht

Die *Ereigniszeitwächterin* legt Wert auf Beisammensein, sie genießt soziale Interaktionen und das Leben im Augenblick. Reichtum bemisst sie in sozialer Zeit, also Zeit, die sie für sich und andere hat bzw. sich nimmt. Ihrer Meinung nach sollten soziale Aktivitäten und natürliche Ereignisse den Tagesablauf bestimmen. Sie verabscheut Zeitdruck und weigert sich, Abläufe in Minuten, Stunden oder Tagesordnungspunkten zu messen. Viel logischer erscheint es ihr, sich so viel Zeit für die Dinge zu nehmen, wie sie eben benötigen, also Treffen nicht zu beenden, wenn die Uhr es diktiert, sondern wenn es sich richtig anfühlt. Deswegen ist es für sie auch selbstverständlich, jederzeit ansprechbar zu sein oder Anpassungsentscheidungen zu treffen. Effizient zu sein, bedeutet für sie, Pläne flexibel anzupassen und in der Lage zu sein, mehrere Dinge gleichzeitig zu tun.

7.1.2 *Die Uhrzeitwächterin* – pünktlich wie ein Uhrwerk

Für die *innere Uhrzeitwächterin* ist Zeit eine feste, lineare und messbare Realität aus unwiederbringlichen Momenten, die es zu nutzen gilt. Weil die kostbaren Sekunden, Minuten und Stunden wie in einer Sanduhr unaufhörlich herunterrieseln, stellt Pünktlichkeit für sie eine besondere Tugend dar. Ein gutes Zeitmanagement versteht sie als Schlüssel zum Erfolg im Leben. Effizient zu sein, heißt für sie, Zeitpläne einzuhalten. Sie arbeitet Aufgaben oder Tagesordnungspunkte gerne einen nach dem anderen ab und versucht, das Leben nach der Uhrzeit auszurichten, um weder die eigene noch die Zeit von anderen zu verschwenden. Kommt es zu zeitlichen Überschneidungen, löst das bei ihr Gefühle wie Irritation, Stress oder auch ein schlechtes Gewissen aus.

7.1.3 Abschließende Betrachtung Zeitgestaltung

Historisch gesehen ist die *innere Uhrzeitwächterin* ziemlich jung. Den größten Teil unserer Geschichte lebten wir Menschen als Jäger und Sammler, die weiterzogen, wenn die Nahrungsmittel erschöpft waren. Später wanderten wir als Nomaden mit unseren Tierherden umher oder wurden sesshaft und betrieben Feldwirtschaft. Und alle diese Lebensformen haben eins gemeinsam: Die genaue Uhrzeit ist völlig irrelevant. Wichtig sind Jahreszeiten, Lichtverhältnisse und Klima. Erst mit der Industrialisierung begannen Zeit und Pünktlichkeit den Stellenwert einzunehmen, den sie heute, etwa in Deutschland, haben.

Das Aufwachsen in Ländern mit einem hohen Industrialisierungsgrad, in eher kühlerem Klima, das Großstadtleben und eine eher individualistisch ausgerichtete Gesellschaft tragen zur Ausprägung einer starken *inneren Uhrzeitwächterin* bei. Legt eine Gesellschaft mehr Wert auf Leistung, begünstigt das eine Zeit-ist-Geld-Mentalität, die oft Hand in Hand geht mit dem Streben nach kurzfristigen Erfolgen sowie mit dem inneren Appell, die Lebenszeit zu nutzen und zu intensivieren. Mit der zunehmenden industriellen Entwicklung eines Landes verkürzt sich daher paradoxerweise die freie Zeit, die den Menschen Tag für Tag bleibt. Und das schlägt sich wiederum in einem «Dringlichkeitssyndrom» nieder. Das zeigt sich sogar in der durchschnittlichen Gehgeschwindigkeit: Wird die *Uhrzeitwächterin* zu stark, sorgt sie dafür, dass Menschen sich auch ohne echten Zeitdruck ständig gezwungen fühlen, sich zu beeilen. Und gerade angesichts der weltweiten internationalen Wirtschaftsverflechtungen bekommen die *inneren Uhrzeitwächterinnen* mit ihrem Hang zur Verdichtung immer mehr zu tun. Dabei ist in den meisten Kulturen eigentlich die *Ereigniszeitwächterin* tief im Wertegerüst verankert: Das auf Beschleunigung ausgerichtete Denken und Fühlen der «westlichen Nationen» ergibt für viele Menschen schlichtweg keinen Sinn, weil es nicht zu ihrer Lebensphilosophie passt. Manchmal vertritt solch eine *Ereigniszeitwächterin* etwa eine zyklische Zeitorientierung, die z. B. mit dem Glauben an eine Wiedergeburt verknüpft ist. Dann bekommt Zeit eine ganz andere Bedeutung: Versteht man das Leben selbst als Kreislauf, dann kommen alle Ereignisse, alle Herausforderungen und alle Chancen immer wieder auf einen zu. So gesehen, ist Zeit einerseits vergleichbar mit Raum – einfach «da» – und andererseits ständig im Fluss.

Sich nach der Ereigniszeit zu richten, ist jedoch nicht gleichbedeutend mit einer generellen Zeitlosigkeit. Das Leben richtet sich dann nach Beziehungen und «natürlichen Zeitrhythmen». Diese Ereigniszeit kann auch mit dem Begriff *«Flow»* in Zusammenhang gebracht werden, den der Psychologe und Glücksforscher Mihály Csíkszentmihályi entwickelt hat. Bezeichnet wird damit ein angenehmer und hochkreativer Bewusstseinszustand der völligen Vertiefung, in dem wir konzentriert in unserer Tätigkeit aufgehen, während Stunden oder gar Tage einfach verfliegen können. Csíkszentmihályi (2004) zufolge kann man *Flow* in Kulturen, in denen die Ereigniszeit betont wird, häufiger und intensiver erfahren.

An vielen Orten der Welt begegnet man Menschen mit starken *inneren Uhrzeitwächtern* mit Misstrauen, während Menschen, die regelmäßig zu spät kommen, als entspannter, fröhlicher, angenehmer, aber auch erfolgreicher gelten. Im Wertequadrat (vgl. Abb. 23) werden die gegenseitigen Befremdungsrichtungen wie auch das Ergänzungspotenzial ersichtlich.

Die Regeln unseres Zeitverständnisses sind uns selbst meistens nicht bewusst, sodass sie anderen gegenüber erst recht nicht offengelegt werden. Das führt im kulturübergreifenden Kontakt nicht nur zu zwischenmenschlichen Irritationen, sondern kann auch innermenschliche Auswirkungen haben. Haben Sie vor, Ihren Le-

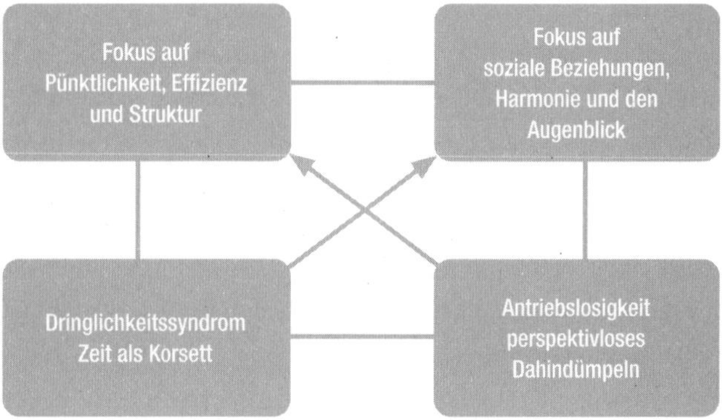

ABB. 23: Kulturquadrat – Umgang mit Zeit

bensmittelpunkt von einer «Uhrzeitkultur» in eine «Ereigniszeitkultur» zu verlegen oder umgekehrt? Dann sollten Sie sich auf inneren Widerstand vorbereiten. Mit großer Wahrscheinlichkeit werden Sie tiefsitzenden Glaubenssätzen begegnen, sich erwischen, in Vorwurfsrichtungen zu denken, und sich über die eigene Polarisierungstendenz wundern. Wenn Sie dann lernen, sich mit verschiedenen Zeitverständnissen zu Hause zu fühlen, werden Sie dafür mit ganz neue Denk- und Verhaltensspielräumen belohnt.

7.2 Menschen und soziale Beziehungen: individualistisch vs. kollektivistisch

Konfuzius: Die Menschen müssen die moralischen Regeln lernen und befolgen! Es ist die Voraussetzung für eine harmonische zwischenmenschliche Beziehung und für gesellschaftliche Ordnung!

Schulz von Thun: Die Menschen sind unterschiedlich. Sie sollen zuerst lernen, wie sie sich selbst kennenlernen, wie sie mit sich klarkommen können. Das ist die Voraussetzung für eine klare Kommunikation und zwischenmenschliche Beziehung.

Konfuzius: Ein Mensch muss treu sein zu seiner Familie und seinem Vaterland!

Schulz von Thun: Ja – aber auch und vor allem sollte er sich selbst treu sein!

Konfuzius: Sie müssen gehorsam sein!

Schulz von Thun: Sie sollen kritisch prüfen, wer Gehorsam verdient, und zuallererst sich selbst gehorchen!

So lässt Lei Wang (2006, S. 187 ff.) zwei gewichtige *innere Wortmelder* im *Inneren Team* miteinander ins Gespräch kommen. Ihr *innerer Schulz von Thun* repräsentiert die individualistische Sichtweise, also den inneren Anteil, der Personen als selbstbestimmt und autonom, als Ganzes und als einzigartig versteht. Demgegenüber ist ihr *innerer Konfuzius* besonders an einem harmonischen und reibungslosen Miteinander der Menschen interessiert. Einer kollektivistischen Weltsicht folgend, stellt Zusammenhalt das höchste Gut für ihn dar. Das Wohlergehen des Kollektivs genießt absolute Priorität.

Wenn wie hier Abbilder «echter Personen» als Wortmelder im *Inneren Team* interagieren, repräsentieren sie nicht den gesamten Menschen Friedemann Schulz von Thun oder gar die philosophischen, politischen und religiösen Lehren des Konfuzius. Stattdessen stehen sie für eine Botschaft, eine Lebenshaltung oder ein Weltbild. Wir könnten auch sagen, dass wir lediglich ein als besonders relevant wahrgenommenes Mitglied ihres *Inneren Teams* übernehmen, in diesem Fall also Schulz von Thuns *inneren Individualisten* oder den *inneren Kollektivisten* von Konfuzius. Die individualistische Tendenz könnte genauso gut in Gestalt einer *inneren Pippi Langstrumpf* dahergehüpft kommen, die unbekümmert, maximal autark und jenseits gesellschaftlicher Normen ihr Motto «Ich mache mir die Welt, wie sie mir gefällt» nicht nur lauthals trällert, sondern auch lebt.

So können wir alle ganz eigene Vertreter für die zwei entgegengesetzten kulturellen Tendenzen in uns finden, die ich im Folgenden als *innerer Individualist* und *innerer Kollektivist* bezeichne.

7.2.1 *Innerer Kollektivist* – «Ich bin, weil ihr seid, und ihr seid, weil ich bin»

Der *innere Kollektivist* versteht Menschen als Teil eines Systems wechselseitiger Abhängigkeiten. Er vertritt die Interessen der Gruppe und stellt das Wohlergehen des Kollektivs über das des Individuums. Für ihn gibt es keinen «gesunden Egoismus». Pflichtbewusst und kompromissbereit, wie er ist, fühlt er sich dem Gelingen der gemeinsamen Ziele verpflichtet. Im Gegenzug vertraut er darauf, dass er innerhalb der Gruppe Anleitung, Unterstützung, Zugehörigkeit, Wärme und Mitgefühl erfahren wird. Seine Weltsicht ist in etwa deckungsgleich mit der traditionellen gemeinwohlorientierten Weltanschauung und Lebensphilosophie namens *Ubuntu*, wie sie teilweise noch im südlichen Afrika gelebt wird: «Ich bin, weil ihr seid, und ihr seid, weil ich bin».

Nach außen zeigt sich so ein *innerer Kollektivist* auf unterschiedliche Weise. Oft spricht er lieber von «wir» statt von «ich», dabei hält er die eigene Meinung zurück, betont lieber Gemeinsamkeiten als Unterschiede und bevorzugt ein passives, zirkuläres und indirektes Kommunikationsverhalten.

Da er auch als *Gruppenharmoniewächter* fungiert, achtet er mit einem großen Beziehungsohr auf Signale wie Schweigen, Mimik und Gestik und gibt seinerseits Feedback-Signale wie zustimmendes Nicken. Kritik an einer Person kann der *innere Kollektivist* durchaus als Störung wahrnehmen, die das gesamte soziale System betrifft, also auf die ganze Gruppe beziehen. Deswegen vermeidet er offene Konflikte und unterdrückt konfliktauslösendes Verhalten, etwa indem er *innere Klartextsprecherinnen* oder *harsche Kritiker* sorgsam in Schach hält. Das gilt vor allem im Austausch mit Angehörigen der eigenen Gruppe, deren Mitglieder er generell bevorzugt behandelt. Für Menschen außerhalb dieses Kreises fühlt er sich nicht zuständig. Was sie angeht, lehnt er sich zurück und lässt anderen den Vortritt. Entsprechend sieht er im Kontakt mit anderen Kollektiven auch die soziale Harmonie nicht gefährdet. Da darf durchaus auch mal Klartext geredet werden.

Oft fungiert der *innere Kollektivist* auch als streng reglementierender *Normberater für sozial angepasstes Verhalten*, der darüber wacht, dass soziale Rollen erfüllt, Hierarchien eingehalten und das Gegenüber auch bei noch so komplizierten sozialen Regeln korrekt angesprochen wird.

7.2.2 *Innerer Individualist* – «Sei du selbst und werde, der du bist!»

Der *innere Individualist* begreift Menschen als relativ unabhängig von anderen. Ihm ist viel an der Ausprägung eines starken Ich-Gefühls gelegen. Er plädiert dafür, dass Menschen sich nicht nur selbst verstehen, sie sollen sich finden und verwirklichen. Als Motivatoren fungieren demzufolge persönliche Vorlieben und individuelle Bedürfnisse, aber auch (vermeintlich) zustehende Rechte.

Der *Individualist* fühlt sich mit einem direkten, linearen Kommunikationsstil wohl. Da er seine Meinung, Beweggründe und Vorlieben gerne erläutert, spricht er vorzugsweise in der Ich-Form. Er befürwortet den Wettbewerb und die Anerkennung von Einzelleistungen, entsprechend ausdrücklich betont er eigene Erfolge.

Der *Individualist* erwartet etwa, dass Menschen sich im Laufe ihres Erwachsenwerdens von ihrem Elternhaus ablösen, um ihr «eigenes» Leben zu führen, in dem sie für sich selbst und die unmittelbare Familie Verantwortung übernehmen. Konflikte versteht der *innere Individualist* tendenziell als Spannungen zwischen Personen, die thematisiert werden dürfen und gemeinsam geklärt und gelöst werden können. So ein reinigendes Gewitter kann er durchaus als wohltuend empfinden. Eine eigene Meinung zu haben, ist ihm wichtig. Da der *Individualist* weder einen Gesichtsverlust noch die Einbuße seines sozialen Status fürchtet, hat er auch nicht besonders viel Angst davor, sich unangebracht oder peinlich zu benehmen.

Als *innerer Autonomiewächter* setzt der innere *Individualist* alles daran, dass das Individuum die eigenen Ziele, Wünsche und Sehnsüchte verfolgt. Einschränkungen durch moralische Regeln nimmt er nicht einfach hin, stattdessen prüft er sorgsam, ob sie mit seinen selbstbezogenen Interessen vereinbar sind.

7.2.3 Abschließende Betrachtung – Menschen und soziale Beziehungen

Einschlägigen Schätzungen zufolge leben bis zu 96 Prozent der Weltbevölkerung in kollektivistischen Gesellschaften. Über die exakte Zahl lässt sich gewiss streiten, eins können wir aber mit Sicherheit sagen: Die von den westlichen Sozialstrukturen geförderten starken *inneren Individualisten* bilden weltweit gesehen die Ausnahme und nicht die Regel! Das ergibt sich schon allein durch die Lebensumstände: Ein Großteil der Menschen weltweit ist quasi nie alleine. Oft teilen Familien sich einen Raum, an eigene Schlafzimmer ist genauso wenig zu denken wie an individuelle Rückzugsmöglichkeiten.

Doch nicht nur das. Was wir in individualistischen Gesellschaften «Kernfamilie» nennen, zeichnet sich durch ein im wahrsten Sinne des Wortes engeres Zusammenrücken aus. Die gesamte erweiterte Familie – Großeltern, Cousins, Onkel und Tanten, manchmal auch Nachbarn – spielt in kollektivistischen Gesellschaften eine deutlich wichtigere Rolle, etwa bei der gemeinsamen Kindererziehung. Neben der lebenden Verwandtschaft gelten mitunter auch die Geister der Ahnen oder Götter und Göttinnen mit zur Gemeinschaft, und eine gewisse Abhängigkeit von dieser weiter gefassten Familie gilt nicht als problematisch, sondern als normal und erwünscht. Von Kindern in kollektivistischen Gesellschaften wird entsprechend schon früh erwartet, sich um der Gemeinschaft willen anzupassen, die eigene Meinung nicht zu ernst zu nehmen, die Innenwelt zu verbergen, eigene Bedürfnisse zu unterdrücken und den Ausdruck von Emotionen zu kontrollieren.

Ändert jemand seine Meinung plötzlich und für das Gegenüber völlig überraschend, steckt manchmal der *innere Kollektivist* dahinter. Da er seinen persönlichen Standpunkt dem Kontext und den Bedürfnissen der Gruppe anpasst, ist es für ihn nur logisch, ihn zu ändern, sobald sich die Situation in der Gruppe ändert. Genauso ist der *innere Kollektivist* auch bereit, Regeln flexibel aufzufassen und anzupassen, wenn das dem Gruppenwohl dient.

In individualistischen Gesellschaften dagegen werden schon junge Kinder aktiv dazu angehalten, selbstständige Entscheidungen zu treffen und autonom zu handeln, etwa wenn sie gefragt werden, was sie gerne spielen oder essen möchten. Ganz automatisch wird ihnen auch ein Anrecht auf Rückzugsorte und Privatsphäre eingeräumt.

Als Motivator für einen starken Leistungswillen dient in individualistischen Kulturen oft persönliches Interesse und Erfolg, während es in kollektivistischen Kulturen eher darum geht, die Familie stolz zu machen und ihre Erwartungen zu erfüllen, weil Familienmythen und Familienehre relevante Elemente der individuellen wie kollektiven Identität sind.

Eine enge Verbundenheit mit Familie und Freundschaften hat natürlich auch in individualistischen Gesellschaften einen großen Stellenwert. Da diese aber nicht bedingungslos durch die Gruppenzugehörigkeit vorbestimmt ist, werden Freunde aktiv quasi als Wahlverwandtschaften ausgesucht. Dass diese Beziehungen aufgebaut und gepflegt werden müssen, passt wiederum zur Leistungsmotivation in individualistischen Kulturen.

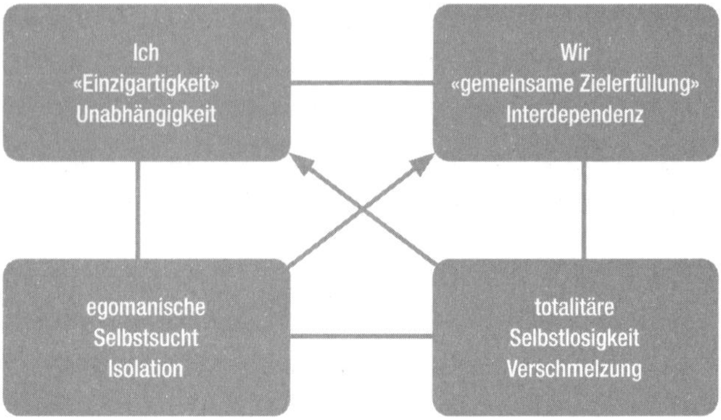

ABB. 24: Kulturquadrat – soziale Beziehungen

Aus dem Wertequadrat (vgl. Abb. 24) lassen sich die typischen Vorwürfe ablesen. Aber weder ist Individualismus mit Egoismus gleichzusetzen, noch ist Kollektivismus als Selbstaufgabe oder Altruismus zu verstehen. Die Herausforderung besteht darin, sich je nach Kontext sowohl der Gemeinschaft verpflichtet zu fühlen, als auch für die eigenen Bedürfnisse einstehen zu können und nach Entfaltungsmöglichkeiten zu suchen. Eine Herausforderung, die uns in Teil III des Buches erneut beschäftigen wird.

7.3 Machtverteilung: egalitär vs. hierarchisch

Eine niederländische Klientin berichtete begeistert von dem angenehmen Arbeitsklima an ihrem neuen Standort in Spanien. Der

Geschäftsführer habe ein wichtiges Treffen unterbrochen, um sie persönlich zu begrüßen, sich mit Vornamen vorgestellt und sie gebeten, sich jederzeit mit Anmerkungen oder Verbesserungsvorschlägen an ihn zu wenden. Bei unserem nächsten Treffen hatte sich ihre Begeisterung allerdings in Luft aufgelöst. Entgegen der offen ausgesprochenen Einladung waren ihre Vorschläge ganz und gar nicht willkommen gewesen und sogar als Kritik aufgenommen worden. Außerdem wurde sie viel weniger in Entscheidungen einbezogen, als sie es aus ihrer Heimat gewohnt war.

Vielen internationalen Beschäftigten fällt es nach ihrer Ankunft in Spanien schwer, ein Gefühl für die herrschenden hierarchischen Strukturen zu bekommen. Denn zur spanischen Geschäftskultur gehört zwar das Duzen und ein ausgesprochen informeller, freundschaftlicher Umgang, gleichzeitig gibt es traditionell einen stärkeren Hang zu Zentralisierung und eine größere Machtdistanz als etwa in nordeuropäischen Geschäftskulturen.

Kulturen unterscheiden sich grundsätzlich auch darin, wie Macht und Autorität in einer Gesellschaft verteilt wird, auf welcher Grundlage dies geschieht und wie sich diese Verteilung ausdrückt. Für manche Menschen ist eine hohe Machtdistanz völlig normal. Sie wachsen damit auf, dass Macht ungleich verteilt ist und sie sich nach den Entscheidungen von Adel, religiösen Entitäten oder Führungskräften zu richten haben. Andere wiederum sind eine niedrige Machtdistanz gewohnt, in der jede Form von Macht kritisch hinterfragt und die Ungleichheit zwischen Menschen – etwa durch flache Hierarchien und partizipative Entscheidungsprozesse – möglichst gering gehalten wird.

Für viele international agierende Führungskräfte ist es gar nicht so einfach, sich auf eine ungewohnte Machtdistanz einzustellen. Während es zu Hause geschätzt wird, dass sie ihren Mitarbeitern auf Augenhöhe begegnen und auch weiterhin z. B. mit Bus und Bahn zur Arbeit kommen, erwartet ihr Team am neuen Standort womöglich, dass sie ihre privilegierte Rolle auch repräsentieren, etwa indem sie ein teures Auto fahren und die Tür ihres schicken Eckbüros von einem eifrigen Sekretär bewachen lassen. Führungskräfte, die an eine große Machtdistanz gewöhnt sind, müssen sich dagegen erst einmal daran gewöhnen, dass ihre Meinung von Mitarbeitern hinterfragt wird und ein kollegialer Umgang über Hierarchieebenen hinweg nicht respektlos gemeint ist.

Lassen Sie uns diese Kulturdimension anhand einer prototypischen *inneren Hierarchiebewussten* und einer modellhaften *inneren Egalitaristin* genauer betrachten.

7.3.1 *Die Hierarchiebewusste* – Chef bleibt Chef …

Die *Hierarchiebewusste* achtet darauf, dass Personen mit einer übergeordneten sozialen Stellung, etwa älteren Kolleginnen und Kollegen oder Führungskräften, Respekt gezollt und eine gewisse Distanz gewahrt wird. Sie glaubt, dass Gesellschaften nur funktionieren können, wenn sie angeführt und angeleitet werden. Daher stellt Gehorsamkeit eine Tugend für sie dar. Manchmal erkennt sie hohen Status als Geburtsrecht an, etwa aufgrund einer göttlichen oder historischen Legitimation. Auch Familiennamen, soziale Beziehungen, ethnische Zugehörigkeiten, Alter, Geschlecht, Beruf oder Abschlüsse von renommierten Bildungsinstitutionen können nach ihrem Dafürhalten eine besondere soziale Anerkennung rechtfertigen. Das bringt der *Hierarchiebewussten* zufolge bestimmte Privilegien, aber auch eine große Verantwortung für andere mit sich.

Als Führende fühlt sich die *Hierarchiebewusste* für das Wohlergehen des eigenen Kollektivs verantwortlich, und sie ist oftmals bereit, einen hohen persönlichen Preis dafür zu bezahlen. Sie ist es gewohnt, die Richtung vorzugeben und ihre Autorität notfalls auch mit Nachdruck durchzusetzen. Gerne nutzt sie Statussymbole wie luxuriöse Räumlichkeiten oder ein teures Auto, um ihre soziale Stellung zu kommunizieren.

In der untergeordneten Rolle weiß die *Hierarchiebewusste* zentralisierte Entscheidungen zu schätzen und führt bereitwillig Anweisungen aus. Manchmal hat sie auch resigniert und akzeptiert, dass die Welt ungerecht ist und Hierarchien eingehalten werden müssen, um Sanktionen zu vermeiden. Da Höhergestellte mehr Verantwortung tragen, ist es ihr wichtig, dass dies angemessen gewürdigt wird. Sie sorgt dafür, dass Respektspersonen nur indirekt oder besser gleich gar nicht mit Kritik oder widersprüchlichen Meinungen konfrontiert werden. Die *Hierarchiebewusste* beherrscht das subtile Spiel mit hierarchischen Unterschieden, Privilegien, Statussymbolen und den damit einhergehenden Verhaltensanforderungen und weiß es mitzuspielen – was sie auch von anderen Menschen erwartet.

7.3.2 *Die Egalitaristin* – Gleiche Rechte und Pflichten für alle

Die *innere Egalitaristin* plädiert dafür, dass grundsätzlich alle Menschen den gleichen Zugang zu Ressourcen haben. Sie versteht jede Form von Hierarchie als potenzielle Unterdrückung der Freiheit und sieht ungleiche Machtverhältnisse und Autoritätsgehorsam kritisch. Wenn es wirklich Unterschiede im sozialen Status geben muss, dann akzeptiert sie diese nur als vorübergehende Anerkennung von persönlichen Fähigkeiten und Engagement. In der Rolle der Führenden versucht die *Egalitaristin*, möglichst ungezwungen und partnerschaftlich aufzutreten.

Ihr Engagement wird außerdem sichtbar, wenn sie aus der Rolle der Mitarbeiterin heraus Verbesserungsvorschläge oder Kritik auch Höhergestellten gegenüber frei äußert. Menschen, die es nötig haben, ihre Macht zu Schau zu stellen, hält sie für unreif oder inkompetent.

Die *Egalitaristin* versteht sich oft gut mit dem *inneren Individualisten*, beide lassen sich nur ungern von anderen sagen, was wie zu machen ist, wollen andere nicht besser behandelt wissen als sich selbst und finden Gefallen an der Idee, dass ihnen alle Türen offenstehen.

7.3.3 Abschließende Betrachtung Machtverteilung

Auch das Erlernen des Umgangs mit Macht beginnt schon im Kinderzimmer. So kann es darum gehen, dass Kinder ihren Platz in der Familie erkennen und verantwortungsvoll ausfüllen, was oft mit Gehorsam und Respekt vor den Älteren einhergeht. Ein anderes Ziel kann darin bestehen, Kinder in der Erziehung auf Augenhöhe zu behandeln, sie zu befähigen, frühzeitig eigene Entscheidungen zu treffen, und zu ermutigen, Autorität jederzeit zu hinterfragen.

Wie Kulturen zu Hierarchie stehen, lässt sich häufig über den Umgang mit Zeit ablesen. So kann sich eine besonders hohe Machtdistanz beispielsweise darin ausdrücken, dass lange Wartezeiten ganz selbstverständlich zum Alltag der Menschen dazugehören. Oft wird das von einer ausgeprägten Beziehungsorientierung und einem indirekten Kommunikationsstil begleitet. Manchmal sind Titel und Ränge von besonderer Bedeutsamkeit, was sich auch in der Sprache niederschlagen kann: Im Vietnamesischen etwa ist es ausgesprochen wichtig, soziale Beziehungen und Positionen sowie Alter und Geschlecht zu berücksichtigen, um dann sorgfältig die entsprechende grammatikalische Form für die korrekte Anrede zu wählen.

Im Wertequadrat (vgl. Abb. 25) lassen sich *Hierarchiebewusste* und *Egalitaristin* in den beiden oberen Feldern verorten. Sie werfen sich gegenseitig entweder blinden, unemanzipierten und

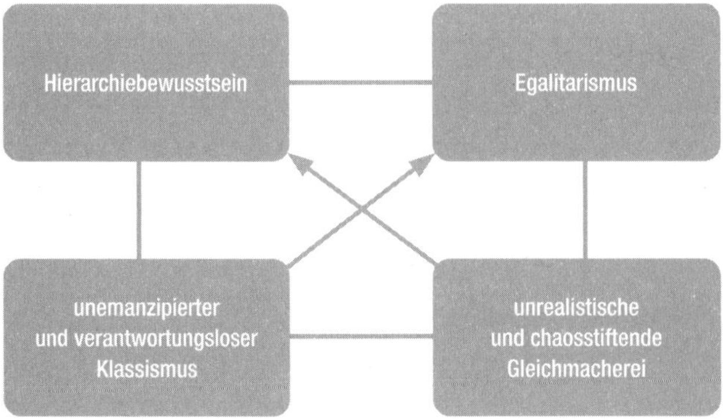

ABB. 25: Kulturquadrat – Machtverteilung

verantwortungslosen Klassismus in Verbindung mit Kadavergehorsam bzw. harmoniegefährdende unrealistische führungslose Gleichmacherei vor.

7.4 Umgang mit Veränderung: Planbarkeit vs. Situationsoffenheit

Vor einigen Jahren verschlug es mich und meinen Partner nach Myanmar. Wir hatten lediglich unsere grobe Reiseroute geplant. Dem Zufall, dass wir zu *Thingyan*, dem burmesischen Neujahrsfest, dort sein würden, maßen wir keine größere Bedeutung bei. Auch als uns der Herr am Schalter des Busbahnhofs in der ehemaligen Hauptstadt Rangun versicherte, dass wir uns freuen könnten, noch zwei Fahrkarten in das 600 Kilometer entfernte Mandalay zu ergattern, ließ uns das nicht aufhorchen. Bis wir am nächsten Tag beim Verlassen des Hotels prompt von einem Schwall Wasser übergossen wurden.

Wir begannen uns zu fragen, was genau es mit dem Neujahrsfest eigentlich auf sich hatte, und fanden die Antwort schneller, als uns lieb war: Während *Thingyan*, auch Wasserfest genannt, wird von

Sonnenaufgang bis Sonnenuntergang alles, was sich bewegt, mit Wasser übergossen, und zwar vier bis fünf Tage lang. Als Touristen kamen wir besonders oft in den nassen Genuss. Nur in Tempeln waren wir vor den kalten Duschen sicher. Gleichzeitig bot das Fest eine großartige Gelegenheit, mit Einheimischen in Kontakt zu kommen. Viele waren aus abgelegenen Gegenden gekommen, um ihre Familien zu besuchen, und hatten Spaß daran, uns Ausländer auf ihre Gruppenfotos einzuladen.

Womit wir auch nicht gerechnet hatten, war die Tatsache, dass das Wasserfest wortwörtlich das gesamte Transportsystem lahmlegte. Fähren blieben vor Anker, Busse fuhren nur vereinzelt, Fahrkarten waren seit Monaten ausverkauft. Vom ersten Tag an waren wir von früh bis spät damit beschäftigt, Stück für Stück wieder nach Rangun zu kommen, um unseren Rückflug zu erreichen. Bis zu diesem Zeitpunkt hatte ich immer gedacht, dass ich relativ gut mit Uneindeutigkeit und unbekannten Situationen zurechtkäme. Auf dieser Reise aber schlug meine Abenteuerlust in ein Gefühl von Kontrollverlust und Unsicherheit um. Im Nachhinein war es ein spannender, ereignisreicher und schöner Urlaub. Doch vor Ort wurde er überschattet von einer *inneren Sicherheitsbeauftragten*, die – obwohl weder Leib noch Leben in Gefahr waren – angesichts einer subjektiv wahrgenommenen Unsicherheit einen enormen Druck in mir aufbaute und sich streckenweise kaum beruhigen ließ. Sie machte mich mit einer Seite von mir bekannt, die ich vorher noch nie so klar gesehen hatte.

Während manche Menschen unvorhersehbare und unplanbare Situationen als normale Zustände wahrnehmen, erleben andere sie als eher bedrohlich und versuchen, Sicherheit und stabilisierende Strukturen aufzubauen, um Unsicherheit zu vermeiden. Im Riemann-Thomann-Modell sind uns diese Mechanismen innerhalb der Dimension «Dauer-Wechsel» begegnet. Auf den folgenden Seiten stelle ich Ihnen den *Sicherheitsbeauftragten* und den *Unsicherheitsexperten* im *Inneren Team* vor.

7.4.1 *Der Sicherheitsbeauftragte* – Vorsicht ist besser als Nachsicht

Den *Sicherheitsbeauftragten* erfüllt die Sehnsucht nach Beständigkeit. Er versucht, Unbekanntem, Ungewissem und Ungewohntem tunlichst aus dem Weg zu gehen, indem er dank Expertise und Planung vorhersagbare und kontrollierbare Situationen schafft. Als *innerer Risikominimierer* prüft er Entscheidungen sorgfältig und berücksichtigt bei seiner Planung auch Eventualitäten, die womöglich weit in der Zukunft liegen.

Manchmal erinnert der *Sicherheitsbeauftragte* nachdrücklich an die Existenz allgemeingültiger Regeln und pocht auf ihre Einhaltung, weil sie menschliches Verhalten berechenbarer machen. Wenn klare Rollenzuschreibungen das soziale Miteinander regeln, wissen alle, welches Verhalten und welche Lebensführung erwartet wird.

Wird die subjektiv erlebte Unsicherheit und Unplanbarkeit zu groß, kann der *Sicherheitsbeauftragte* Gefühle von Stress, Angst, Unruhe und Verletzlichkeit auslösen, die sich bis zur Depression auswachsen können.

7.4.2 *Der Unsicherheitsexperte* – erstens kommt es anders und zweitens als man denkt

Für den *inneren Unsicherheitsexperten* gehört Ungewissheit schlicht und ergreifend zum Leben: Die Zukunft ist offen, gerade die Unvorhersehbarkeit und das Neue machen das Leben ereignis- und erlebnisreich. Mitunter bringt er ein grundsätzliches Vertrauen in Menschen und die Umwelt auf, dass sich in einer gewissen

Abenteuerlust, Risikobereitschaft und Gelassenheit äußert, dass schon alles gut werden wird. Er kann auch das Gefühl externen Ausgeliefertseins vertreten, wenn er Menschen etwa resigniert als Spielball des Schicksals begreift.

So oder so hat der *Unsicherheitsexperte* gelernt, mit Ambiguität umzugehen und Mehrdeutigkeit oder Widersprüchliches auszuhalten. Er weiß, dass fast jede Entscheidung positive wie negative Folgen haben kann. Im Beruf kann sich diese Tendenz an einem gesteigerten Interesse an Innovation, fremden oder abweichenden Gedanken und neuen Verhaltensweisen zeigen. Detaillierte Pläne und starre Regeln findet er meist überflüssig. Was immer kommt, er wird schon flexibel damit umgehen können.

Wird die subjektiv erlebte Reglementierung und Strukturierung zu groß, reagiert er mit Langeweile, Unzufriedenheit, Rebellion und Ausbruch, was übrigens ebenfalls in eine Depression münden kann.

7.4.3 Abschließende Betrachtung zum Umgang mit Veränderung

Sehen Menschen sich in einer Art Schicksalsgemeinschaft mit der Umwelt – bis hin zu Kosmos, Gottheiten und sämtlichen anderen Lebewesen –, begreifen sie Veränderung meist als natürlichen Teil ihres Lebens und zeigen entsprechend einen starken *Unsicherheitsexperten*. In solchen Kulturen werden eher Beziehungen, Lebensqualität, Kompromissbereitschaft, Harmonie und Einfühlungsvermögen gefördert, während Planung und Innovation oft eine gewisse Skepsis entgegengebracht wird. Demgegenüber geht eine starke Tendenz zur Unsicherheitsvermeidung auch mit dem Verständnis einher, dass die Umwelt grundsätzlich geformt, kontrolliert und aktiv beeinflusst werden kann und sollte: die Natur z. B. unter Einsatz von Technologie, die soziale Umwelt etwa durch Wettbewerb und Leistung.

Der *Unsicherheitsexperte* zeigt sich auch in der Sprache. Im Arabischen beispielsweise wird mit der Redewendung «*in shā' Allāh*» (so Gott will) ausgedrückt, dass immer noch etwas dazwischenkommen kann. Diese Schicksalsergebenheit kann bisweilen in Resignation und das Gefühl fehlender Selbstwirksamkeit (vgl. dazu auch Teil III, 1.4 Handlungssicherheit vs. Handlungsflexibilität) abrutschen. Dabei kommt erschwerend hinzu, dass die individuelle Wahl- und Entscheidungsfreiheit in vielen Kulturkreisen im Vergleich zu den westlichen deutlich geringer ausfällt – auch weil die Menschen von äußeren Umständen abhängig sind, auf die sie wenig Einfluss haben. Wenn diese Faktoren überhandnehmen, kann aus dem *Unsicherheitsexperten* ein *Unsicherheitsresignierter* werden – dem es zu wünschen wäre, dass er Möglichkeiten findet, das eigene Glück, innerhalb der gegebenen äußeren Grenzen, zumindest ein Stück weit in die eigene Hand zu nehmen.

Andererseits kann Gestaltungs- und Planungswillen in ein reglementierendes, perfektionistisches Kontrollbedürfnis ausarten, das außer Acht lässt, wie viel im Leben nicht planbar oder kontrollierbar ist. Und eine solche Grundhaltung kann das innere

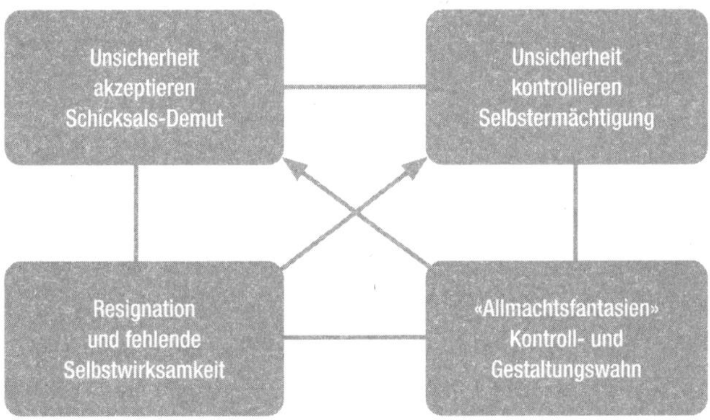

ABB. 26: Kulturquadrat – Umgang mit Veränderung

Betriebsklima ganz schön verpesten. Da täte ein wenig Schicksalsergebenheit gut, um Doppeldeutigkeiten oder Unvorhersehbarkeiten mit der nötigen Gelassenheit begegnen zu können (vgl. Abb. 26).

7.5 Kommunikation: direkt vs. indirekt

> Eine Schweizer Managerin berichtete im Seminar, dass sie lange Zeit erfolglos versucht hatte, Feedback von ihrer chinesischen Mitarbeiterin zu bekommen. Bei den regelmäßigen gemeinsamen Mittagspausen erzählte diese zwar immer viel aus ihrem Arbeitsleben, auch Anekdoten über ehemalige Vorgesetzte, aber was das Feedback anging, hielt sie sich bedeckt. Die Klientin war ratlos, bis sie eines Tages begriff, dass diese «Parallelgeschichten» genau das Feedback enthielten, das sie sich wünschte.

Die spanische Aussage *«¡No te preocupes!»* («Mach dir keine Sorgen!»), der wir weiter vorne schon begegnet sind, ist der Star unter meinen Übungsbeispielen, weil sie je nach Kontext fast alles ausdrücken kann: von «Kein Problem!» über «Das interessiert mich nicht …» bis zu «Die Katastrophe steht schon kurz bevor!» – und noch viele weitere Bedeutungen dazwischen (vgl. Fuchs 2012). Wie bei dem ebenfalls schon genannten *In shā' Allāh* (so Gott will), das so ziemlich alles zwischen diplomatischer Ablehnung und echter Zustimmung ausdrücken kann, wird die Bedeutung nicht über den Wortinhalt vermittelt, sondern muss erspürt werden. Entsprechend tief ist das aufmerksame Wahrnehmen von Hinweisreizen, Gesprächspausen und Mikroexpressionen in der Kommunikationsstruktur vieler Kulturen verwurzelt. Wenn Vorgeschichte, Körpersprache, soziale Regeln und noch weitere Faktoren festlegen, wie Aussagen zu deuten sind, sprechen wir von indirekter, impliziter oder auch kontextreicher Kommunikation. Menschen, die an einen solchen Kommunikationsstil gewöhnt sind, gehen oft davon aus, dass Dinge sich «von selbst verstehen». Von einer japanischen Freundin, die in Tokio aufgewachsen ist, aber seit vielen Jahren im Ausland lebt, weiß ich, dass sie bei Besuchen in Japan inzwischen oft Mühe hat, zu verstehen, um welches Thema sich das Gespräch *wirklich* dreht. Damit ist sie nicht allein: In Japan gibt es dafür eigens einen Ausdruck: «*Kuuki yomenai*», «Menschen, die die Luft nicht lesen können».

Sollten Sie im deutschsprachigen Raum aufgewachsen sein, ist die Wahrscheinlichkeit groß, dass Sie an einen direkten Kommunikationsstil gewöhnt sind und auch so Ihre Schwierigkeiten hätten, «die Luft zu lesen». Mit einem direkten, expliziten oder kontextarmen Kommunikationsstil wird eine Nachricht möglichst unverschleiert auf der Tonspur kommuniziert. Zwar werden immer auch zusätzliche Informationen über nonverbale Signale vermittelt, aber von einem guten Kommunikator wird erwartet, sich um Klarheit und Exaktheit zu bemühen, um dem Gegenüber möglichst wenig Interpretationsspielraum zu geben.

Gestatten: *Frau Implizit* und *Frau Explizit*.

7.5.1 *Frau Implizit* – Lieber durch die Blume als unverblümt.

Frau Implizit interpretiert jede Geste, jeden Blick und jede Gesprächspause. Sie hat gelernt, regelrecht auf der Beziehungslauer zu liegen, und reagiert hochsensibel auf verbale wie paraverbale Zwischentöne. Sie verfügt über ein sprichwörtliches Elefantengedächtnis, dank dem sie den Überblick über Beziehungs- und Informationsnetzwerke behält, und sie investiert viel Energie, um Harmonie, Respekt und Empathie zu wahren. Ihr ist es wichtig, die eigene Meinung – und ganz besonders Unbehagen oder abweichende Standpunkte – so zu vermitteln, dass sie die Beziehung zu ihrem Gegenüber nicht gefährdet. Daher streut sie mit Themen- und Wortwahl, Gesprächspausen und Syntax Hinweisreize aus und gibt so ihrem Gegenüber die Chance, Informationen erst einmal unverbindlich wahrzunehmen, ohne gleich Stellung beziehen, Verantwortung eingestehen oder gar Widerstand leisten zu müssen. Im Gegenzug erwartet sie, dass ihr Gesprächspartner sich Mühe gibt, ihre wohl gesetzten Hinweise aktiv zu dechiffrieren und richtig zu interpretieren, wobei sie das Wissen um Kontextinformationen voraussetzt.

Direkt zu verneinen, findet *Frau Implizit* unhöflich, sodass sie ganz unterschiedliche Strategien einsetzt, um ihr Gegenüber nicht vor den Kopf zu stoßen. Die implizite Ablehnung verschleiert sie bei Bedarf durch eine kurze Pause, durch scharfes Einziehen von Luft kombiniert mit einem zur Seite geneigten Kopf vor dem «Ja» oder durch einen abrupten Themenwechsel. Die Klärung einer etwaigen Schuldfrage birgt ihrer Meinung nach viel zu viel Konfliktpotenzial, weswegen sie vermieden werden sollte. *Frau Implizit* kann gut damit leben, dass dafür auch mal ein konfliktbeladenes Thema unter den Tisch fällt, vor allem, wenn ihr etwas an der Beziehung zum Gegenüber gelegen ist.

Wenn *Frau Implizit* bei Feedback- oder Kritikgesprächen an der Kontaktlinie steht, sorgt sie auch hier für eine freundliche Gesprächsatmosphäre. Sie glaubt nicht daran, dass Person und Handlung getrennt voneinander verstanden werden können, und weiß, dass viele Menschen auch ein «konstruktives fachliches Feedback» auf die eigene Person beziehen und als schwerwiegende persönliche Verletzung empfinden können. Mithilfe verbaler Weichspüler wie «etwas» oder «möglicherweise» spielt sie Dringlichkeit herunter, statt offen zu kritisieren bringt sie lieber den Vorschlag ein, nach Alternativen zu suchen.

Bisweilen neigt *Frau Implizit* dazu, sich selbst verbal kleiner zu machen, um das Gegenüber zu erhöhen. Oder sie bedankt sich überschwänglich und wortreich, wo ein einfaches Danke genügt hätte, um so die Beziehung zu pflegen.

7.5.2 *Frau Explizit* – Ich meine, was ich sage, und sage, was ich meine!

Frau Explizit liegen Sachlichkeit und Sachorientierung am Herzen. Sie hat gelernt, kein implizites Kontextwissen vorauszusetzen, sondern sich so direkt, klar und verständlich wie irgend möglich auszudrücken. Deswegen spricht sie Erwartungen an andere auch unmissverständlich an, erläutert ihr eigenes Verhalten oder versucht, andere mit detaillierten Fakten zu überzeugen.

Frau Explizit geht davon aus, dass Konflikte klar benannt werden sollten. Und zwar gerade dann, wenn einem etwas an der Beziehung zum Gegenüber liegt! Ist das Thema einmal auf dem Tisch, dann ist es ihr wichtig, den genauen Hergang und die Verantwortlichkeiten zu analysieren, um den Konflikt zu klären. An einer lebhaften Diskussion inklusive Schlagabtausch kann sie durchaus ihre Freude haben.

Wenn *Frau Explizit* bei Feedback-Gesprächen an der Kontaktlinie steht, unterstreicht sie ihre Aussagen mithilfe von Verstärkern, zum Beispiel: Das Verhalten war «völlig» fehl am Platz und «absolut» unprofessionell. Sie stellt an sich und andere den Anspruch, Person und Sache prinzipiell voneinander getrennt zu sehen, sodass sachliche Kritik oder Feedback nicht persönlich genommen werden dürfen.

7.5.3 Abschließende Betrachtung direkte vs. indirekte Kommunikation

Alle Menschen haben beide inneren Anteile in sich. Doch je nachdem, wo sie aufwachsen, erlernen sie unterschiedliche kommunikative Spielregeln, die als höflich, respektvoll und korrekt gelten.

Dabei stehen sie in Wechselwirkung zu weiteren kulturellen Tendenzen. So geht eine starke *innere Uhrzeitwächterin*, die großen Wert auf Effizienz und Pünktlichkeit legt, oft mit einem direkten Kommunikationsstil einher. Dagegen liegt *der Ereigniszeitwächterin* eine partnerzentrierte Gesprächsperspektive am Herzen, sodass sie oft einen beziehungsschonenden indirekten Kommunikationsstil bevorzugt, wie er auch in kollektivistischen Kulturen und Kulturen mit einer hohen Machtdistanz gepflegt wird.

Diese Unterschiede schlagen sich sogar in unserer Sprache nieder. Von Torschlusspanik über Fernweh bis hin zu Verkehrsinfrastrukturfinanzierungsgesellschaft: Im Deutschen gibt es sehr viele Wörter, die ganz spezifische Dinge oder Konzepte bezeichnen. Dagegen kann in Sprachen, in denen der Kontext eine größere Rolle spielt, ein und dasselbe Wort mannigfaltige Bedeutungen haben.

Erin Meyer weist auf eine weitere wichtige Nuance hin: «Manche Kulturen, die grundsätzlich kontextarm und explizit sind, können im Falle negativer Kritik geradezu kryptisch indirekt werden, während andere Kulturen, die gern zwischen den Zeilen reden, ganz explizit und unverblümt werden können, wenn sie Ihnen mitteilen wollen, was Sie verkehrt gemacht haben» (2018, S. 71). So gilt der Kommunikationsstil der Nordamerikaner gemeinhin als sehr direkt. Entgegen dieser stereotypen Vorstellung steht – wenn es um negatives Feedback geht – dann aber oft *Frau Implizit* an der Kontaktlinie und verpackt mit dem sogenannten *sugar coating* Kritik in freundliche Worte und Ermunterungen. Bei einer hohen Machtdistanz kann es außerdem vorkommen, dass ein grundsätzlich indirekter Kommunikationsstil von einem direkten übertrumpft wird: Dann kann es passieren, dass Mitarbeiter öffentlich runtergeputzt werden, ohne dass die Betroffenen das als unangemessen empfinden (Meyer 2018). Beim Feedback-Geben hat dann nicht *Frau Implizit* das Steuer übernommen, stattdessen hat die *innere Hierarchiebewusste Frau Explizit* an die Kontaktlinie beordert.

Mit dem Kulturquadrat (vgl. Abb. 27) lassen sich die typischen Befremdungsrichtungen des Spannungsfeldes «direkte – indirekte Kommunikation» aufzeigen.

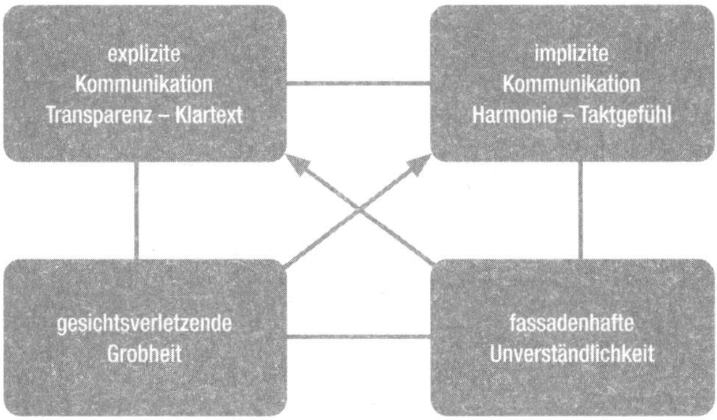

ABB. 27: Kulturquadrat – direkte und indirekte Kommunikation

Beherrscht *Frau Explizit* das kommunikative Geschehen zu stark, wird der Kommunikationsstil als unfreundlich, beleidigend oder aggressiv empfunden. Reißt *Frau Implizit* das innere Ruder an sich, werden Menschen dagegen als unprofessionell, vage oder gar verlogen erlebt. Dabei steckt im kulturübergreifenden Kontakt hinter einem abgerutschten Kommunikationsstil in aller Regel keine böse Absicht: Weder zeigen sich Menschen bewusst grob, noch halten sie Informationen willentlich zurück. Meistens kommunizieren sie einfach ganz automatisch in dem Stil, an den sie gewöhnt sind, und kommen gar nicht auf die Idee, dass dieser vom Gegenüber als unpassend erlebt werden könnte.

7.6 Exkurs: Gesichtswahrung vs. Metakommunikation

In vielen Kulturen werden offene Konflikte als Ereignis wahrgenommen, das die Beziehung grundlegend verändert. Oft spielt dabei der «Gesichtsverlust» eine große Rolle, das heißt die Einbuße des Ansehens einer Gruppe oder Einzelperson. Dabei wirkt sich die Art, wie sich jemand behandelt fühlt, oder das Verhalten, zu dem er oder sie sich gezwungen sieht, negativ auf die eigene Identität aus. Zwar ist es überall auf der Welt wichtig, den sozialen Wert zu schützen, die Relevanz von «Gesicht» und was zu einem Gesichtsverlust führt, ist aber von Kultur zu Kultur verschieden. So gleicht die Frage nach dem Weg in verschiedenen Winkeln dieser Erde einem Glücksspiel.

In Bangkok schickten mich freundliche Passanten mehrfach in die falsche Richtung oder machten völlig unrealistische Entfernungsangaben. Wenn Höflichkeit und Gesichtswahrung das oberste Gebot sind, ist eine ausgedachte Antwort immer noch besser als gar keine, so muss man das Gegenüber nicht enttäuschen. Der Schwerpunkt der Interaktion liegt nicht auf einer korrekten Informationsübertragung, sondern auf Kooperation und Beziehungsaufbau.

Je mehr der soziale Status und die Gemeinschaft ins Zentrum rücken, desto wichtiger sind eine *innere Gesichtswächterin* und ihre gesichtswahrenden Strategien. Lächelnd kaschiert sie Meinungsverschiedenheiten und stellt Harmonie mithilfe von Demutsgesten oder Aufmerksamkeiten wieder her. Für wirkungsvolle Kritik kombiniert sie beredtes Schweigen über den Kritikpunkt mit dem ausdrücklichen Besprechen von etwas völlig anderem. Oder sie platziert Anspielungen, um dem Gegenüber Zeit zum Überdenken zu geben. Gerade negatives Feedback wird in vielen Kulturen bei angenehmer Atmosphäre, etwa beim Essen oder Kaffee, ganz nebenbei eingestreut.

Die in nördlichen Gefilden viel beschworene Metakommunikation – also der Austausch über das Wie des Miteinanders – ist längst nicht immer das Mittel der Wahl. Denn was einmal gesagt ist, bleibt im Raum stehen – und kann die Beziehung dauerhaft beschädigen. Wer das große klärende Potenzial der Metakommunikation nutzen möchte, kommt jedenfalls nicht umhin, die möglichen Nebenwirkungen zu bedenken bzw. in Kauf zu nehmen und sollte dabei nie vergessen, dass in vielen Kulturen das Wichtigste ungesagt bleibt.

7.7 Eine Übung für zu Hause: Arbeit mit dem *Inneren Team*

Haben Sie Lust bekommen, sich an der Erhebung eines eigenen *Inneren Teams* zu versuchen? Vielleicht fällt Ihnen eine kulturell geprägte Situation ein, in der es Ihnen schwerfällt, sich stimmig, also authentisch und situationsgerecht, zu verhalten. Vielleicht gibt es bestimmte Situationen, in denen Sie Ihre innere Pluralität als unbequeme Not bis hin zur lähmenden Zerrissenheit erleben? Bringen Sie Ihr *Inneres Team* auf Papier, indem Sie zunächst einen dicken Bauch und im Verlauf die Teammitglieder zeichnen. Fragen Sie sich: Wenn ich an die Situation denke – welche Stimme meldet sich dann zu Wort? Wer meldet sich noch? Und außerdem? Jede Stimme sollte Gesicht, Namen und Botschaft bekommen. Im Zweifel können Sie das Namenskästchen oder die Sprechblase vorerst leer lassen. Wenn Sie alle Stimmen beisammenhaben, können Sie im zweiten Schritt Ihr *Inneres Team* genauer betrachten: Wie bin ich innerlich für genau diese Situation aufgestellt? Wer reagiert besonders schnell und dominant, wer hält sich zurück? Wer ist im Dauereinsatz und warum? Wer unterstützt wen? Welche inneren Teammitglieder oder Fraktionen befinden sich im Konflikt miteinander? Gut möglich, dass im Laufe der nächsten Tage noch Spätmelder auftauchen. Tragen Sie diese einfach nach.

Im dritten Schritt können Sie an Ihrer persönlichen Idealvorstellung für die Situation arbeiten. Dafür bedarf es a.) eines Blickes auf die Wahrheit der Situation (vgl. Teil II, 3.1 Das Situationsmodell) und b.) eines Blickes auf Ihre innere Wahrheit, also Ihr gerade erhobenes *Inneres Team*. Leitfragen für solch ein inneres *Teambuilding* sind dann zum Beispiel: Welche inneren Teammitglieder sind für diese Situation hilfreich? Wer sollte idealerweise an Bord sein, um meine Rolle gut ausfüllen und kultursensibel handeln zu können? Wer sollte an der Kontaktlinie stehen? Wer sollte aufmerksam aus zweiter Reihe beobachten und notfalls aushelfen? Welche Stimmen sollten eher zurückgehalten werden? Gibt es Stimmen, die gerne dazwischenfunken und ungefragt den Ton angeben?

Zum Schluss können Sie überlegen, wie Sie die entsprechenden Stimmen bewusst ausbremsen oder aktivieren (siehe auch Schulz von Thun 2013).

8. Der Teufelskreis – zirkuläre Konfliktdynamiken

«Menschen, die miteinander zu schaffen haben, machen einander zu schaffen!» (Schulz von Thun 2013a, S. 117.) Wie wir gesehen haben, gilt dieses «soziale Grundgesetz» erst recht für Menschen aus unterschiedlichen Kulturen. Die bisher betrachteten Kommunikationsmodelle helfen uns dabei, Ursachen und Dynamiken von Missverständnissen, Betroffenheit und Konflikten erkenntnisstiftend zu beleuchten. Zum krönenden Abschluss fehlt uns nur noch das Teufelskreis-Modell (Thomann, Schulz von Thun 2013; Schulz von Thun 2013b, Schulz von Thun 2018) in unserem Methodenkoffer, das sich für ein Verständnis interkultureller Konflikte schon lange bewährt hat (vgl. auch Kumbier, Schulz von Thun 2006a).

Das Teufelskreis-Modell veranschaulicht, dass viele Konflikte aus kreisförmigen, sich hochschaukelnden Beziehungsdynamiken entstehen, die sich auf individueller wie kollektiver Ebene finden lassen. Mit ihm steht uns ein Instrument zur Verfügung, das sowohl Dynamik und Funktion von Stereotypisierungs- und kulturellen Entfremdungskreisläufe als auch die Ausstiegsmöglichkeiten sichtbar macht.

Zur Einführung des Modells beginnen wir mit einem Beispiel für einen zwischenmenschlichen Teufelskreis, um es anschließend dafür zu nutzen, einen interkulturellen Konflikt zu beleuchten, also einen Konflikt, der von kulturtypischen Werten, Normen oder Verhaltensweisen ausgelöst oder zumindest angeheizt wird.

8.1 Zwischenmenschliche Teufelskreise: Lisa und Maria

Das Teufelskreis-Modell beschreibt, dass viele Konflikte nicht auf einem auslösenden Ereignis beruhen, sondern eine zirkuläre Dynamik aufweisen, wie das nachfolgende Beispiel anschaulich zeigt. Im Zentrum steht das Spannungsverhältnis von Nähe und Distanz, zwei zentrale Kategorien für so gut wie jeden Menschen, so unterschiedlich Zugehörigkeit und Autonomie in Kulturen auch gelebt und ausgedrückt werden mögen.

Lisa und Maria sind ein Paar. Doch während Lisa sich mehr Verbundenheit und liebevolles Miteinander wünscht, hätte Maria gerne mehr Abstand und Raum für sich. Lisa wirft Maria vor: «Nur weil du so abweisend bist, fühle ich mich zurückgewiesen, suche Nähe und versuche zu verstehen, was los ist.» Maria wiederum antwortet: «Nur weil du mich so bedrängst, fühle ich mich eingeengt und muss mir Zeit für mich erkämpfen, manchmal sogar mit kleinen Notlügen.»

Es ist typisch für dieses kreisförmige Kommunikationsmuster, dass beide die Ursache im Verhalten ihres Gegenübers sehen. Dabei lässt sich die Schuldfrage gar nicht klären, denn das Zusammenspiel von Gefühlen und Reaktionen beider Beteiligten provoziert und verstärkt den Konflikt. Die jeweiligen nach außen sichtbaren Verhaltensweisen und die inneren Reaktionen werden im Teufelskreis mithilfe von vier Stationen abgebildet (vgl. Abb. 28).

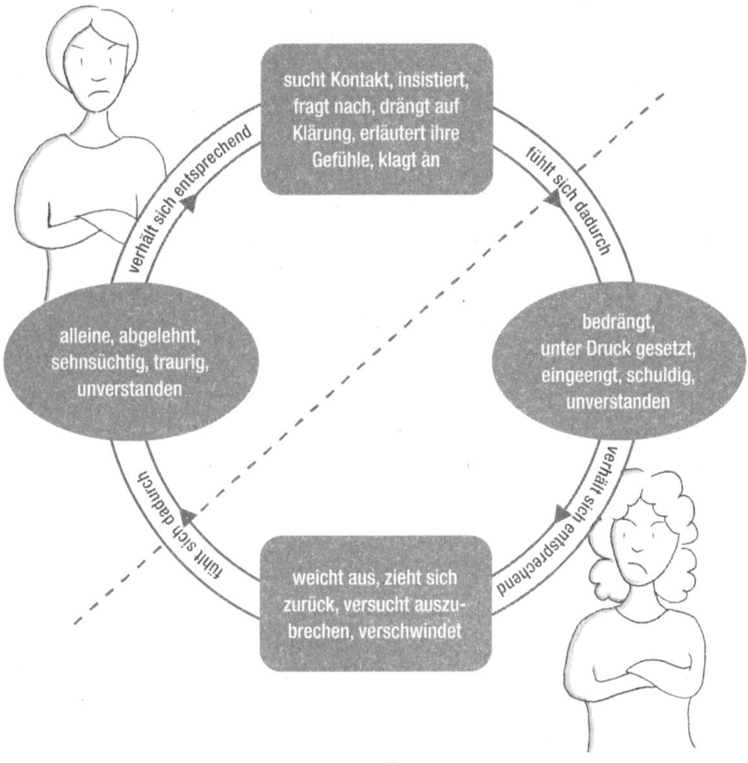

ABB. 28: Zwischenmenschlicher Teufelskreis im Spannungsfeld «Nähe–Distanz» (vgl. Schulz von Thun 2013b, S. 210)

Dass sie sich beide unverstanden fühlen, verletzt sind und das Gefühl haben, lediglich auf die Angriffe von außen zu reagieren, erschwert es Lisa und Maria, sich auf die «menschlichen Innerungen» der anderen einzulassen. Je mehr Runden die Konfliktpartnerinnen im Teufelskreis drehen, desto mehr schaukelt er sich hoch, desto unangenehmer wird es und desto schwieriger fällt es ihnen, eine «objektive» Metaperspektive einzunehmen. Die Positionen verhärten sich und es kommt zur Polarisierung, in der die Standpunkte bis zur völligen Unvereinbarkeit auseinanderdriften. Ist der Konflikt erst eskaliert, erkennen Menschen sich selbst in ihrem Verhalten oft kaum mehr wieder, etwa wenn sie ihr Gegenüber mit abwertenden Vorwürfen überschütten.

Maria bleibt jetzt stundenlang im Auto vor der Haustür sitzen oder beendet die Beziehung, weil sie die vermeintlich krankhafte emotionale Abhängigkeit von Lisa nicht mehr zu tolerieren bereit ist. Und Lisa ist sich inzwischen sicher, dass das egomane, gefühlskalte Verhalten Marias auf ihre tiefsitzende Bindungsangst zurückzuführen ist und professioneller Hilfe bedarf. Zusätzlich können negative Erfahrungen wie Brandbeschleuniger auf solch einen Konflikt wirken. Ist Lisa bereits schmerzhaft zurückgewiesen worden, mischen diese alten Gefühle auch heute noch machtvoll mit. Und hat Maria Selbstverlust schon am eigenen Leib gespürt, wird sie sich vielleicht hüten, sich je wieder in eine solche Situation zu begeben.

Teufelskreise sind von außen oft verblüffend einfach zu erkennen; stecken wir mitten drin, fällt es sehr viel schwerer, sie zu identifizieren.

8.2 Interkulturelle Teufelskreise: Frau Müller in Mexiko

Wenn Sie Ihre familiären, freundschaftlichen und romantischen Beziehungen Revue passieren lassen, werden Sie vermutlich feststellen, dass dieser Teufelskreis Ihnen – so oder in anderer Form – bereits begegnet ist. Und nichts anderes passiert, wenn dieses «Tauziehen» um Abgrenzen und Einlassen im interkulturellen Kontakt sein Konfliktpotenzial entfaltet. An Flughäfen oder im Urlaub lässt sich das Spannungsverhältnis von Nähe und Distanz manchmal sogar physisch zwischen Einheimischen und Touristen beobachten. Während die eine Person näher kommt, weicht die andere zurück, bis sie wortwörtlich mit dem Rücken an der Wand steht.

Wenn Sie zurückdenken, fällt Ihnen vielleicht auf, dass uns das Spannungsfeld «Nähe–Distanz» mit seinen diversen Facetten schon mehrfach begegnet ist. Kein Wunder, spielt es doch eine besonders wichtige Rolle für Beziehungs- und Vertrauensaufbau. Dass diese etwa auch für einen erfolgreichen Geschäftsabschluss relevant sind, wissen die meisten schon seit der Ausbildung oder dem Studium. Wie abweichend die Vorstellungen davon sind, wie Vertrauen aufgebaut wird, ist allerdings selbst erfahrenen Geschäftsleuten nicht immer klar.

Frau Müller befand sich, nach ersten virtuellen Vorverhandlungen, auf einer einwöchigen Geschäftsreise bei potenziellen Geschäftspartnern in Mexiko. Einmal angekommen, wurde sie in einem großen Büro mit atemberaubendem Ausblick empfangen. Das Meeting begann pünktlich mit dem üblichen Small Talk, bevor die Runde sich nach einiger Zeit geschäftlichen Themen zuwandte. Frau Müller war zuversichtlich, dass der geplante Geschäftsabschluss zustande kommen würde. Auf mexikanischer Seite war auch Frau Ramírez sehr zufrieden. Die Deutsche wirkte auf sie kompetent und sympathisch, die Kooperation vielversprechend. Zu Mittag ging das gesamte Team in einem sorgfältig ausgesuchten Restaurant essen. Als die Mexikaner sich nach Vorspeise, Hauptgang und Nachtisch auch noch Kaffee bestellten, lugte Frau Müller unauffällig auf ihre Uhr. Sie hatte sich für diesen ersten Tag viel vorgenommen, es bisher aber noch nicht einmal geschafft, die wichtigsten Punkte anzusprechen. Und so sollte es bleiben. So sehr sie sich auch während der folgenden Tage noch bemühte, es wollte ihr einfach nicht gelingen. Dafür wurde sie jeden Abend zum Essen und danach noch auf einige Drinks ausgeführt. Was ihr Unbehagen aber nur größer machte: Sie war schließlich nicht zum Vergnügen in Mexiko!

Bei Frau Müller wuchs die Irritation. Was war da los? Hatte Frau Ramírez etwas zu verbergen? Oder war die mexikanische Seite weniger professionell als gedacht?

Auch Frau Ramírez war beunruhigt. Irgendwie hatten sie auf persönlicher Ebene noch nicht zueinandergefunden. Da saß doch eine erfahrene Geschäftsfrau vor ihr. Wie konnte es sein, dass diese nicht in der Lage war, eine stabile Beziehung aufzubauen? War Frau Müller überhaupt zu trauen? Sie nahm sich vor, ihr eine weitere Chance zu geben und ihre Anstrengungen am nächsten Morgen zu verdoppeln.

Vertrauen beruht je nach Kultur auf unterschiedlichen Voraussetzungen. Während Frau Müller guten Gewissens ein Geschäft abschließen kann, solange sie genügend Informationen über die Expertise und Kompetenzen des Gegenübers gesammelt hat, möchte Frau Ramírez genau wissen, mit wem sie es zu tun hat, und eine tragfähige persönliche Beziehung aufbauen, bevor die wichtigen – und potenziell kontroversen – Themen auf den Tisch kommen. So ein Kontaktaufbau kann sich in vielen Ecken dieser Erde tatsächlich ein wenig wie Urlaub anfühlen: gutes Essen und bisweilen auch – nicht zu wenig – Alkohol genießen, Sehenswürdigkeiten besichtigen, viel gemeinsam lachen oder sogar singen.

Bevor die beiden Frauen wissen, wie ihnen geschieht, stecken

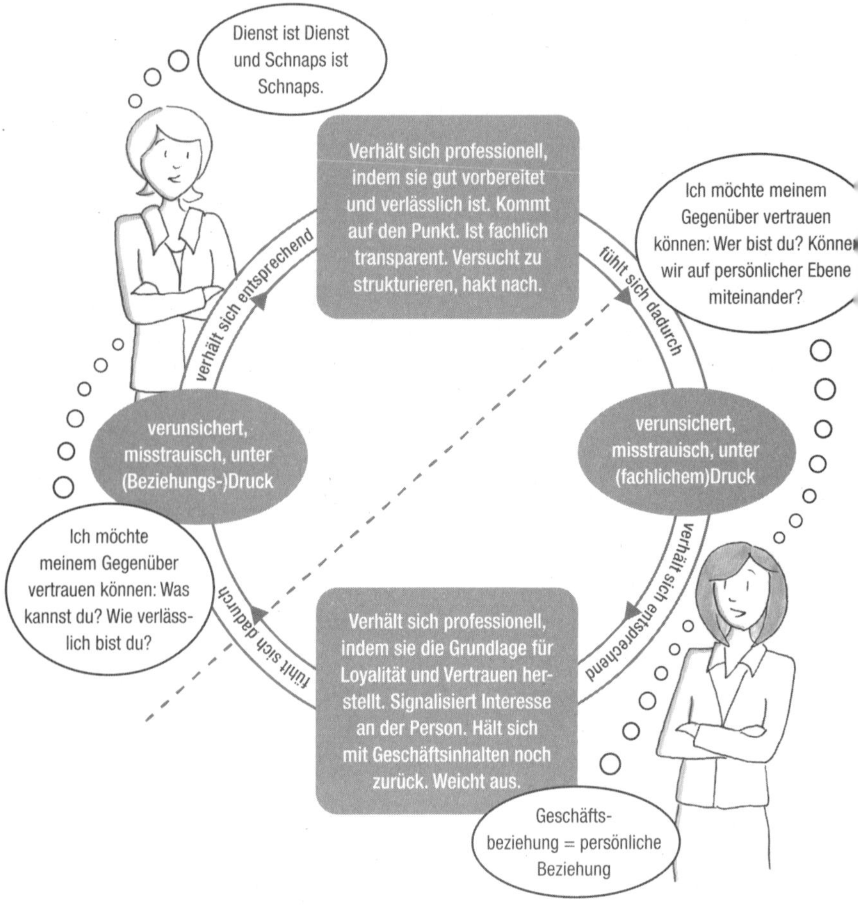

ABB. 29: Interkultureller Teufelskreis im Spannungsfeld «Nähe – Distanz»

sie in einem interkulturellen Teufelskreis, den jede durch die eigene kulturelle Brille bewertet und durch das eigene kulturelle Verhalten anheizt (vgl. Abb. 29). Mit dem Modell des *Inneren Teams* betrachtet, treffen hier zwei unterschiedliche kulturtypische Mannschaftsaufstellungen aufeinander. Bei Frau Müller mischen vielleicht *Uhrzeitwächterin*, *Sicherheitsbeauftragter* und *Frau Explizit* an der Vorderlinie mit, bei Frau Ramírez dagegen *Ereigniszeitwächterin*, *Unsicherheitsexperte* und *Frau Implizit*.

Meine Kollegin Catarina Barrios (2006, S. 275 ff.) spricht in Bezug auf lateinamerikanische und deutsche Mannschaftsaufstellungen verallgemeinernd von einer *inneren Abteilung für Beziehungsmanagement* und einer *inneren Fachabteilung*, die beim Kontakt jeweils an der Vorderlinie stehen. Wie in Abb. 30 zu sehen, stehen auf beiden Seiten grundsätzlich beide Abteilungen bereit, nur unterschiedlich positioniert. Denn auch wenn die *Abteilung für Beziehungsmanagement* in Deutschland durchaus eine wichtige Rolle spielt, bei Geschäftsterminen bleibt sie eher im Hintergrund. Oft wird ganz bewusst auf eine Trennung von Privatem und Beruflichem geachtet. Und meist gibt es bei solchen Veranstaltungen eine klare Zäsur zwischen offiziellem Teil und Abendprogramm.

Solange wir uns in unseren gewohnten Kulturfeldern bewegen, treffen wir beim Gegenüber regelmäßig auf uns bekannte *Stammspieler* und *Mannschaftsaufstellungen*. Diese «Spiegelung» der eigenen *Stammspieler* in den Menschen, mit denen wir aufwachsen, verstärkt die Tendenz, die eigene Aufstellung nicht zu hinterfragen. Trifft Frau Müller an ihrem Standort in Deutschland auf dort ansässige Kollegen, bringen diese eine ähnliche *Mannschaftsaufstellung* mit. Nicht so im Falle von Frau Ramírez, die eine komplementär, also gegensätzlich, aufgestellte *Abteilung* mit in den ersten Kontakt bringt, wie in Abb. 30 dargestellt.

Die Polarisierung scheint programmiert, einerseits weil beide Parteien «zu viel des Guten» tun – aber eben innerhalb ihrer gewohnten Handlungsalternativen –, andererseits weil ein zweiter innermenschlicher Teufelskreis in Schwung kommt, in dem die jeweilige Hintermannschaft sich vom Gegenüber erweckt fühlt. Frau Müllers *Abteilung für Beziehungsmanagement* ist fasziniert

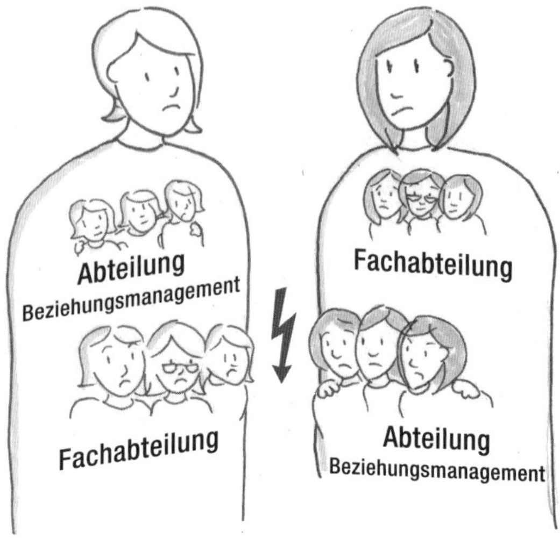

ABB. 30: Interkulturelle Teufelskreise entstehen manchmal durch das Aufeinanderprallen zweier unterschiedlicher kulturtypischer Teamaufstellungen (Bildidee: Barrios 2006, S. 295).

von der ungezwungenen Atmosphäre und würde nur zu gern die innere Führung übernehmen. Genauso wie ihrerseits die *Fachabteilung* von Frau Ramírez!

Hinter diesem Gefühl steckt das «Prinzip der vitalisierenden Erweckung» (Schulz von Thun 2013c). Bei dieser Dynamik sind plötzlich Stimmen im Vordergrund erwünscht, die zu Hause deutlich seltener zum Einsatz kommen. Im Idealfall stellen Menschen dann fest: «So kenne ich mich gar nicht, aber mir gefällt mein neues Ich.» Mit der Zeit können solche vormals wenig sichtbaren Stimmen zu *Hauptdarstellern* oder gar *Stammspielern* werden. Löst der Kontakt mit gegenteilig aufgestellten *Vordermannschaften* jedoch Unbehagen und Befremdung aus, kann es auf den ersten Blick tatsächlich zum vielbeschworenen «Kampf der Kulturen» (Huntington 2015) kommen. Bei dem allerdings der innere Kampf eine entscheidende Rolle spielt, denn das Eintauchen in andere Kulturen bringt immer auch den Status quo in Gefahr.

Nun müssen also auch noch innermenschlich allerlei aufmüpfige Anteile in Schach gehalten werden. Denn sobald die Hintermannschaft dem Prinzip der vitalisierenden Erweckung unterliegt, beginnt die Vordermannschaft die Schwerter zu schleifen. So ein innerer Konflikt birgt, wie schon gesehen, die Gefahr, den Konflikt nach außen zu projizieren. Dann sorgt die inzwischen bis an die Zähne bewaffnete *Fachabteilung* von Frau Müller womöglich dafür, dass nicht nur die *inneren Faulpelze* ihrer *Abteilung für Beziehungsmanagement* ihr Fett wegbekommen, sondern auch die Menschen in der Außenwelt abgewertet werden.

«Die sind unprofessionell, übergriffig und nur daran interessiert, sich zu vergnügen», dämmert es Frau Müller. «Was für abgebrühte, gefühlskalte Geschäftsleute! Denen kann man nicht vertrauen», schwant Frau Ramírez. Womit beide ihren innermenschlichen Kampfschauplatz nach außen verlegen. Und wie es die Natur des Teufelskreises will, geraten sie zunehmend unter Druck. Dann denken sie immer einseitiger, unterstellen sich fälschlicherweise gegenseitig negative Absichten, bis ein regelrechter Tunnelblick entsteht, infolgedessen sich Kritik an einzelnen Eigenschaften gleich auf die ganze Person überträgt. Statt «Frau Ramírez ist mir zu sehr an Beziehungsaufbau interessiert» oder «Frau Ramírez wird bei fachlichen Themen nicht konkret genug», lautet das Urteil dann «Frau Ramírez ist einfach unprofessionell».

Dass sie sich gegenseitig «schief angeguckt» und abgewertet fühlen, bringt den Selbstwert beider Geschäftsfrauen in Gefahr. Und wie kann man den schnell aufwerten? Indem man noch negativer auf das Gegenüber schaut und sich selbst in der Gewissheit sonnt, sich «normal» zu verhalten. So geht es, wenn Kultur ins Spiel kommt, immer auch in besonderem Maß um Werte um Identität. «Kulturelle Konflikte sind Identitätskonflikte. Der Konfliktgegenstand bestimmt sich folglich nicht danach, was die Akteure wollen oder zu wollen vorgeben, sondern was sie sind oder zu sein glauben» (Croissant et al. 2010, S. 25).

Erschwerend kommt hinzu, dass wir uns umso bedrohter fühlen, je weiter die Polarisierung fortschreitet. Fühlen wir uns bedroht – womöglich in unserer Identität –, sprechen wir dem Gegenüber schnell ab, vertrauenswürdig zu sein. Ein grundsätzliches Vertrauen in das Gegenüber ist aber die Voraussetzung dafür, um die Andersartigkeit erst einmal zu tolerieren, dann einen Schritt auf ihn oder sie zugehen zu können und den Teufelskreis schließlich zu verlassen.

Diese Dynamiken sowie die Tatsache, dass Menschen es gewohnt sind, das Verhalten anderer Personen mit ihrer Gruppenzugehörigkeit zu erklären (vgl. auch Teil I, 4. Politisch korrekt), lässt stereotype Kreisläufe entstehen, in denen ungewohntes Verhalten nicht nur auf die einzelne Person bezogen wird, sondern gleich auf die ganze Gruppe, also «die Mexikaner» bzw. «die Deutschen». Sollten sich Frau Müllers Erfahrungen mit Mexikanerinnen und Mexikanern auch noch wiederholen, dann verfestigt sich dadurch das ohnehin schon voreingenommene Bild immer weiter. Im schlimmsten Fall kristallisiert es zu Frau Müllers «Wahrheit», die sie dann – so ist unsere Wahrnehmung gestrickt – wo immer möglich bestätigt sieht.

Interkulturelle Konflikte führen besonders schnell zu Unsicherheit und Stress, weil die gewohnten Strategien zur Konfliktbewältigung nicht fruchten. Wie wir dann reagieren, trägt nicht unbedingt zur Konfliktlösung bei: Wir fallen in unsere gewohnten Handlungsmuster zurück, gehen in den Widerstand und reagieren verbohrter, ungeduldiger, aggressiver, ausweichender oder tun so, als ob nichts wäre, und schlucken unseren Ärger herunter, nur um ihm dann auf andere Art und Weise Ausdruck zu verleihen. Kurz: Wir sind stärker in einem Verhalten gefangen, das wir in Situationen mit einem geringeren Stressniveau problemlos anpassen können.

Es stellt sich also die Frage, welche Strategien es gibt, um einen Teufelskreis zu verlassen.

8.3 Ausstiegsmöglichkeiten aus einem Teufelskreis

Eine Fahrt im Teufelskreis ist eine emotionsgeladene Reise, bei der wir leider nicht einfach «Stopp!» rufen und aussteigen können. Stattdessen ist hier unsere Bereitschaft für Beziehungsarbeit und Selbstreflexion gefragt. Denn egal aus welchem Teufelskreis wir aussteigen wollen, immer geht es darum, dass Personen und Kollektive sich aus einer kriegerischen Angriffs- und Verteidigungshaltung in Richtung Verständnis und auf die Suche nach Gemeinsamkeiten begeben. Dafür gibt es nach Schulz von Thun (2018) fünf Ausstiegsmöglichkeiten:

1. Sich klarmachen, dass der Konflikt einer zirkulären Dynamik unterliegt. Insbesondere das Gefühl, auf eine bestimmte Art und Weise reagieren zu «müssen», zeigt an, dass eine Polarisierung im Gang ist. In solch einem Fall sollte geprüft werden, ob ein Teufelskreis vorliegt. Auf interkulturellem Terrain gilt: Kontakt führt eigentlich dazu, dass wir Vorurteile abbauen (vgl. Teil III, 2.1 Die Kontakthypothese). Ist das nicht der Fall, steckt vermutlich ein Stereotypisierungskreislauf dahinter.

2. Sich bewusst machen, dass das eigene Verhalten nicht nur eine Reaktion auf das Gegenüber ist, sondern auch die kreisförmigen Kommunikationsschlaufen am Laufen hält. Das heißt, wir können etwas tun, indem wir das eigene Verhalten ändern und einmal ganz bewusst etwas anderes probieren. Menschen tendieren dazu, auf Konfrontation mit fast identischem Verhalten zu reagieren, zum Beispiel immer wieder mit lautem Ärger, leisen Tränen oder kalter Sachlichkeit.

Vielleicht wäre es mit Marias Bedürfnis nach Ruhe und Abstand vereinbar, erst gemeinsam einen Film anzuschauen und danach jeweils im eigenen Bett zu schlafen. Vielleicht könnte Frau Müller sich fragen, warum sie in Mexiko eigentlich so «quadratköpfisch» reagiert und ob sie Verhaltensalternativen in petto hat.

Lösen wir unsere festgerosteten Muster auf und erproben Alternativen, erweitert sich unser Handlungsspielraum. Und je größer unser Aktionsradius wird, desto mehr erhöht sich auch unsere persönliche, berufliche und transkulturelle Wirksamkeit. In kulturübergreifenden Situationen kann etwa das einfache Erklären des eigenen Verhaltens oft Wunder wirken. Frau Müller könnte beispielsweise erläutern: «Nehmen Sie es mir nicht übel, wenn ich bisweilen ungeduldig wirke. Ich habe mir fest vorgenommen, folgende Punkte während unseres Treffens zu klären. Und Sie wissen ja, uns Deutschen fällt es manchmal schwer, von unserem Plan abzuweichen. Mir ist einfach sehr an einer guten Zusammenarbeit und einem positiven Ausgang dieses Treffens gelegen!» Eine solche Erläuterung – gerne mit einer Prise Selbstironie gewürzt – kann Missverständnissen vorbeugen und als Fundament für den zukünftigen Umgang dienen.

3. Das Verhalten des Gegenübers in einem anderen Licht betrachten und sich fragen, was das Gute daran ist. Hierbei kann das Wertequadrat hilfreich sein, aber auch ein Gespräch mit einem erfahrenen Kollegen oder einer Kulturexpertin kann Licht ins Dunkel bringen und beispielsweise Frau Müller tatkräftig bei einer Umdeutung unterstützen. Und wer das Verhalten des Gegenübers anders zu interpretieren weiß, wird mit großer Wahrscheinlichkeit an sich beobachten können, wie sich auch Gefühl und Reaktionen verändern.

4. Verantwortung für die eigene Gefühlsreaktion übernehmen. Andere Menschen lösen Gefühle in uns aus – sie machen sie nicht! Es sind *unsere* Gefühle und als diese unterliegen sie zum allergrößten Teil unserer Verantwortung. Die Frage ist also, welches *innere Teammitglied* da eigentlich immer so betroffen, vorschnell und vehement reagiert. Prinzipiell sollten wir in der Lage sein, gezielt Stimmen an die Vorderlinie zu schicken und unsere Gefühlsreaktion mithilfe von Selbsterkundung und Selbstentwicklung auszukuppeln. Dies wird schwieriger, wenn Verhaltensmuster geradezu kulturell eingeschliffen sind, vor allem wenn Brandbeschleuniger aus unserer persönlichen oder kollektiven Geschichte an der emotionalen Reaktion beteiligt sind.

So vermutet Catarina Barrios (2006) im *Inneren Team* deutscher Führungskräfte einen «Preußischen Soldaten», der für Unnachgiebigkeit sorgt, im Extremfall aber auch übers Ziel hinausschießen kann. Dann respektiert er weder die eigenen noch fremde Grenzen, während er seine Durchhalteparole brüllt: «Zähne zusammenbeißen und durchhalten, auch wenn's wehtut!» (Vgl. Barrios, S. 294.) In vielen lateinamerikanischen *Inneren Teams* vermutet Barrios dagegen einen *inneren Unterjochten*, der resigniert murmelt: «Ich leide schon seit Jahrhunderten unter den *Conquistadores*» (vgl. Barrios, S. 258). Dieser *Unterjochte* weiß, wie es ist, wenn Land und Leute ausgebeutet werden und sich fremden Werten und Vorstellungen anpassen müssen. Er ist der heimliche Drahtzieher im Beziehungsmanagement, verfügt über ein hochempfindliches Beziehungsohr, hat bei Selbstwertschutz und Identität mehr als nur ein Wörtchen mitzureden und kann Teufelskreisen ordentlich einheizen. Ganz besonders dann, wenn er sich von einem westlichen Gegenüber von oben herab behandelt fühlt. Selbstverständlich lösen über Jahrhunderte andauernde soziale Hierarchien und Ungleichheiten Betroffenheit aus, bis hin zu transgenerationalen Traumata, die von Generation zu Generation weitergegeben werden können. Diese können dafür sorgen, dass Menschen – für das Gegenüber völlig unerwartet – in die Luft gehen. Aber Vorsicht: Wer die Betroffenheit lediglich beim Gegenüber sieht, ignoriert die Abwehrmechanismen, die alle unbewusst einsetzen, sobald es beispielsweise um unseren eigenen Rassismus geht (vgl. Teil I, 4. Politisch korrekt), und sollte einen sehr genauen zweiten und dritten Blick riskieren.

5. Die innere Reaktion des Gegenübers ergründen. Es ist erfreulich zu sehen, wie viel psychologisches Wissen über das menschliche Erleben und Verhalten heute allgemein bekannt ist. Diese positive Entwicklung wird allerdings dann gefährlich, wenn es zu vorschnellen Schlussfolgerungen kommt und etwa Maria Lisa eine krankhafte emotionale Abhängigkeit unterstellt, während Lisa Marias distanziertes Verhalten auf eine Bindungsstörung zurückführt.

Im interkulturellen Kontakt wird aus der Gefahr des «Herumpsychologisierens» die Gefahr des «Herumkulturalisierens». Dann versteigen wir uns vielleicht zu Aussagen wie: «Muslimische Männer können halt nicht mit starken Frauen, weil sie das nicht gewöhnt sind», oder «Lateinamerikaner leiden eben an einem latenten Minderwertigkeitskomplex». Kurz gesagt: Gut, wenn wir verstehen wollen, was im anderen vorgeht. Schlecht, wenn wir glauben, die Erklärung schon zu kennen.

Gelingt es uns hingegen, unser Gegenüber wirklich akzeptieren und verstehen zu wollen, dann greift Arnold R. Beissers «paradoxes Gesetz der Veränderung» (2003), in den Worten von Schulz von Thun: «Je mehr es mir gelingt, den anderen dort zu akzeptieren, wo er sich innerlich befindet, umso eher kann sich bei ihm etwas lockern und lösen» (2018, S. 92). Letztlich geht es bei allen Ausstiegsmöglichkeiten darum, die eingefahrene Konfliktdynamik aufzubrechen und sich von der Schuldfrage weg und stattdessen hin zu Verständnis und Akzeptanz zu bewegen. Ist der Teufelskreis erst gestoppt, ist der Weg dorthin oft erstaunlich kurz.

9. Fazit Teil II

Für jegliche Form der Kommunikation – also auch für den kulturübergreifenden Kontakt – gilt: In den allermeisten Fällen gelingt er! Aber über normale, konfliktfreie oder sogar wertschätzende Situationen machen wir uns selten Gedanken.

Die vorgestellten Kommunikationsmodelle stellen Analyseinstrumente dar, mit denen Kommunikation nachvollzogen und bei Bedarf verbessert werden kann. In der Praxis werden sie meist ausgepackt, wenn die Betroffenen bereits über Fallstricke gestolpert sind oder gar auf der Nase liegen – was nicht ausbleibt, wenn wir uns wirklich auf den zwischenmenschlichen Kontakt einlassen. Und tatsächlich können die Kommunikationsmodelle in dieser Hinsicht wunderbare Dienste leisten. Mit etwas Übung sind sie blitzschnell im Einsatz. Dann werden Sie sich vielleicht dabei erwischen, dass Sie ganz automatisch in Wertequadraten denken oder das *Innere Team* Ihres Gegenübers hervorblitzen sehen.

Sollten Sie nach dem Lesen dieses zweiten Teils allerdings die Anforderung an sich stellen, jeden kulturübergreifenden Kontakt – und damit genau genommen jeden zwischenmenschlichen Kontakt – anhand der Kommunikationsmodelle zu überwachen und zu optimieren, dann bin ich mit meinen Ausführungen übers Ziel hinausgeschossen und Sie tun «des Guten zu viel». Sagen Sie Ihrem *inneren Perfektionisten*, er dürfe sich ruhig ein wenig entspannen und Lebendigkeit und Spontaneität zum Zuge kommen lassen.

Wenn wir unsere Komfortzone verlassen und uns aktiv Fremdheitsgefühlen aussetzen, ist es ein ganz normaler Nebeneffekt, dass wir manchmal situativ danebenliegen. Eine übliche Empfehlung interkultureller Experten und Expertinnen ist, sich rechtzeitig darauf einzustellen und gleich daran zu gewöhnen, regelmäßig und großzügig um Entschuldigung zu bitten.

Denn das konsequente Leben einer kulturell offenen Haltung, in der sowohl Gemeinsamkeiten als auch Unterschiede existieren dürfen, geht mit der Lebensaufgabe einher, den bequemen Autopiloten auszuschalten und sich darauf einzulassen, dass es kaum Sicherheiten und nur sehr wenig universell Richtiges oder Falsches gibt – sondern eine Fülle an möglichen Betrachtungsweisen und korrekten Handlungsmöglichkeiten. Was das für das eigene Leben heißen kann, ist Gegenstand von Teil III.

TEIL III

Wie die transkulturelle Perspektive unser (globales) Zusammenleben verbessern kann

Dank der interkulturellen Perspektive haben Gesellschaften weltweit in den letzten Jahrzehnten ihren Blick für kulturelle Vielfalt geschärft. So ein geschärfter Blick erleichtert zum Beispiel Fachpersonal unterschiedlichster Disziplinen den kultursensiblen Umgang mit ihren Patientinnen, Klienten oder Studierenden. Gleichzeitig verleitet die interkulturelle Perspektive aber auch dazu, den kulturellen Hintergrund irrtümlich zum Vordergrund zu machen und somit den Weg zu Verständigung und Verständnis zu verbergen. In den Sozialwissenschaften wird eine solche Überbetonung kultureller Faktoren Kulturalismus genannt. Als Resultat verliert die Führungskraft im Unternehmen, der Lehrende in der (Hoch-)Schule oder die Passantin auf der Straße ihre Unbefangenheit, wenn sie mit Menschen anderer Herkunft interagiert. Denn dann interagieren sie nicht mehr mit Personen, sondern mit vermeintlichen Kulturvertreterinnen und -vertretern, und das führt zu Angst vor Fehlern oder dem Druck, sich «anders» verhalten zu müssen.

Der transkulturelle Ansatz bietet deswegen eine notwendige Ergänzung für unseren automatisierten Blick auf kulturelle Unterschiede und fordert auf, immer einen zweiten, dritten und vierten Blick zu wagen, um sowohl Synergiepotenzial als auch Gemeinsamkeiten zu entdecken.

Der Literatur- und Kulturwissenschaftler Arata Takeda (2012, S. 92) bringt diese Sichtweise auf den Punkt: «Vielleicht gibt es gar keinen Fluss, der überbrückt werden müsste; vielleicht gibt es auch gar keinen Graben, der uns voneinander trennen würde. Während wir die Brücken bauen, fließen unter ihr die Völker wie Wassermassen zusammen, und während wir Gräben zuzuschütten meinen, schütten wir auf dem Flachland der Kultur Erdwälle auf. Je mehr solche alternativen Denkräume wir erschließen, je mehr wir uns die historisch unleugbare Tatsache bewusst machen, dass Kulturen miteinander verflochten und ineinander durchdrungen sind, desto zuversichtlicher können wir in eine Zukunft blicken, in der so manches, was heute unser Bild von Wirklichkeit bestimmt, obsolet sein wird.»

In diesem letzten Teil des Buches wenden wir uns endgültig der Transkulturalität zu, ohne zu vergessen, dass auch ein rein transkulturelles Verständnis Gefahr läuft, zu vereinseitigen und den Menschen wertvolle Orientierungshilfen zu nehmen. Denn die meisten Menschen er*leben* kulturelle Unterschiede nun einmal als höchst real. Wie schon mehrfach betont, werden wir uns mit dem Sowohl-als-auch arrangieren müssen. Das konsequente Heran- und Herauszoomen kann die Spannung zwischen der interkulturellen und der transkulturellen Sichtweise nicht komplett auflösen, hilft aber dabei, beide Sichtweisen konstruktiv zu verbinden.

Meine persönliche Reise begann mit der Frage, wie Transkulturalität gelernt, gelebt und gelehrt werden kann. Entsprechend schwingt die Stärkung transkultureller Kompetenz als Leitgedanke in diesem letzten Kapitel immer mit. Und an dieser Stelle muss ich Ihnen endlich ein Geheimnis verraten: Transkulturelle Kompetenz gibt es nicht. Wie auch bei der interkulturellen Kompetenz handelt es sich dabei in Wirklichkeit um eine Querschnittskompetenz, die diverse soziale Kompetenzen in sich vereint. Denn um sich in den unterschiedlichsten Situationen kultursensibel, authentisch und wirkungsvoll bewegen zu können, ist eine Kombination aus Sozialkompetenzen nötig, die für jeden zwischenmenschlichen Kontakt relevant sind, darunter Empathie, Ambiguitätstoleranz oder die Fähigkeit zum Perspektivenwechsel.

Vielleicht ist das auch der Grund dafür, dass sich bisher noch keine Definition transkultureller Kompetenz durchsetzen konnte. Viele Fachleute versuchen sich auch gar nicht erst an einer allgemeingültigen Definition, sondern greifen stattdessen zu Aufzählungen der verschiedenen Aspekte und Teilkompetenzen.

In diesem Teil des Buches möchte ich diese Puzzlestücke genauer mit Ihnen betrachten. Zusammengenommen mit den ersten beiden Teilen setzen sie sich zu einem detaillierten Bild zusammen, wie Transkulturalität gelebt und kultiviert werden kann. Denn die gute Nachricht ist: Wenn viele der sozialen Kompetenzen, die transkulturelle Kompetenz bedingen, schon lange ein Teil von Ihnen sind, geht es «nur noch» darum zu prüfen, wann und wie Sie diese Schlüsselkompetenzen noch besser nutzen und wo Sie Entwicklungspotenzial für sich entdecken können.

Transkulturalität versteht Kultur nicht als statischen Eisberg, sondern als dynamische Flusslandschaft oder als eine Art Netzwerk, das sich durch Gemeinsamkeiten und Durchmischungen auszeichnet und in dem die miteinander vernetzten Akteurinnen und Akteure ihre Formen und Regeln des Miteinanders gemeinsam aushandeln und sozial konstruieren. Was abgehoben klingen mag, erleben wir tagtäglich: Wann hat es sich eingeschlichen, dass ein kurzer oder auch längerer Blick aufs Smartphone beim gemeinsamen Essen toleriert wird? Dass wir auch außerhalb unserer Arbeitszeiten für die Vorgesetzte oder den Kollegen erreichbar sind? Und wann haben sich Hosen zum salonfähigen Kleidungsstück für Frauen gemausert? Wir tragen alle unseren Teil dazu bei, wie wir miteinander leben, und nehmen dadurch aktiv an Kultur teil.

Da wir quasi während jeder Begegnung fleißig an unseren Kulturen (mit)stricken, sollten wir auch jede dieser Begegnungen umso bewusster (mit)gestalten. Und zwar indem wir

1. mit einer jeweils passenden *inneren Aufstellung* in den Kontakt gehen;
2. versuchen, unser Gegenüber sowohl mit seinen kulturtypischen Eigenheiten als auch in seiner Individualität wirklich zu erkennen;
3. uns aktiv für ein konstruktives Wir einsetzen.

«Ich», «Du» und «Wir» sind demzufolge die drei Überbegriffe, nach denen ich die verschiedenen Aspekte transkultureller Kompetenz im Folgenden strukturiert habe. Wir starten mit dem *Ich*, denn verändern kann man nur sich selbst. Außerdem ist transkulturelle Kompetenz eine Begegnungs- und Handlungskompetenz. Sie zu fördern ist deshalb vor allem eins: eine sehr persönliche Angelegenheit.

1. Ich – Auf die Haltung kommt es an

Weil «Du selbst dein wichtigstes Instrument bist» (Schulz von Thun), beruht gute Kommunikation auf Selbsterkenntnis und der Ausbildung einer wertebasierten inneren Haltung. Hierbei handelt es sich um einen wichtigen Begriff der humanistischen Psychologie. Die Haltung stellt eine innere Disposition dar, die Welt auf eine bestimmte Art und Weise zu verstehen und das eigene Verhalten an diesem Verständnis auszurichten. Sie entspringt einer Werteauffassung und gibt einerseits Halt nach innen und zeigt sich andererseits im Verhalten nach außen.

Eine transkulturelle Haltung geht mit der Aufforderung einher, Unterschiede in Wahrnehmungen, Perspektiven und Kompetenzen sowohl zu akzeptieren als auch als Ressourcen zu entdecken, um eigene Sichtweisen und Handlungsmöglichkeiten zu erweitern. Die Aufforderung, eine bestimmte Haltung gegenüber «dem

Fremden» zu entwickeln, ist gar nicht so abgehoben, wie es sich im ersten Moment anhören mag. Denn die innere Haltung lässt sich hinterfragen und mit der Zeit auch verändern. Manchmal schleichend über Jahre hinweg, manchmal plötzlich, wenn es beispielsweise in einer bestimmten kulturübergreifenden Situation oder wegen des Kommentars einer anderen Person «Klick» macht.

Wenn Ihnen diese Ausführungen zur transkulturellen Haltung immer noch zu theoretisch sind, dann freuen Sie sich vermutlich darüber, dass ich Ihnen im Laufe dieses dritten Teils noch einige *innere Teammitglieder* vorstellen werde, die mir vielversprechend erscheinen, um gut aufgestellt in die kulturübergreifende Kommunikation zu gehen.

1.1 Von *Obelix* und *inneren Widersachern*

Die Veränderung einer inneren Haltung geht mit der Bereitschaft für eine Persönlichkeitsentwicklung einher, einem wichtigen Faktor für transkulturelle Kompetenzentwicklung. Im Modell des *Inneren Teams* gilt die Gleichung «Persönlichkeitsentwicklung = Teamentwicklung». Auf den nächsten Seiten werde ich deswegen verschiedene relevante Mechanismen der inneren Teamentwicklung aufzeigen.

Bei der transkulturellen Kompetenzentwicklung ist der *innere Gegenspieler* unseres transkulturellen Drehteams der von Rez et al. vorgeschlagene *innere Obelix*. Zur Erinnerung: *Obelix* ist unser *innerer Ethnozentrist*. Er weiß genau, was richtig und was falsch ist. Seine Botschaft lautet: «Die spinnen, die Römer», das heißt, «die spinnen, die anderen». Fühlt er sich unter Beschuss, kann er zu extremen Mitteln greifen, um seine Sichtweisen zu verteidigen. Blitzschnell kann er eine ganze *kulturtypische Mannschaftsaufstellung* hinter sich bringen, die sich unter seiner Führung als *Identitäts- und Kulturwächter* aufspielen und aus ihren kulturellen

Normen einen Normalitätsimperativ machen, an dem sich jedes Gegenüber messen lassen muss.

Auch eigene *innere Anteile*, die gegenläufige kulturelle Orientierungen oder eine andere Weltsicht vertreten, können nun nicht mehr gehört werden. *Obelix* handelt nicht aus Boshaftigkeit, sondern er erfüllt eine Wächterfunktion. Sieht er unseren Selbstwert bedroht oder unsere Werte in Gefahr, reißt er das innere Zepter an sich und gibt es nur ungern wieder her.

So gilt auch für *Obelix*: Gut gemeint ist nicht immer gut gemacht. Denn obwohl er nichts Schlimmes im Schilde führt, kann er mit seiner Engstirnigkeit Verheerendes anrichten. Fast alle Menschen verfügen über einen hochaktiven *Obelix*, in anderen Worten eine ethnozentrische Weltsicht, in der sie richtiges und falsches Verhalten durch die Brillengläser ihrer Kultur sehen und an ihrer «Realität» messen. Zu akzeptieren, dass unser Gehirn per Grundeinstellung voreingenommen ist, stellt vielleicht den wichtigsten Schritt in Richtung transkulturelle Kompetenz dar. Erlaubt er uns doch, die eigene Konstruktion der Wirklichkeit überhaupt hinterfragen zu können.

Dazu gehört auch zu akzeptieren, dass wir mit unserem Schubladendenken nie ganz aufräumen können. Ohne Kategorien wären wir nicht einmal in der Lage zu sprechen, geschweige denn, Auto zu fahren oder uns in sozialen Situationen zurechtzufinden. Durch Kontakt mit anderen, aktives Nachdenken und Hinterfragen eröffnet sich uns jedoch die Chance, Unterschiede differenzierter zu betrachten und mehr Komplexität zuzulassen. Damit können wir ein realistischeres und gerechteres Ordnungssystem im eigenen Kopf installieren.

Gut, wenn das *Oberhaupt* unseren Ethnozentrismus- und Kategorien-Experten *Obelix* auf dem Schirm hat, ihn bei Bedarf beruhigen oder auch mal hart in die Schranken weisen kann (vgl. Abb. 31). Denn loswerden können wir solche inneren Spielverderber nicht.

ABB. 31: Wir können lernen, den vorlauten *Identitäts- und Kulturwächter Obelix* aktiv zurückzuhalten.

Doch wenn wir verstehen, woher sie kommen, was sie auf die Palme bringt, warum sie glauben, ihre Botschaft so vehement vertreten zu müssen, und welche guten Absichten hinter ihrem schwierigen Benehmen stecken, dann kann es sogar gelingen, sie schon vorsorglich zu beruhigen. Zur Vorbereitung etwa auf internationale Geschäftstreffen kann das sehr hilfreich sein. Denn selbst so ein *Obelix* ist lernfähig: Je öfter er und seine Kumpane beobachten, dass das *Oberhaupt* sich in interkulturellen Überschneidungssituationen zurechtfindet, desto mehr Vertrauen bringen sie ihm auch entgegen, desto weniger werden solche Situationen als Stressor wahrgenommen, desto seltener muss *Obelix* zum Selbstwertschutz antreten.

Obelix im Zaum zu halten, ist eine Grundvoraussetzung für transkulturelle Kompetenzentwicklung. Mindestens genauso wichtig ist es aber, aktiv in sich selbst nach Andockstellen für fremde Werte und Verhaltensweisen zu suchen. Wer die Logik mehrerer Kulturen wirklich versteht, übernimmt meistens auch mehrere Verhaltens- und Denkweisen. *Cross Cultural Kids* haben diesen Schritt schon hinter sich. Deswegen ist es für sie ganz selbstverständlich, dass Menschen ihre Realität kulturabhängig konstruieren und sich unterschiedlich in ihrer Welt bewegen. Meist gehen sie vorurteilsfreier auf andere zu, denn sie haben gelernt, aktiv nach vielen Schubladen zu schauen, in die sie ihr Gegenüber einordnen, um ihren multiplen kulturellen Zugehörigkeiten gerecht zu werden.

Davon sollten wir uns eine Scheibe abschneiden, denn wie wir gesehen haben, hat das multikollektive Wesen «Mensch» immer auch Anteile in sich, die «gegenteilige» kulturelle Tendenzen vertreten. Gelingt es, diese ein bisschen mehr für uns selbst zu erobern, verbessern wir den Kontakt zu uns selbst und erhöhen die Anschlussmöglichkeiten für das Fremde. Denn für eine Be-fremdung braucht es Fremdheitserfahrung. Sobald wir ungewohntes Verhalten innerlich nachvollziehen können, ist es nicht mehr befremdend, sondern nur noch anders – und dann kann *Obelix* bei seinen Hinkelsteinen bleiben. Als stärkster Mann im Dorf hält er sich allerdings auch weiterhin allzeit bereit. Nur für den Fall der Fälle …

1.2 Die *innere Ratsversammlung*

Transkulturelle Kompetenz steht auch für die Erforschung der inneren Vielstimmigkeit und die Integration der verschiedenen Anteile mit ihren ganz besonderen Perspektiven, Kompetenzen und Erfahrungen. Initiator, Moderator, Mediator und achtsamer Zeuge von Teamentwicklungen ist, wie wir inzwischen wissen, das *Oberhaupt*. Manchmal kann es dabei von einem externen Berater, zum Beispiel von einem professionellen Coach, unterstützt werden. Das *Oberhaupt* kann eine *innere Ratsversammlung* (Schulz von Thun 2013c) einberufen, alle *inneren Stimmen* an einen imaginären Tisch setzen, zu Wort kommen und einen integrierten Standpunkt entwickeln lassen.

Im Laufe unseres Lebens führen wir immer wieder *innere Ratsversammlungen* durch. Manchmal dauern sie nur wenige Sekunden oder Minuten und laufen, gleich einem seelischen Selbstgespräch, in Form von Gedanken oder auch Gefühlen ab, ohne bewusste Moderation. Manchmal erleben wir eine *Ratsversammlung* auch als wochenlangen Prozess: in Form eines Gesprächs mit der besten Freundin, während einer durchwachten Nacht oder beim in uns gekehrten Strandspaziergang.

Hat das *Innere Team* einmal eine integrierte Stellungnahme entwickelt, müssen wir in ähnlichen Situationen nicht jedes Mal wieder alle inneren und äußeren Faktoren abwägen. Dass Menschen fast immer in der Lage sind, scheinbar mühelos und blitzschnell integrierte Antworten auf Anforderungen zu geben und diese auch noch so zu kommunizieren, dass sie auch bei ihrem Gegenüber gut ankommen, liegt oft genau daran, dass sie schon einmal eine *Ratsversammlung* zu dem Thema abgehalten haben.

Weil wir uns beim Eintauchen in eine neue Kultur anfangs ständig neuen Anforderungen gegenübersehen, müssen besonders viele solcher *inneren Teamkonferenzen* abgehalten werden.

Dafür ist es wichtig, vorschnelle Bewertungen auszubremsen und ein «integratives» stimmiges – also authentisches und situationsgemäßes – Verhalten zu ermöglichen. Solche *Ratsversammlungen* können auch im Nachhinein stattfinden. Wenn wir kulturübergreifende Begegnungen nachträglich aktiv reflektieren, können wir – unter Anhörung aller relevanten Impulse – entscheiden, wie wir in Zukunft mit solchen Situationen umgehen wollen.

Manchmal zeigt sich dann, dass schon bekannte *innere Anteile* in der Lage sind, neue Aufgabengebiete zu übernehmen, oder aber auch ganz neue *innere Teammitglieder* dazugeholt werden sollten. Dann kommt es zu Neueinstellungen, und mit der Zeit können diese neuen *Teammitglieder* zu anerkannten Mitgliedern der *inneren Gesellschaft* werden. Dann erscheint es uns vielleicht völlig normal, dass wir mühelos zum Beispiel zwischen einem direkteren und indirekteren Kommunikationsstil hin- und herwechseln können, obwohl wir uns diese Fähigkeit erst mühsam aneignen mussten. Und das Ganze wartet mit noch einem zusätzlichen Bonus auf: Ein neu erlerntes Verhalten führt auf lange Sicht dazu, dass wir beginnen, die Welt ein Stück weit anders wahrzunehmen, sie gewissermaßen mit einem Augenpaar mehr zu betrachten.

1.3 Emotionale Stabilität und Bewältigungsmechanismen

Menschen sind gefühlsmäßig mal himmelhochjauchzend, mal zu Tode betrübt – und meistens irgendwo dazwischen. Mit emotionaler Stabilität ist nicht gemeint, dass es keine emotionalen Ausschläge gibt oder geben darf. Gefühlsschwankungen gehören zum ganz normalen emotionalen Spektrum. Wenn Sie einen Kulturwechsel planen, sollten Sie sich allerdings darauf einstellen, dass das Eintauchen in eine neue Kultur mit erhöhter emotionaler Anstrengung und daraus resultierender Erschöpfung verbunden ist – und dass die Intensität der Ausschläge steigen wird.

In meiner Arbeit erlebe ich immer wieder, dass Menschen während längerer Auslandsaufenthalte staunende, euphorische und sehr beglückende Momente erleben, über kurz oder lang aber immer auch herausfordernden oder belastenden Situationen ausgesetzt sind. Deswegen sollten Sie sich damit auseinandersetzen, wie Sie mit negativen Gefühlen umgehen. Wie wir unter anderem schon beim Kulturschock betrachtet haben, findet das *Oberhaupt* unter Stress nicht mehr den gleichen Zugang zu allen Anteilen, *innere Wächter* werden schnell auf den Plan gerufen und es droht die Gefahr, *sensible Stimmen* wegzuschließen, um ihr Theater nicht mehr ertragen zu müssen. Jetzt nicht mehr in Vorurteilen zu denken oder anderen empathisch und aufmerksam zu begegnen, ist kaum möglich. Selbst wenn wir nur müde sind, fallen wir schneller in ein «So sind wir – so seid ihr»-Denken. Je gestresster, desto intoleranter werden wir. Deswegen braucht es Bewältigungsstrategien und Selbstberuhigungstechniken, um den Problem-Tunnelblick von *Wächtern* wie *Obelix und Co.* aktiv zu stoppen und das *Oberhaupt* zu aktivieren, damit diese *innere Führungskraft* den Blick wieder auf das große Ganze richtet.

Jenseits des Stressmodus können einzelne Stimmen wieder ganz gezielt angesprochen werden. *Innere Weise* erinnern sich vielleicht, welche Verhaltensstrategien Ihnen in der Vergangenheit geholfen haben. *Ressourcenwächter* können sich auf Verhandlungen einlassen, anstatt ihrem Unmut anhand körperlicher Symptome Ausdruck zu verleihen. Das heißt, gerade die Stimmen, die Angespanntheit, Stress und Erschöpfung zurückmelden, sind von besonderer Bedeutung. Gewöhnen Sie sich an, nicht über diese Stimmen hinwegzupowern, sondern machen Sie Ihre *Ressourcenwächter* zu Verbündeten, indem Sie ihnen aktiv den Arbeitsauftrag erteilen, auf die allgemeine innere Stimmung zu achten, Abgespanntheit und Unsicherheit zurückzumelden und für genügend Ausgleich zu sorgen. Und hören Sie auf ihre Warnungen. Wer auf innere Stabilität und Balance zurückgreifen kann, wer auf seine Ressourcen achtet und sich der eigenen Entwicklungspotenziale bewusst ist, kann damit so manche Herausforderung von außen ausgleichen.

Sollte es Ihnen in Ihrer neuen Umgebung trotz aller Achtsamkeit einmal richtig schlecht gehen, egal ob psychisch oder physisch, dann hilft manchmal die Erinnerung, dass auch zu Hause gelegentlich einfach alles schiefläuft. Wer sich selbst nicht allzu ernst nimmt, ist da übrigens im Vorteil. Wenn Menschen lächeln oder lachen, wird ihr Gehirn regelrecht mit Glückshormonen überflutet. Und dann ist es biologisch fast unmöglich, traurig oder wütend zu sein. Eine humorvolle Lebenseinstellung zählt generell zu den effektivsten persönlichen Bewältigungsstrategien, weil eine Prise Humor dabei hilft, innerlich gelassen auf stressige Lebensereignisse zu reagieren. Wer von uns hat es nicht schon erlebt, dass ein kurzes Schmunzeln über sich selbst ein Problem plötzlich viel kleiner erscheinen lässt oder ein witziger Spruch den bösen Streit mit dem Gegenüber beendet.

So simpel das klingt: Überlegen Sie sich vor einem Kulturwechsel, was Ihnen guttut, wenn es Ihnen schlecht geht. Wie können Sie sich selbst beruhigen, negative Emotionen regulieren und genügend Abstand gewinnen, um die Dinge wieder in Perspektive zu bringen? Welche kritischen Lebensereignisse oder Identitätskrisen haben Sie in der Vergangenheit erfolgreich bewältigt? Was hat Ihnen in früheren Anpassungsprozessen geholfen? Und vor allen Dingen: Wie können Sie sicherstellen, dass Sie tatsächlich wohlwollend für sich sorgen, wenn es Ihnen einmal nicht so gut geht?

1.4 Handlungssicherheit vs. Handlungsflexibilität

Erinnern Sie sich noch an Ihren ersten Tag in der weiterführenden Schule, im neuen Job oder im Ausland? Das eine oder andere war aufregend, vieles war neu. Nach einigen Tagen fanden Sie sich aber schon ganz gut zurecht: Sie hatten Ihre Handlungssicherheit zurückgewonnen. Vermutlich hatten Sie sie nie vollständig verloren.

Wenn Sie sich in einer neuen Kultur bewegen, kann es anfangs schwer sein, handlungsfähig zu bleiben, manchmal führen auch kritische Ereignisse zu einer kurzzeitig eingeschränkten Handlungsfähigkeit. Gleichzeitig beweisen Milliarden von Studierenden und Berufstätigen jedes Jahr, dass Menschen relativ schnell lernen, sich in neuen und ihnen unbekannten kulturellen Systemen zu bewegen. Und zwar auch, weil diese auf den zweiten Blick eben meist gar nicht so anders sind.

Handlungssicherheit ist mit der Selbstwirksamkeitserwartung von Menschen verknüpft, also dem Glauben daran, gezielt Einfluss auf die eigene Umwelt nehmen und auch in schwierigen Situationen etwas bewirken zu können. Das Konzept der Selbstwirksamkeit wurde von dem kanadischen Psychologen Albert Bandura (1977) entwickelt und ist wiederum eng mit Selbstwert und Selbstvertrauen verbunden. Selbstwirksamkeit verstärkt sich zirkulär. Je häufiger Menschen schwierige Situation erfolgreich bewältigen, desto mehr bestätigt sie das in ihrer Selbstwirksamkeit; desto besser lernen sie, negative Emotionen zu kontrollieren und sich selbst zu beruhigen; desto höher wird ihre Frustrationstoleranz; desto größer wird ihr Selbstbewusstsein; desto mehr anspruchsvollen Situationen setzen sie sich aus.

Genau diese Dynamiken gelten auch für kulturbedingte Herausforderungen. Je öfter wir uns auf andere Kulturen einlassen, je öfter wir Herausforderungen und Widersprüche konstruktiv bewältigen und emotional verarbeiten, desto mehr vertrauen wir auf unser Kontrollvermögen, was wiederum unsere transkulturelle Handlungssicherheit erhöht.

Aber Vorsicht! Wie jeder Wert kann auch Handlungssicherheit übertrieben werden, dann läuft sie Gefahr, zu vereinseitigen – und das geht auf Kosten der Handlungsflexibilität. Das kann dazu führen, dass Menschen es nicht merken, wann sie es eben doch nicht mehr alleine schaffen und sich Hilfe holen sollten, oder dass sie die eigenen Handlungsweisen nicht mehr hinterfragen. Fällt Ihnen das an sich auf, sollten Sie automatische Verhaltensabläufe pausieren lassen und einen Moment innehalten, um Ihre automatisierte Antwort in eine untersuchende Frage umzuwandeln und Handlungsalternativen zu prüfen.

1.5 Fehlerfreundlichkeit und zwei Arten Souveränität

Die Hamburger Kommunikationspsychologie unterscheidet zwischen zwei verschiedenen Souveränitäten (vgl. Schulz von Thun 2004, Zoller 2016). Die «Souveränität erster Ordnung» entspricht den heutigen Anforderungen an Selbstbehauptung, Selbstoptimierung, Ich-AG – und geht mit dem inneren Anspruch einher, sich selbst und die Situation jederzeit im Griff zu haben. Sie ist die Souveränität der Blender, denn wer sich keine Blößen geben darf, ist darauf bedacht, entscheidungsstark, standhaft und gelassen aufzutreten, hat gelernt, sich stets schlagfertig gegen Kritik zu wehren, anstatt sie auf ihre Berechtigung zu prüfen. Wer eine solche «Souveränität erster Ordnung» an den Tag legt, muss dafür einen ganzen Teil der eigenen inneren Vielfalt zum Schweigen bringen.

Die «Souveränität zweiter Ordnung» strebt ebenfalls danach, den Herausforderungen des Lebens gewachsen zu sein. Jedoch ohne sich einen Zacken aus der Krone zu brechen, wenn es im Inneren «menschelt». Diese Souveränität verdankt sich auch gelebten und reflektierten Verfehlungen: Sie bedeutet, sich Emotionalität und Verletzlichkeit, Begrenzungen, Schwächen und Irrtümer zuzugestehen. Denn zum Menschsein gehört, ängstlich, ratlos, empfindlich, unbedacht, melancholisch oder hilfsbedürftig zu sein. Daher sprechen wir bei ihr auch von einer «Souveränität mit Substanz» (vgl. Abb. 32).

ABB. 32: Souveränität höherer Ordnung setzt sich als dritte Qualität aus Professionalität und Menschlichkeit zusammen (Schulz von Thun, unveröffentlichte Seminarunterlagen, mit freundlicher Erlaubnis des Autors).

Um diese Souveränität zweiter Ordnung zu kultivieren, schlägt meine Kollegin Karen Zoller (2016) vor, einen inneren *souveränen Lückenerlauber* zu integrieren, der sagt, «es ist normal, etwas nicht zu wissen». Analog dazu integrierte eine meiner Klientinnen eine *Frau Schwamm-drüber* in ihr *Inneres Team*, die sie immer dann aktivierte, wenn ihr auffiel, dass sie sich mit ihren hohen Ansprüchen an sich selbst zu stark unter Druck setzte. Zur Erinnerung hängte sie einen kleinen Schwamm gut sichtbar an ihrem Arbeitsplatz auf.

So eine innere *Frau Schwamm-drüber* trägt viel zur Psychohygiene bei. Denn allzeit bereit, fehlerfrei, belastbar und dabei auch noch gelassen aufzutreten, ist auf Dauer vor allem eins: anstrengend. Für den kulturübergreifenden Kontakt gelten diese Überlegungen ganz besonders, denn wer seine Wohlfühlzone verlässt und sich Fremdheitserfahrungen aussetzt, wird hier und da auf der Nase landen. Gut, wer dann gelernt hat, vor sich selbst und vor anderen Fehler einzugestehen.

1.6 Zwischenfazit – Ich – Auf die Haltung kommt es an

Auf den letzten Seiten haben wir die Komponenten transkultureller Kompetenz betrachtet, die besonders viel mit dem Ich zu tun haben. Denn was für die Herausforderungen im Umgang mit anderen Menschen gilt – Perspektivübernahme, Verständigungsbereitschaft, Empathie aber auch Mut zur Konfrontation –, all das beginnt mit dem Umgang mit unseren inneren Anteilen. Ja, wir können davon ausgehen, dass es kaum möglich ist, respektvoll mit anderen umzugehen, wenn es uns nicht, zumindest in hinreichendem Maße, auch bei uns selbst gelingt.

Auch wenn auf den letzten Seiten das *Innere Team* besonders häufig zum Einsatz kam, können die anderen Kommunikationsmodelle ebenso hilfreich für Selbstreflexion und Persönlichkeitsentwicklung sein. Besonders spannend ist in diesem Zusammenhang das Wertequadrat. Wenn wir mit seiner Hilfe die Entwicklungsrichtung bestimmen, können wir diese als Fernziel – also als persönliche Zukunftsvision – darstellen sowie mithilfe der Entwicklungstreppe konkrete und motivierende kleinere Schritte planen (vgl. Abb. 33).

Im Kompetenztraining heißt es oft plakativ: Stärken stärken und Schwächen schwächen. Vielleicht haben Sie auf den letzten Seiten ja ein Entwicklungsthema für sich ausgemacht und Lust, sich an Ihrem ganz persönlichen Entwicklungsquadrat zu versuchen? Mit dem Wertequadrat wird aus dem Hau-Ruck-Satz «Stärken stärken

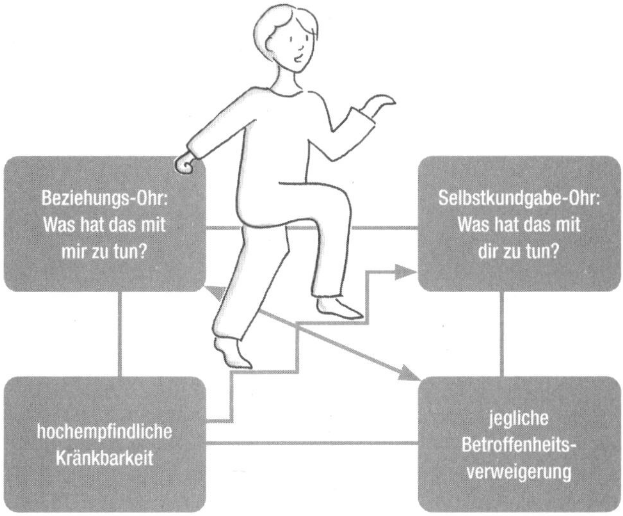

ABB. 33: Das Werte- und Entwicklungsquadrat in seiner Funktion als Entwicklungshelfer (Quelle: Arbeitskreis Kommunikation und Klärungshilfe, unveröffentlichte Seminarunterlagen, mit freundlicher Genehmigung von Prof. Schulz von Thun)

und Schwächen schwächen» eine umfangreichere Entwicklungsaufforderung: Ja, die eigenen Stärken kennen und stärken, sich aber auch der Gefahr von Übertreibungen bewusst sein und die jeweils ausgleichenden Schwesterntugenden nicht vernachlässigen. Außerdem auch daran denken, die Schwächen zu schwächen, indem wir den guten Kern im «Zuviel des Guten» – also in der Schwäche – würdigen und gegebenenfalls Entwicklungsrichtungen festlegen, inklusive einer Entwicklungstreppe mit konkreten Schritten. Dabei nicht vergessen, dass die Bewertung, was Stärken oder Schwächen sind, keine universellen Gesetzmäßigkeiten sind, sondern unserem sehr subjektiven und kulturgeprägten Urteilssystem unterliegt.

2. Du – I see you!

Menschen wünschen sich, gesehen zu werden. Sich verstanden und akzeptiert zu fühlen, schafft ein tiefes Gefühl der Verbundenheit. Und Verbundenheit macht Menschen glücklich. Auf den nächsten Seiten soll es um die Komponenten transkultureller Kompetenz gehen, bei denen es besonders darum geht, andere zu sehen. Dieses «echte Sehen» ist gar nicht so einfach. Weil wir im Alltag ständig unbewusst nach Bestätigung für unsere Vorurteile suchen und Gegenbeweise schlichtweg ignorieren, beziehungsweise so interpretieren, dass es unsere Stereotype unterstützt.

Als ich einem Costa Ricaner auf einem Kongress von meinen Jahre zurückliegenden Erlebnissen in Costa Rica berichtete (vgl. Teil II, 7.1 Zeitgestaltung), reagierte er enttäuscht, fast gekränkt: «Ich habe das Gefühl, dass dir meine Heimat nicht besonders gut gefallen hat.» Mit dieser Einschätzung lag er falsch. Womit er allerdings recht hatte, war, dass ich während meiner Busfahrt verpasst hatte, die Ticos, also die Einwohner Costa Ricas, wirklich zu sehen. Meine eingeschliffenen inneren Reaktionen, ungeprüfte Grundannahmen und Bewertungen hatten dazu geführt, dass ich die Chance dieser zeitlichen Dehnungsfuge verpasst hatte: meine *innere Ereigniszeitwächterin* zu ermutigen, in aller Ruhe in Kontakt mit den Einheimischen zu kommen und wirklich zu verstehen, was es mit *«Pura Vida»* auf sich hat.

Zwei Konzepte, die in keiner Liste für Transkulturelle Kompetenz fehlen, sind «Neugier» und «Kulturelle Offenheit». Und wie lässt sich feststellen, ob wir diese kulturelle Offenheit an den Tag legen? Mir gefällt der an Therapeutinnen und Therapeuten gerichtete Hinweis des Psychoanalytikers Sudhir Kakar sehr gut: «Ein Therapeut kann seinen Fortschritt bezüglich seiner kulturellen Offenheit beispielsweise daran messen, ob sich Empfindungen der Neugierde und des Staunens steigern, wenn die kulturellen

Aspekte des Patienten ihre Stimme in der Therapie finden: ob die Versuchung der Pathologisierung des kulturellen Verhaltens seines Patienten nachlässt; ob die eigenen Werte nicht länger als normal und tugendhaft gelten und das Bedürfnis, dem Patienten diese Werte zu vermitteln, deutlich nachlässt» (2014, S. 25).

Plakativ auf den Punkt gebracht: Kulturelle Offenheit zeigt sich darin, staunen und lernen zu wollen – ohne dabei der Versuchung zu unterliegen zu exotisieren.

Die Fähigkeit, den ersten Impuls aktiv auszubremsen, in diesem Fall also statt einer *renitenten Uhrzeitwächterin* neugierige, staunende oder abwartende Anteile nach vorne zu schicken und ihnen den Rücken von der *Ereigniszeitwächterin* stärken zu lassen, ist anstrengend und aufwendig. Gleichzeitig ist es die Grundlage, um überhaupt zu einer «sinnvollen Perspektivübernahme» in der Lage zu sein. Eine solche Perspektivenflexibilität wiederum erhöht logischerweise die Chance, anderen Menschen wirklich zu begegnen, ungewohnte Erfahrungen zu machen, Freundschaften zu schließen und sich selbst, im Kontakt mit anderen, besser kennenzulernen und damit ganz automatisch eigene voreingenommene Urteile zu kontrastieren.

Falls Sie Lust auf etwas Gehirnakrobatik zur Stärkung Ihrer Perspektivenflexibilität haben, können Sie es mit folgender Übung versuchen: Suchen Sie sich ein Kollektiv, mit dem Sie viel zu tun haben (Australier, Ghanaerinnen, Nepalesen, Ingenieurinnen, Homosexuelle, Angehörige der Oberschicht, Menschen aus einem bestimmten Stadtviertel …). Sprechen Sie Ihre die jeweilige Gruppe betreffenden Stereotype doch einmal laut aus oder bringen Sie sie zu Papier. Starten Sie mit: Ich habe über die … gehört, dass … Nun vergessen Sie aber bloß nicht, im nächsten Schritt zu überprüfen, welche konkreten Beispiele Ihnen einfallen, die diese Stereotype bestätigen, und dann, welche Gegenbeispiele und Unterschiede Ihnen innerhalb dieses Kollektivs bereits begegnet sind. Zwingen Sie sich, genau hinzuschauen. Welche kollidierenden Werte und Verhaltensweisen können Sie entdecken? Wo liegen gesellschaftliche Diskurse und Konflikte? Gibt es Unterschiede zwischen den Generationen, zwischen sozialen Klassen, zwischen Genderzugehörigkeiten, zwischen Abteilungen im selben Unternehmen? Gerade das Erkennen von Widersprüchen hilft, Kulturen – und die ihnen zugrunde liegenden Normen und Werte – wirklich zu verstehen. Sollten Sie Erfahrungen im Kollegen- oder Freundeskreis austauschen: Fragen Sie konsequent danach, ob womöglich auch gegenteilige Erfahrungen gemacht wurden, und versuchen Sie ganz bewusst, diese Zusatzinformation in Ihrem Gehirn zu verdrahten.

2.1 Die Kontakthypothese – Ohne Empathie geht das nicht

Wenn wir andere Menschen «sehen» wollen, hilft Empathie. Es ist wenig überraschend, dass die Fähigkeit und Bereitschaft, sich in Einstellungen und Emotionen anderer Menschen einzufühlen, mit ihnen «mitzuschwingen», es leichter macht, sie besser zu verstehen und in der Folge auch besser mit ihnen klarzukommen. Auch für Empathie gilt: Stehen wir unter Stress, sind wir weniger empathisch. Weil wir dann weniger Kontakt zu uns selbst haben, bekommen wir auch weniger Kontakt zu unserem Gegenüber – was ein weiterer guter Grund dafür ist, Selbstberuhigungstechniken zu erlernen, denn Empathie ist eines der robustesten Vorzeichen für erfolgreiche kulturelle Interaktionen. Ganz abgesehen davon, dass wir generell im menschlichen Miteinander von ihr profitieren.

Dafür spricht auch die Tatsache, dass Menschen, die regelmäßig empathisch mit anderen mitschwingen, Forschungsergebnissen zufolge einerseits weniger gestresst und depressiv sind und andererseits zufriedener mit dem eigenen Leben und erfolgreicher bei der Arbeit (vgl. Zaki 2019). Eine besonders einfache Art und Weise, Empathie zu fördern, ist übrigens, sie schlichtweg zu erzwingen.

Ja, sie haben richtig gelesen! Auch wenn es verwunderlich klingt, dass Menschen gezwungen werden können, andere Menschen zu verstehen, ja sogar sie zu mögen, so sind die Forschungsergebnisse doch erschlagend: Bis auf sehr wenige Ausnahmen funktioniert das; kurz gesagt, Kontakt reduziert Vorurteile und schafft Sympathien.

Diese sogenannte Kontakthypothese gehört zu den robustesten Befunden der Sozialpsychologie. Ihr Begründer war der US-amerikanische Psychologe Gordon Allport, ein Pionier der Vorurteilsforschung. Mit seinem 1954 veröffentlichten Buch *The Nature of Prejudice* (dt. *Die Natur des Vorurteils,* 1978) schuf er die Grundlage für Hunderte von Untersuchungen, die seine Annahmen belegen. Selbst unfreiwilliger, also etwa institutionell erzwungener, Kontakt führt in der Regel dazu, dass Menschen Gemeinsamkeiten entdecken, die sie nicht ignorieren können. Wobei es nicht mit flüchtigem Kontakt getan ist und erzwungener Kontakt natürlich nicht ideal ist. Am wirksamsten ist Kontakt, wenn er gewollt ist, unter der Bedingung von Statusgleichheit stattfindet, es ein gemeinsames Ziel und somit eine wechselseitige Abhängigkeit gibt und man Unterstützung von außen erhält. Solche Rahmenbedingungen schaffen beispielsweise Institutionen wie internationale Jugendorganisationen oder Ferienlager «zur Völkerverständigung».

Der Schwarze Blues-Musiker Daryl Davis beschreibt eindrucksvoll, wie sich aus einer kurzen Begegnung mit einem Ku-Klux-Klan-Mitglied in einer Bar über die Jahre eine tiefe Freundschaft mit über 20 Mitgliedern des Klans entwickelte. Heute ist Davidson im Besitz einer ganzen Sammlung abgelegter spitzer weißer Kapuzen und gilt als Verantwortlicher für die Auflösung des Ku-Klux-Klans im US-amerikanischen Bundesstaat Maryland (vgl. Savastion 2013).

Auch der Journalist Bastian Berbner bezieht sich in seinem Buch (2019) und gleichnamigen Podcast *180 Grad: Geschichten gegen den Hass* (2019) auf die Kontakthypothese. Aufgerüttelt von der gesellschaftlichen Spaltung und wachsenden Intoleranz in Deutschland spricht Berbner mit Personen, denen der Kontakt zu Menschen aus fremden Kulturen auferlegt wird: dem Rentner Harald Hermes, der keine Roma mag und neue Nachbarn bekommt, die sein Leben verändern; dem jungen Muslim Jamal, der sich von der Gesellschaft zurückgewiesen und vom System diskriminiert fühlt, sodass er sich immer weiter radikalisiert, bis er das Glück hat, auf den Polizisten Torleif zu treffen; mit einem Punk und einem Nazi aus Wismar, die zwar verfeindet sind, sich aber überreden lassen, gemeinsam durch die Wüste von Namibia zu wandern, sowie mit dem 62-jährigen irischen Briefträger Finnbar O'Brien, der eine unumstößliche Einstellung zu Homosexuellen hat, bis er 2012 eingeladen wird, in einem Bürgerparlament über eine der damals umstrittensten politischen Fragen mitzuentscheiden: ob homosexuelle Paare heiraten dürfen. Finnbar hat dazu eigentlich eine klare Meinung, wäre da nicht der 26-jährige Chris Lyons, den er im Bürgerparlament kennenlernt und dessen Fingernägel in den Farben des Regenbogens lackiert sind.

Jede einzelne Geschichte macht deutlich, was einer der Interviewten treffend zusammenfasst: «Wenn du sie *wirklich* kennst, kannst du sie nicht mehr hassen.»

Anders ausgedrückt: Je mehr Zeit Menschen miteinander verbringen, desto wahrscheinlicher ist es, dass sie sich mögen! Und nicht nur das. Wenn Menschen Zeit miteinander verbringen, synchronisieren sie Mimik, Gestik, Verhaltensweisen und letztlich sogar Einstellungen. Ungewollt werden sie sich somit immer ähnlicher. Da das menschliche Gehirn Gleichgesinnte liebt, werden sich Menschen dank dieses Annäherungsprozesses wiederum sympathischer. Analog zum Teufelskreis könnten wir hier einen sich positiv hochschaukelnden Engelskreis entdecken.

Wenn geteilte Gruppenzugehörigkeiten entdeckt werden,

funktioniert das Denken in vermeintlichen Gegensatzpaaren wie «Roma – Deutsch», «Nazi – Punk», «homosexuell – heterosexuell» oder «Schwarz – Weiß» nicht mehr. Ist der zwischenmenschliche Kontakt intensiv genug, werden Multikollektivität und die damit einhergehenden Gemeinsamkeiten so unübersichtlich, dass sie nicht mehr ignoriert werden können. Menschen entdecken dann vielleicht, dass sie denselben Beruf ausüben (wir Psychologen), Fans desselben Fußballclubs sind (wir FC-St.-Pauli-Fans), vielleicht verbinden sie gemeinsame Interessen (wir Jazz-Musik-Liebhaber), vielleicht aber auch geteilte Erfahrungen (wir Ausgewanderten, wir vom Partner Verlassenen), gleiche Rückmeldungen von außen (wir Unverstandenen) oder ähnliche Gefühlslagen (wir Unglücklichen). Um im Gegenüber nicht nur die «Ausnahme, die die Regel bestätigt», zu sehen, sondern Denkmuster zu ändern und ganz neue Gehirnverbindungen aufzubauen, bedarf es allerdings einer bewussten Bearbeitung der Erfahrungen (vgl. 4.1 Die unsichtbare Macht von Stereotypen). Ist die trennende Kulturalisierungs-Brille erst einmal beiseitegelegt, wird das enorme Potenzial für Verständigung sichtbar. So berichtet etwa die Migrationsforscherin Naika Foroutan in einem Zeitungsinterview von ihren Studien, die belegen, dass die Erfahrungen von Ostdeutschen, was «Heimatverlust, vergangene Sehnsuchtsorte, Fremdheitsgefühle und Abwertungserfahrungen» angeht, den Erfahrungen vieler Migrantinnen und Migranten ähneln (vgl. Schulz 2018; Foroutan, Hensel 2020). Wer genau hinschaut, kann Hunderte Geschichten erfolgreicher Begegnungen entdecken – einige so spektakulär wie die oben beschriebenen, der allergrößte Teil aber ganz alltäglich und überhaupt nicht aufregend. Wir werden noch sehen, warum es so extrem wichtig ist, nach genau diesen Geschichten zu suchen und darüber zu sprechen.

Allerdings gibt es auch für die Kontakthypothese eine Ausnahme: «Manchmal hat die Empathie keine Chance. Dann, wenn starke Gruppenidentitäten sie betäuben. Manchmal ist Kontakt kontraproduktiv. Dann, wenn nicht einzelne Menschen aufeinandertreffen, sondern Gruppen. Keine Individuen, sondern Stämme.» (Berbner 2019, S. 163) Zwar gehört die Empathiefähigkeit zum menschlichen Betriebssystem und ist tief in uns verwurzelt, doch leider ist sie ein zweischneidiges Schwert: Denn wie einen Nebelscheinwerfer richten wir unsere Empathie auf einzelne Personen oder Gruppen, wobei wir sie besonders bereitwillig für Menschen aktivieren, denen wir uns zugehörig fühlen. Schon Babys zeigen eine klare Präferenz für bekannte Gesichter, Geschmäcker und Sprachen. Und im Hirnscanner lässt sich beobachten, dass Erwachsene beim Anblick von Fotos «fremdländischer» Personen schneller Areale aktivieren, die mit Flucht und Furcht zusammenhängen (vgl. Bregman 2020).

Lassen Sie mich zur Verdeutlichung auf Obelix zurückkommen. Der ist eigentlich ein dufter Typ. Sensibel, freundlich und allzeit bereit, für seinen Kumpel Asterix die Kastanien aus dem Feuer zu holen. Seine Empathie gilt ohne Wenn und Aber den Galliern im Allgemeinen und ganz besonders denen eines ganz bestimmten gallischen Dorfes – seines Dorfes! Denjenigen gegenüber, die außerhalb seiner Dorfmauern wohnen, ist Obelix nicht gerade empathisch eingestellt. Dabei scheint sogar sein Urteilsvermögen, was «das Richtige» ist, nicht sehr objektiv zu sein. Schon lange kämpft Obelix nicht mehr zur Selbstverteidigung, sondern aus Spaß an einer ordentlichen Prügelei, in die er mit einem unschlagbaren Startvorteil geht. Schließlich ist er als Kind in den Zaubertrank gefallen und seither bärenstark. Ohne Zweifel ist sein Verhalten ziemlich schmerzvoll für die Römer. Empathie ist also nicht *per se* gut, denn sie sorgt auch dafür, dass wir das Schicksal der jeweils anderen Person, Gruppe, Kultur ausblenden.

Besonders gut lassen sich *Obelix und seine Kumpane* bei Fußballfans beobachten, so auch während der Weltmeisterschaft 2014.

Der brasilianische Nationalspieler Neymar zieht sich eine Fraktur an einem Rückenwirbel zu und wird ins Krankenhaus gebracht. Die Bilder seines schmerzverzerrten Gesichts gehen um die Welt. Und was fällt einigen argentinischen Fans dazu ein? Beim nächsten Spiel tanzen sie durch die Straßen Brasiliens, eine Wirbelsäule aus Plastik in der Hand, und singen: «Olé, Olé, Olé, Olé, Olá, hier haben wir die Wirbelsäule von Neymar» (2014).

Das passt zu Befunden, die zeigen: Stammesdenken kann unter Umständen sogar dazu führen, das Belohnungszentrum des Gehirns zu aktivieren, wenn Mitgliedern der gegnerischen Gruppe Schmerz zugefügt wird (vgl. Molenberghs 2018). In dem Moment, in dem Menschen in einen «Wir-gegen-die-anderen»-Modus verfallen, sind sie in der Lage, andere nicht mehr als gleichwertige Menschen zu sehen. Und dann bleibt es nicht immer bei verletzenden Schmähgesängen. Mitunter kann es sogar zu Gewalttaten kommen und über die Zeit hinweg auch zu einer «Normalisierung des Bösen». Im Extremfall werden Menschen dann zu Objekten gemacht und es kommt zu Pogromen und Völkermorden.

Da stellt sich doch die Frage, was passieren würde, wenn wir *Obelix* anstelle des großen *Cäsars* auf den Thron in Rom setzten und ihm die Befehlsmacht über den militärischen Vernichtungsapparat in die Hände legten? Ließe sich der nette, gemütliche Gallier von der Macht korrumpieren – oder würde er zu seinem Wildschweinbraten zurückkehren? Wir werden es nicht erfahren. Aber die gute Nachricht ist: Stammesdenken kann zwar zum Verschwinden unserer Empathie für «die anderen» führen, aber Kontakt lässt eben auch Stammesdenken verschwinden (vgl. Berbner 2019). Bekäme Obelix die Chance, einige römische Soldaten wirklich kennenzulernen, könnte er sie nicht mehr so ohne Weiteres verprügeln. Da wir alle solch einen *inneren Raufbold* in uns tragen, sollten wir uns diese Mechanismen unbedingt regelmäßig in Erinnerung rufen.

2.2 Situativer Spürsinn

Über eine realistische Selbsteinschätzung und einen neugierigen und offenen Blick auf das Gegenüber hinaus bedarf es im zwischenmenschlichen Kontakt immer auch eines gewissen situativen Spürsinns. Ihn zu schulen, gehört zum Pflichtprogramm, um den eigenen transkulturellen Handlungsspielraum zu erweitern. Denn wie kann ich eine situativ adäquate *innere Aufstellung* entwickeln, wie kann ich dem Kontext angemessen kommunizieren, wenn ich die Herausforderungen der Situation nicht verstehe?

Das Situationsmodell (vgl. S. 114 f.) kann wertvolle Dienste leisten, um unsere feinen Antennen für stimmige Kommunikation gut auszurichten. Manchen meiner Teilnehmerinnen und Teilnehmer hilft auch die Integration einer *inneren Situationsbeobachterin*, die mit einer frei schwebenden situativen Aufmerksamkeit in den Kontakt geht, die Wahrheit der Situation also bewusst in den Fokus der Aufmerksamkeit rückt.

Cross Cultural Kids entwickeln oft einen sehr feinen Spürsinn für Situationen. Das war auch der Fall bei einer meiner Studentinnen. Eva hatte als klassisches *TCK* eine sehr mobile Kindheit und Jugend. Oft bemerkte ich, wie sie in der Pause nachdenklich ein Gespräch am Nachbartisch beobachtete. Im Unterricht machte sie hin und wieder äußerst kluge und reflektierte Bemerkungen, aber meistens blieb sie still. Als wir über die «Wahrheit der Situation» sprachen, erklärte sie: «Egal welche zwischenmenschliche Situation mir begegnet, ich analysiere, was das Verhalten der Akteure bedeuten könnte und welche Antwort situativ stimmig ist. Dabei komme ich eigentlich immer auf verschiedene Alternativen, die ich gegeneinander abwäge, um mich dann für die passendste zu entscheiden.»

Kein Wunder, dass Eva so still war: An der internationalen *Business School*, an der wir uns trafen, gab es ständig neue kulturelle

Hinweisreize, die sie mit ihrem enormen Wissensschatz abglich, um ihr Verhalten dann – wie ein kulturelles Chamäleon – den jeweiligen Anforderungen anzupassen. Eva legte definitiv zu viel Wahrnehmungspräzision und situativen Spürsinn an den Tag. Es war fast, als würde sie immer nur auf Zehenspitzen herumlaufen, um ja niemandem auf die Füße zu treten. Vielleicht hatte sie in ihrer Kindheit erlebt, was viele *TCKs* berichten: dass kulturelle Fehltritte Scham, Kränkung und das Gefühl auslösen, nicht dazuzugehören. Wiederholen sich solche schmerzhaften Erlebnisse, wird in der Zukunft mit allen Mitteln versucht, einen sozialen Fauxpas zu vermeiden, und immer erst einmal innegehalten, um die Situation zu verstehen. Hier könnte eine *innere Vertreterin für Handlungssicherheit* für Ausgleich sorgen und manchmal «einfach machen».

2.3 Zwischenfazit – Du – I see you

Mit diesen Überlegungen zum «Ich» und «Du» sowie der «Situation» haben wir viele der Fähigkeiten betrachtet, die transkulturelle Kompetenz als Querschnittskompetenz ausmachen. Die folgenden Seiten drehen sich um das «Wir». Dafür öffne ich den Fokus, betrachte das Zusammenspiel von diversen komplexen Beziehungen auf unsere «transkulturelle Kompetenz» und nehme somit eine besonders integrale Perspektive ein.

Also schnallen Sie sich besser an: Der Blick weitet sich und unsere Reise verläuft nicht mehr ganz so linear wie bisher, sondern wird etwas turbulenter.

«Verantworte dein Tun und Lassen – persönlich und gesellschaftlich!», fordert die große humanistische Psychologin Ruth Cohn (1994). Dieser Grundauftrag begleitet mich in meiner täglichen Arbeit genauso wie beim Schreiben dieses Buches. Denn wenn es um Transkulturalität gehen soll, gehört dazu auch die Frage, wie wir eigentlich zusammenleben wollen. Wie wollen wir miteinander umgehen – auf individueller wie gesellschaftlicher Ebene? Und was können wir tun, um dorthin zu gelangen?

Letztlich sind wir alle sowohl für unsere individuelle als auch für unsere kollektive Lebenspraxis verantwortlich. Und was unser globales Zusammenleben angeht, gibt es guten Grund zur Sorge: Die Menschheit geht mit ihrem geteilten Lebensraum um, als gäbe es kein Morgen. Die reichsten 10 Prozent der Menschen verbrauchen über 50 Prozent der natürlichen Ressourcen. Vor allem die reicheren Länder ignorieren, dass unser ökonomisches Modell des grenzenlosen Wachstums schon lange seinen Zenit überschritten hat. Von Gleichberechtigung oder sozialer Gerechtigkeit sind wir weit entfernt, solange das reichste 1 Prozent der Weltbevölkerung über die Hälfte des Weltvermögens verfügt. Oder noch eindrucksvoller dargelegt: Die reichsten 100 Menschen verfügen über mehr Kapital als die ärmsten vier Milliarden – was im Übrigen mehr als der Hälfte der Weltbevölkerung entspricht.

Auch sonst lässt das globale Zusammenleben zu wünschen übrig. Trotz zunehmender globaler Vernetzung berichten immer mehr Menschen davon, sich einsam zu fühlen. Die Existenzen von Minderheiten und indigenen Völkern sind vielerorts gefährdet und zu allem Überfluss erleben Menschen tagtäglich Rassismus und Diskriminierung. Obwohl uns die Globalisierung näher zusammenbringt als je zuvor und wir Transkulturalität tagtäglich erleben, konzentrieren sich die einzelnen Gesellschaften und besonders die jeweiligen Medien auf die trennenden Elemente. Kein Wunder, dass viele Menschen ratlos und pessimistisch vor dem aktuellen Szenario stehen. So pessimistisch, dass es einem großen Teil der jungen Menschen naiv, alltagsfern, ja sogar unzulässig vorkommt, sich für eine gerechtere und bessere gemeinsame Zukunft einzusetzen. «Der modernen Gesellschaft insgesamt scheint jegliche Vorstellung abhandengekommen zu sein, dass sie anders, besser sein könnte, als sie ist. Sie hat keinen Wunschhorizont mehr, sondern ihre Zukunft offenbar schon hinter sich», bringt der Soziologe Harald Welzer (2019, S. 16) es auf den Punkt. Niemand scheint Antworten auf die niederschmetternden Szenarien und die vielbeschworene lähmende Perspektivlosigkeit zu haben.

Oder etwa doch? Die Suche nach Ansätzen für ein gutes globales Miteinander hat mich weit über die Grenzen meines Fachbereichs geführt. Und je länger ich mich eingelesen, je differenzierter ich mich umgeschaut habe, desto deutlicher wurde mir: Es gibt sie – eine unglaublich bunte, interdisziplinäre Bewegung, in der die einzelnen Akteurinnen und Akteure teils stark vernetzt sind, teils augenscheinlich noch gar nicht voneinander Kenntnis genommen haben. Gemeinsam ist ihnen das eine Ziel – in vielen bunten Facetten: eine starke globale Gemeinschaft zu konstruieren, die ein gutes, faires und nachhaltiges Miteinander aller Erdenbewohner gewährleisten will.

Und das werden wir brauchen, um die anstehenden Herausforderungen zu bewältigen. Die Vielfalt der kursierenden Ideen und Ansätze bietet nicht eine einzige Antwort, sondern ein ganzes Mosaik aus kleineren und größeren Transformationen. Vier Hebelthemen tauchen, in ganz unterschiedlicher Form, immer wieder auf: 1. Gegensätze integrieren, 2. die *Single Story* um weitere Perspektiven ergänzen, 3. das konstruktive Wir sowohl weiterentwickeln als auch darüber reden sowie 4. unsere Dialogbereitschaft kultivieren.

3.1 Die Integration von Gegensätzen

Das Brexit-Referendum 2016, also die Abstimmung über den Austritt des Vereinigten Königreichs aus der EU, traf auf eine besonders große Unterstützung bei den älteren Generationen. Viele Autorinnen und Autoren haben das Ablösungsbestreben der Älteren mit einer Sehnsucht nach dem verlorenen britischen Commonwealth, ihrer alten Weltordnung, in Verbindung gebracht. Denn die westliche Vormachtstellung der letzten Jahrhunderte brachte dem Westen nicht nur enorme Privilegien, sondern auch das sichere Gefühl, in einer «geordneten» Welt zu leben.

Wenn diese Weltordnung heute im Wandel ist, dann ist das gut so, war sie doch höchst ungerecht: Man denke nur an die Sklaverei und die Ausbeutung der ehemaligen Kolonien sowie die daraus resultierende und bis heute noch existierende gravierende ökonomische und soziale Ungerechtigkeit. Diese Veränderungen der Weltordnung sowie die tagtäglich erlebte Vernetzung führen dazu, dass viele Menschen die Welt heute als immer vielschichtiger, diverser, verflochtener und somit auch konfuser erleben. Mit den damit einhergehenden Widersprüchen und Divergenzen umzugehen, ist nicht immer einfach.

Das Wertequadrat kann dabei helfen, über unterschiedliche Verhaltensweisen, unterschiedliche Werte, unterschiedliche Arten und Weisen, die Welt zu verstehen, nachzudenken und sie gleichwertig nebeneinander stehen zu lassen. Wir können damit sogar über dieses «dialektische Denken» – also ein gleichzeitiges Nebeneinanderdenken von Gegensätzen – hinausgehen. Denn wenn es gelingt, zwei Qualitäten zu kombinieren, entsteht manchmal etwas Neues – kein Kompromiss, keine Mischung, sondern eine «dritte Qualität» (vgl. Abb. 34).

Verschiedene Beispiele für «dritte Qualitäten» sind Ihnen im Laufe des Buches schon begegnet. Auch der von Ruth Cohn ge-

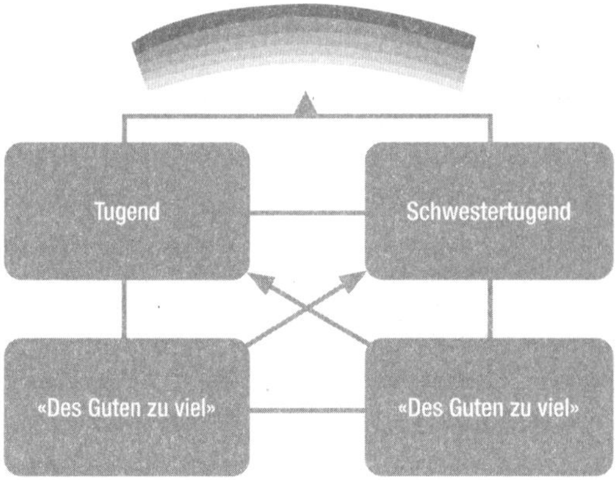

ABB. 34: Die «dritte Qualität» oder «Regenbogenqualität», die darüber hinausgeht, zwei Werte gleichwertig nebeneinander stehen zu lassen (vgl. Schulz von Thun et al. 2012, S. 247)

prägte Begriff «selektive Authentizität» (1999) gehört dazu. Er steht dafür, sowohl authentisch zu sich zu stehen als auch taktvoll die Gefühle des anderen zu wahren. Zu diesem Begriff gibt es die schöne Aufforderung von Ruth Cohn: «Alles, was gesagt wird, soll echt sein; nicht alles, was echt ist, soll gesagt werden» (Cohn 1999, S. 280). Eine wichtige kommunikative Faustregel, die ich mit Blick auf den kulturübergreifenden Kontakt gerne um folgenden Satz ergänze: «Und bei dem, was gesagt werden soll, will ich besonders sorgfältig darauf achten, wie ich es sage.»

Wir sprechen auch von Regenbogenqualitäten, weil sich die gegensätzlichen Schwesterntugenden, wie bei Regen und gleichzeitigem Sonnenschein, zu einer solchen «dritten Qualität» verbinden. Im Austausch mit Sozialarbeiterinnen und Sozialarbeitern habe ich folgende interessante Konzepte kennengelernt. Zum einen die «(heraus)fordernde Fürsorglichkeit» eines Sozialstaates, zum anderen das «distanzierte Engagement», hinter dem sich die

Fähigkeit verbirgt, sich für andere Menschen einzusetzen, ohne sie zu bevormunden oder am eigenen Einsatz auszubrennen. Auch Albert Schweitzers «Herzenshöflichkeit», Helm Stierlins «bezogene Individuation» oder der Begriff «hartnäckige Gelassenheit» sind anschauliche Beispiele für Regenbogenqualitäten (zit. nach Schulz von Thun 2018, S. 66).

Ich bin davon überzeugt, dass ein gutes globales Zusammenleben davon abhängt, inwiefern unsere Gesellschaften in der Lage sind, Dichotomien zu versöhnen, also beide Seiten eines Wertequadrates gleichzeitig zuzulassen. Zukunftsforscher wie Matthias Horx und Harald Welzer beschäftigen sich vertiefend mit den Gegensatzpaaren, mit deren Integration sich unsere Gesellschaften in den nächsten Jahren befassen werden (müssen): darunter Digitalisierung *und* persönlicher Kontakt, progressiv *und* reaktionär, Heimatgefühl *und* Welthorizont, Gemeinschaftlichkeit *und* Individualität, Flexibilität *und* Sicherheit. Für das letzte Gegensatzpaar haben die fortschrittlichen skandinavischen Länder schon vorgelegt: Das arbeitsmarktpolitische Konzept «Flexicurity» stellt den bewussten Versuch dar, Gegensätze zu integrieren und Arbeitnehmerinnen und Arbeitnehmern sowohl Flexibilität *(flexibility)* als auch Sicherheit *(security)* zu bieten.

Um transkulturellen Herausforderungen wirklich gerecht werden zu können, müssen wir – analog zu diesem Beispiel – lernen, besser mit Mehr- und Doppeldeutigkeit zu leben. Im interkulturellen Feld wird diese Kompetenz oft mit dem geflügelten Begriff «Ambiguitätstoleranz» beschrieben. Darunter wird meist die Fähigkeit verstanden, mit neuen Situationen, widersprüchlichen Hinweisreizen oder ungewohnten Handlungen und Kommunikationsformen konstruktiv umzugehen, ohne diese Abweichungen von der eigenen Normalität als Bedrohung zu empfinden.

Es kann frustrierend sein zu hören, dass ein großer Teil von transkultureller Kompetenz darin besteht, Ambiguität auszuhalten – wie viel einfacher könnte man es sich doch mit praktischen *Dos-and-Don'ts*-Listen machen! Trotzdem berichten fast alle Teilnehmer und Teilnehmerinnen meiner Veranstaltungen von einer enormen Lernkurve in Sachen Ambiguitätstoleranz. Das deckt sich mit den wissenschaftlichen Befunden: Denn während noch diskutiert wird, ob Ambiguitätstoleranz möglicherweise auch genetisch veranlagt ist, gilt es als gesichert, dass sie sich auf jeden Fall zu einem großen Teil trainieren lässt.

In kulturellen Begegnungssituationen bedarf es manchmal schlichtweg der Fähigkeit, widersprüchliche Hinweisreize und negative Gefühle auszusitzen. Und wenn wir es einmal ganz genau betrachten, ist das doch eine ganz praktische Verhaltensempfehlung. Falls Ihnen das noch nicht reicht, dann kann ich Ihnen versichern, dass Sie mit jedem Wertequadrat, das Sie erstellen, Perspektivenflexibilität, dialektische Weltsicht und Ambiguitätstoleranz trainieren.

In der Praxis geht es übrigens nicht darum, den perfekten Begriff für eine Regenbogenqualität zu finden. Vielmehr geht es darum, sich erstens der gegensätzlichen Anforderungen bewusst zu sein und sich zweitens zu fragen, wie es gelingen kann, die daraus resultierende Gegensatzspannung «zu leben». Also das Spannungsverhältnis innerlich zuzulassen und sowohl vor anderen als auch vor sich selbst zu diesen ambivalenten inneren Tendenzen stehen zu können. Das heißt konkret, zu akzeptieren, dass man Anteile hat, die beide Positionen vertreten – und das auch willkommen zu heißen.

Diese Überlegungen bringen uns direkt zum nächsten Punkt: die Gefahr der *Single Story*.

3.2 Zum Problem der *Single Story*

Wenn Menschen gemeinsam in einem Raum einen Film sehen oder einen Vortrag verfolgen – kurz: eine Geschichte hören –, dann werden bei allen ganz ähnliche Hirnareale aktiviert. Die einzelnen Mitglieder der Gruppe synchronisieren ihr Denken. Kein Wunder, dass unser Gehirn Geschichten liebt. Sie vermitteln uns das Gefühl, zu einem großen Ganzen dazuzugehören. Darüber hinaus nutzen wir Geschichten seit Menschengedenken, um komplexes Wissen innerhalb von Kulturen weiterzugeben, Problemlösungen aufzuzeigen, Denkprozesse anzuregen, Informationen emotional zu verarbeiten oder Verhaltensänderungen einzuleiten. Das gemeinschaftliche Gruppendenken in Mythen und Legenden ist also tief in unserem Sein verwoben.

Wenn ich im Folgenden von Geschichten spreche, verstehe ich darunter weit gefasst all die Narrationen, die Gruppen zu einer Gemeinschaft zusammenschweißen und Identität stiften. Das können klassische Märchen, Mythen oder Erzählungen sein, darüber hinaus meine ich aber auch abstrakte Narrative auf gesellschaftlicher Ebene, mit denen wir Wissen und Werte weitergeben. Der Historiker Yuval Harari nennt als Beispiele dafür etwa Religion, Nation, Ideologie, Staaten oder Menschenrechte, also keine objektiven Gegebenheiten, sondern erfundene und beibehaltene Ideen. Geld sei übrigens die erfolgreichste Geschichte, die der Mensch je erfunden habe, weil, so Harari, alle Menschen überall auf der Welt daran glauben. In seinem TED-Talk (2015) verdeutlicht er seine Thesen folgendermaßen: «[Sie können keinem Schimpansen erzählen]: ‹Sehen Sie dieses grüne Stück Papier? Es ist tatsächlich 10 Bananen wert.› Und wenn ich es glaube und Sie es glauben und alle es glauben, dann funktioniert es auch. Ich kann dieses wertlose Stück Papier mit in den Supermarkt nehmen, einem völlig Fremden geben, den ich zum ersten Mal treffe, und bekomme dafür echte Bananen, die ich wirklich essen kann. Das ist wirklich erstaunlich. Schimpansen würden sich nie darauf einlassen.»

Menschen hingegen glauben an solche erdachten «Fakten» und «Realitäten», und das ist ein ganz wesentlicher Unterschied zu allen anderen Lebewesen. Sie glauben sie einerseits aus Loyalität zur Gruppe, andererseits weil sie innerhalb ihrer Gruppe die immer gleichen Geschichten hören und die Narrative dementsprechend als plausibel wahrnehmen. So werden Geschichten weitestgehend unreflektiert als real und alternativlos verankert.

Warum es so wichtig ist, welche Geschichten wir uns erzählen, hat der Experte für internationale Gesundheit Hans Rosling (2018) eindrücklich aufgezeigt. Von den Tausenden Menschen, die er über die Zustände der Welt befragte, lag ein Großteil völlig falsch. Unabhängig davon, ob es um den Anteil von Menschen ging, die in extremer Armut leben, um Bevölkerungswachstum, Gesundheitsversorgung oder die Schulbildung von Mädchen: Die Einschätzung von Schimpansen – die einer Zufallsauswahl gleichkommt – lieferte mehr richtige Antworten als die von Otto-Normalverbrauchern, Politikerinnen, Investmentbankern und anderen Entscheidungsträgerinnen. Nobelpreisträger schlossen sogar besonders schlecht bei Roslings Tests ab. (Auf www.gapminder.org können Sie den Test selbst ausprobieren.)

Erzählen wir uns also die falschen Geschichten? Das hat sich auch der Historiker Rutger Bregman (2020) gefragt angesichts des pessimistischen Blicks, mit dem besonders die westliche Denktradition auf das Wesen der Menschen schaut. Sie gelten im «Naturzustand» als egoistisch und aggressiv, obwohl doch die meisten unserer ganz persönlichen Erfahrungen belegen, dass Menschen vor allem sozial, solidarisch, freundlich und friedlich sind. Schauen Sie sich einfach gedanklich in Ihrem eigenen Bekanntenkreis um. Diese Beobachtung wird übrigens von diversen wissenschaftlichen Ergebnissen klar gestützt.

Auch aus evolutionärer Sicht spricht einiges dafür, dass Menschen bessere Chancen aufs Überleben hatten, wenn sie sich halfen, anstatt sich gegenseitig umzubringen. Die Paläoanthropologie geht inzwischen davon aus, dass Gewalt selbst in der menschheitsgeschichtlichen Kinderstube – also zu Zeiten von Sammlern und Jägern – sehr selten vorkam (Söderberg 2013). Der tiefe menschliche Widerwille gegen Gewalt und Töten zeigt sich etwa auch darin, dass in zurückliegenden Kriegen ein Großteil der Soldaten ihre Schusswaffen nicht genutzt hat. Wobei es «dank» der heutigen hoch entwickelten Tötungsmaschinerie – mit der menschliche Impulse deutlich leichter umgangen werden können – leider ein wenig anders aussieht.

Um seine Ideen zu belegen, räumt Bregman gleich mit einigen der pessimistischsten psychologischen Forschungsergebnisse zur menschlichen Natur auf, wie etwa dem Stanford-Gefängnis-Experiment oder Milgrams Stromschlag-Experiment, indem er nachzeichnet, dass beide Fälle auf Manipulationen bzw. willkürlichen Interpretationen beruhen.

Und auch Erfahrungen aus jüngerer Zeit zeigen, dass Menschen in Notsituationen, wie etwa während des Hurrikans Katrina 2005, nicht in anarchistische Gewaltexzesse verfallen, sondern sich miteinander solidarisieren und sich gegenseitig helfen – ganz entgegen den geläufigen Narrativen (vgl. Quarantelli 2008). Es sei demnach eine sehr gut belegte Tatsache, so Bregman (2020), dass Katastrophen nicht das Schlechteste im Menschen zum Vorschein brächten, sondern das Beste. Angesichts dieser Erkenntnisse lautet seine teilweise als «revolutionär» gefeierte These: «Der Mensch ist von Natur aus gut.» Eine Ansicht, die humanistische Psychologen wie Carl Rogers, Virginia Satir, Abraham Maslow oder Ruth Cohn bereits seit den 1950er-Jahren vertreten. Darüber hinaus hat diese Position in der Philosophie eine lange Tradition und wird inzwischen von etlichen renommierten Forschenden aus anderen

Fachrichtungen propagiert. Ein Grund mehr sich zu fragen, warum diese Sichtweise es so schwer hat.

Sowohl Rosling als auch Bregman zeigen auf, wie eine einseitige Wahrnehmung unsere Weltsicht trübt. Wir unterliegen immer wieder systematischen Wahrnehmungsfehlern. Das menschliche Gehirn ist eine echte Dramaqueen, die meistens rasch zu Entschlüssen und Urteilen kommt, die sie nur ungerne revidiert. Denken Sie nur daran, wie lange sie auf einem einzigen negativen Kommentar eines Kollegen herumkauen können, während die positive Wirkung der Komplimente aller anderen schon lange verflogen ist.

Dieser Effekt, dem wir Menschen unterliegen, ist als «Negativitätsdominanz» bekannt (engl. *negativity bias*). Negative Ereignisse, Emotionen oder soziale Interaktionen haben einen deutlich stärkeren Einfluss auf unsere Denkprozesse, unseren psychischen Zustand und unser Verhalten als positive. Schlechte Nachrichten fesseln unsere Aufmerksamkeit, denn es war immer wichtig für das menschliche Überleben, Informationen über Gefahrensituationen auszutauschen und diese Geschichten zu erinnern.

Während die Negativitätsdominanz uns vor langer Zeit dabei helfen konnte, das Überleben zu sichern, erweist sie sich heute als Gefahr für eine realistische Einschätzung der Welt. Vor allem, wenn wir uns tagtäglich Not, Leid und Gefahr in Form von effektheischender Berichterstattung auf unsere Mobiltelefone und in unsere Wohnzimmer holen. Denn wenn wir uns heute keine Geschichten mehr rund um eine Feuerstelle herumsitzend erzählen, dann nur, weil wir sie uns inzwischen von Bildschirmen erzählen lassen. Ein Kinobesuch macht Spaß, weil wir uns aktiv in andere hineinversetzen, um ihre Perspektive zu verstehen: Blutdruck und Körperspannung steigen an, wenn es aufregend wird, traurige Szenen treiben uns die Tränen in die Augen und ein Happy End macht uns glücklich. Wenn wir Geschichten hören, holen wir die

Außenwelt in unser geistiges Zuhause. Geschichten machen also etwas mit uns, und weil sie etwas mit uns machen, müssen wir aufpassen, welche Geschichten wir anhören und wer sie erzählt.

Damit wir uns nicht falsch verstehen: Ja, natürlich gibt es zu viel globale Ungerechtigkeit und strukturelle Gewalt, natürlich läuft so einiges schief und natürlich kann es so nicht weitergehen mit uns auf diesem Planeten. Fakt ist aber auch: Seit die Menschen sesshaft geworden sind, starben noch nie weniger Menschen durch den Einfluss von Gewalt, die Gewaltkriminalität sinkt weltweit kontinuierlich und es gab nie weniger Kriege als heute. Hinzu kommt: Menschen sind – global betrachtet – so frei wie noch nie. Und was fast noch wichtiger ist: Vor 200 Jahren lebten noch über 80 Prozent der Menschen in extremer Armut, heute sind es weniger als 10 Prozent. Auch wenn das immer noch viel zu viele Menschen sind, zeigt sich erfreulicherweise weltweit ein anhaltender positiver Trend.

Geringere Armut, eine sinkende Kindersterblichkeit, eine zunehmende Ausbildung von Frauen und Mädchen sowie der Zugang zu Verhütungsmitteln hat außerdem dazu geführt, dass das weltweite Bevölkerungswachstum nicht mehr exponentiell steigt. Stattdessen flacht die Kurve ab und wird sich in den nächsten Jahrzehnten voraussichtlich auf einem Plateau einpendeln (vgl. u. a. Rosling 2018, Horx 2019, Bregman 2020).

Uns Menschen geht es heute nicht nur deutlich besser, wir sind im weltweiten Durchschnitt gesünder, wohlhabender und leben länger als jemals in der gesamten Menschengeschichte – warum sind wir uns dessen so wenig bewusst? Das sind doch Informationen, die Hoffnung machen könnten, dass eine Entwicklung in die richtige Richtung möglich ist. Sie ahnen die Antwort: Wir hören *Single Story*s. Wir sind einer einseitigen Berichterstattung ausgesetzt, die einseitige Geschichten erzählt und einseitige Reaktionen in uns hervorruft. Und dann ist unser Gehirn auch noch darauf programmiert, böses oder niederträchtiges Verhalten und tragische Einzelschicksale in den Fokus unserer Aufmerksamkeit zu rücken. Dagegen hat es während der Evolution leider kein Interesse daran entwickelt, diese furchtbaren Schicksale mit der statistischen Datenlage abzugleichen.

Neben der Negativitätsdominanz unterliegen wir einer zweiten Wahrnehmungsverzerrung: der Verfügbarkeitsheuristik (engl. *availability bias*). Je schneller ähnliche Situationen in unserem Gehirn verfügbar sind, desto wahrscheinlicher erscheint uns ein Ereignis. Wissenschaftlich gilt es als gut belegt, dass regelmäßiger Nachrichtenkonsum einhergeht mit Fehleinschätzungen von Risiken, Abstumpfung und Feindseligkeit gegenüber anderen sowie generalisierten negativen Gefühlen (vgl. Bregman 2020). Auch die sozialen Medien machen sich diese Wahrnehmungsverzerrungen zunutze: Je mehr Klicks, desto gewinnbringender die Anzeigen – und Menschen klicken Nachrichten zu Unglücken, schockierenden Taten und Katastrophen nun mal viel häufiger an. Wenn wir immer wieder ein bestimmtes Menschenbild vorgehalten bekommen, wen wundert es dann, wenn wir Menschen weniger vertrauen?

Der Medienpsychologe George Gerbner (1980) brachte diese Reaktion mit dem Ausdruck «Gemeine-Welt-Syndrom» auf den Punkt. Er beschreibt, wie alltäglicher Konsum von Gewaltdarstellungen dazu führt, dass Menschen Risiken völlig falsch einschätzen, das Gefühl entwickeln, einer bedrohlichen und gefährlichen Umwelt ausgesetzt zu sein, und davon ausgehen, dass Menschen an sich schlecht, egoistisch und gewaltbereit sind. Das gilt natürlich – in allererster Linie – für Menschen, die wir nicht persönlich kennen: die «Fremden». Denn von den Menschen, die wir persönlich kennen, wissen wir ja, dass sie eigentlich ganz nett sind.

3.2.1 Pessimismusdominanz – von *German Angst* und Faktivisten

Kennen Sie den Begriff «*German Angst*»? Im englischen Sprachraum wird uns diese typisch deutsche Furcht vor dem Verlust von Wohlstand, Sicherheit oder auch Kontrolle nachgesagt. Wie der Begriff «Weltschmerz» gilt diese besondere Gefühlsqualität als nur schwer ins Englische übersetzbar. Dass es sich bei der *German Angst* tatsächlich um ein «rein» deutsches Phänomen handelt, bezweifle ich, gleichzeitig scheint es sich um eine Tendenz zu handeln, die sich in Deutschland besonders deutlich zeigt. Auch die Mitglieder der Schweizerischen Vereinigung für Zukunftsforschung trieb vor einigen Jahren das Gefühl um, dass man in Europa, und ganz besonders in Deutschland und der Schweiz, deutlich besorgter als anderswo auf der Welt in die Zukunft schaute. Seitdem kommen sie Jahr um Jahr mit ihrem «Schweizer Hoffnungsbarometer» (2020) zu dem Ergebnis, dass die Befragten geradezu mit Problemen, Risiken und Katastrophen rechnen.

Wenn wir heutzutage ständig mit Angstmachendem konfrontiert sind und überproportional viel von Not, Leid und dem Bösen im Menschen hören, reagiert unser Gehirn mit Angst. Und die hat wiederum eine fast schon hypnotische Wirkung auf uns, die uns in eine regelrechte «Angst-Trance» fallen lassen kann, bei der wir davon ausgehen, dass das Schlimmste passieren wird. Dann liegen wir quasi auf der «Negativlauer», nehmen Negatives natürlich besonders deutlich wahr, wodurch letztlich eine Negativspirale entsteht, die die Weltsicht unserer Gesellschaften verzerrt, Kreativität und Handlungsmöglichkeiten einschränkt und zu erlernter Hilflosigkeit führt.

Unser gut verdrahteter innerer *Katastrophenvorherseher* ist fast so alt wie die Menschheit selbst. Er achtet darauf, dass wir nicht naiv durch die Prärie laufen und dort vom Löwen gefressen werden oder glücklich summend vor ein Auto hopsen. Ein wichtiger innerer Anteil, der allerdings – so scheint es zumindest – das Zeug dazu hat, zu einem *inneren Katastrophen-Goliath* anzuwachsen. Nach außen zeigt sich diese Stimme etwa in Vorträgen, wenn das Publikum dem Sprecher schlichtweg nicht glauben will, wenn dieser faktenbasiert aufzeigt, dass die Welt in den letzten Jahrzehnten und Jahrhunderten eben auch besser geworden ist.

Wo steckt die Antipode zu unserem *Katastrophenlüstling,* pardon *Katastrophenvorherseher*? Der Teil, der sich dafür interessiert, was gut läuft? Denn für ein gutes inneres Gleichgewicht braucht es ein Gegengewicht. Rosling etwa nannte sich in den letzten Jahren einen «Faktivisten» (vgl. Horx 2019, S. 213), also einen Aktivisten, der sich Daten und Fakten verschrieben hat. Wo bleibt also unser *innerer Faktenversteher,* wenn man ihn braucht? Einer, der die positiven, hoffnungsvollen Entwicklungen aus den abstrakten Statistiken herauslesen kann?

Neurowissenschaftler, Historikerinnen, Zukunftsforscher, Ökonominnen, Gesundheitsexperten und Psychologinnen: Inzwischen werden immer mehr Stimmen laut, die eindringlich darauf aufmerksam machen, dass wir eine aktive und wachsame innere Gegenbewegung kultivieren müssen, um die positiven Entwicklungen, die guten Beispiele für das Zusammenleben von einzelnen Personen, Gruppen und Organisationen um uns herum bewusst wahrzunehmen. Kurz, wir müssen für ein gutes inneres Gleichgewicht an guten und schlechten Nachrichten sorgen: Wir brauchen – unter anderem – einen wertschätzenden Blick auf die Natur des Menschen und einen hoffnungsvollen Blick in die Zukunft, um die Welt realistisch wahrzunehmen und handlungsfähig zu bleiben.

3.2.2 Optimismusdominanz – von Hoffnungsbarometer und Regnose

Wenn der *innere Katastrophenvorherseher* Teil der menschlichen Grundausstattung ist, wird dann so ein hoffnungsvoller *innerer Optimist* nicht vielleicht auch gleich mitgeliefert? Lassen Sie uns noch einmal zum «Schweizer Hoffnungsbarometer» zurückkommen. Die Mehrheit der 2020 Befragten erwartete für die kommenden 20 Jahre Verschlechterungen, Krisen und Probleme in quasi allen gesellschaftlichen Bereichen. Die einzige Ausnahme: Was ihr eigenes Leben anging, blickten sie hoffnungsvoll in die Zukunft! Zahlreiche Studien weisen darauf hin, dass das nicht nur für die reichen Schweizerinnen und Schweizer gilt, sondern dass Menschen überall auf der Welt ihre unmittelbare Umgebung – bis auf wenige Ausnahmen – als prinzipiell positiv bewerten und hoffnungsvoll in die eigene Zukunft blicken. Wie kommt es zu diesem Effekt? Weil sie sich in ihrem Beziehungsnetzwerk aus losen Bekanntschaften in ihrem Dorf oder in ihrem Stadtteil bewegen und weil sie tagtäglich direkte soziale Unterstützung durch Freunde und Familie erleben.

Auch die Neurowissenschaftlerin Tali Sharot (2012) hat sich mit diesem Phänomen beschäftigt und setzt der Negativitätsdominanz diesen kulturübergreifenden Hang zum «Optimismus, was das eigene Leben angeht», entgegen. Und der besagt: Wenn es um unsere Zukunft und die Zukunft unserer Lieben geht, dann sind wir *auch* dazu veranlagt, optimistisch zu denken. Diese Optimismusdominanz erklärt, warum Frischvermählte die Wahrscheinlichkeit, dass sie sich einmal scheiden lassen, systematisch gegen null einschätzen, oder warum Menschen Kinder bekommen und wirklich glauben, dass ihr Kind nicht viel Arbeit machen wird. O-Ton: «Meins schläft garantiert nachts durch.» Die Optimismusdominanz hilft, Stress und Angst zu verringern, während sie gleichzeitig Forschungsdrang, Kreativität und Innovation fördert.

Der Glaube, dass ein Ziel erreichbar ist, motiviert Menschen und kann dann wie eine sich selbsterfüllende Prophezeiung funktionieren. So glauben optimistische Menschen eher, dass sie ihr Leben verlängern können, wenn sie etwas für ihre Gesundheit tun. Und, Überraschung – es funktioniert!

Zu unserer menschlichen Grundeinstellung gehört also auch ein *innerer Optimist* – zumindest in Bezug auf unser persönliches Leben. Woran es uns hingegen offensichtlich zu mangeln scheint, sind optimistische Leitbilder für das große Ganze, für unsere Weltgemeinschaft. Das ist gefährlich, denn für Veränderungen brauchen wir genau diese optimistischen visionären Leitbilder. Immer wenn soziale Veränderungen und Kulturwechsel ineinandergegriffen haben, war der Beginn dieses Umbruchs ein visionärer Blick in die Zukunft. Kaum etwas von dem, was heutzutage zu unserem ganz normalen kulturellen Bedeutungsgewebe gehört, ist so normal, wie es uns erscheint. Die Abschaffung der Apartheid, Gewaltenteilung, Kinderrechte, das Frauenwahlrecht, aber auch das Rauchverbot in öffentlichen Räumen oder ein von der Mehrheit getragenes gesellschaftliches Bewusstsein für den Klimawandel – all das war einmal utopisch.

Inzwischen ist ein ganzer Forschungszweig entstanden, der sich damit beschäftigt, wie Zukunftsvorstellungen auf die Handlungen und Lebensweisen von Menschen wirken und somit auch Kulturwechsel vorantreiben können. In den Worten des Zukunftsforschers Matthias Horx (2019, S. 10): «Menschen sind Zukunftswesen. Wir können gar nicht anders, als uns unentwegt das Kommende vorzustellen. Etwa 40 Prozent des Tages beschäftigen wir uns mit dem, was passieren wird oder geschehen könnte. Diese Eigenschaft ist von der Evolution geprägt: Mit unserem übergroßen Hirn sind wir *homo prospectus*, der vorausschauende Mensch.»

Menschen sind dazu in der Lage, Vorstellungen im wahrsten Sinne des Wortes «zum Leben zu erwecken». Im Coaching machen wir uns diese Kraft des Imaginierens zunutze, beispielsweise wenn wir Menschen fragen, wo sie am Ende ihrer Karriere stehen wollen und wie sie glauben, dorthin gelangen zu können. Dem gleichen Prinzip unterliegt die von Horx vorgeschlagene Technik, sich gedanklich in die Zukunft zu beamen. Er nennt diese Technik «Regnose» in Abgrenzung zur «Prognose» (vgl. Horx 2020, S. 6). «Regnose» bedeutet, sich geistig ins Morgen zu begeben, um aus dieser «rückwärtigen» Perspektive zu fragen, wie man dort landen könnte, etwa nach dem folgenden Schema: «Wenn wir in zwanzig Jahren zurückschauen, wird Folgendes passiert sein, und diese Einstellungen, Handlungen und Entscheidungen werden uns dabei geholfen haben, dort anzukommen, wo wir dann glücklicherweise sind.»

Auf diese Weise antizipieren wir die angsteinflößenden Ereignisse aus der Zukunft nicht mehr nur. Stattdessen setzen wir uns damit auseinander, wie wir uns und unser Bewusstsein an diese veränderte Welt angepasst haben, wie wir dazu beigetragen haben werden. Und dieser Prozess verändert uns. Denn dank dieses Perspektivwechsels nehmen wir aktiv an unserer Zukunft teil.

Wir wissen, dass Menschen, die an einer schweren Krankheit leiden, schneller genesen, wenn sie ihr Leben nach der Genesung planen. Wir wissen auch, dass imaginierte, also ausgedachte, gesellschaftliche Zukunftsvisionen das Handeln in der Gegenwart beeinflussen. In diesem Sinne brauchen Menschen positive Zukunftsentwürfe, die sie gleich einer unsichtbaren Kraft in die richtige Richtung ziehen – und sie brauchen die Möglichkeit, sich selbst als aktiven Teil dieses Zukunftsprozesses zu sehen. Dann kann die Vorstellung einer positiv veränderten Welt zu einer Selbst-Veränderung führen, die wiederum eine tatsächliche Welt-Veränderung nach sich zieht (vgl. Horx 2019).

Dagegen bewegen sich Menschen ohne die Vorstellung einer attraktiven Zukunft, ohne Visionen, nur noch in eine Richtung: gen Hoffnungslosigkeit und Depression.

Selbstverständlich geht es mir nicht um blauäugigen Optimismus. Der ist genauso schädlich und weltfremd wie ein zu angstbesetzter Blick in die Zukunft. Eine bequeme «Wird schon gelingen»-Haltung lädt dazu ein, sich der Illusion hinzugeben, man sei quasi schon angekommen, und führt ebenso zu Erstarrung (vgl. Oettingen 2015). Die Herausforderung besteht darin, einen Mittelweg zu beschreiten: einerseits Schwierigkeiten, Ungerechtigkeiten und Gefahren realistisch zu betrachten, aber ohne sich dabei in der Perspektivlosigkeit einzurichten und jedwede Hoffnung zu verlieren; andererseits Visionen zu entwickeln sowie Verbesserungen und Fortschritte zu erkennen, ohne in unkritischen Optimismus zu verfallen.

Rosling (2018, S. 59), der es sich zum Lebensthema gemacht hat, eine auf Fakten beruhende Weltsicht zu fördern, bringt eine dritte Qualität ins Spiel (vgl. Abb. 35), wenn er schreibt: «Ich bin kein Optimist. Das erschiene mir viel zu naiv. Ich bin ein sehr ernsthafter ‹Possibilist›. Das ist ein Begriff, der mir eingefallen ist. Er bezeichnet einen Menschen, der weder unbegründeten Hoffnungen anhängt noch sich durch unbegründete Befürchtungen ängstigt.» Denn natürlich wird die Welt sich nicht von selbst verbessern. Aber wenn wir nur unseren *inneren Katastrophen-Goliath* wahrnehmen und deswegen tatenlos bleiben, wird es ganz sicher überhaupt nicht geschehen.

Eine possibilistische Wertehaltung verbindet aktivierendes Gefahrenbewusstsein mit hoffnungsvollem Teilhaben an positiven Zukunftsvisionen.

Wenn wir als Menschen aktiv zu einer (Welt-)Gemeinschaft zusammenwachsen wollen, dann brauchen wir demnach mehr Futter für unseren *inneren Gesellschaftsoptimisten*. Wir müssen als Gegengewicht zum «Immerschlimmerismus» des aktuellen Diskurses attraktive Visionen entwickeln, die u. a. mehr Zeit für den Freundes- und Familienkreis, mehr individuelles Engagement,

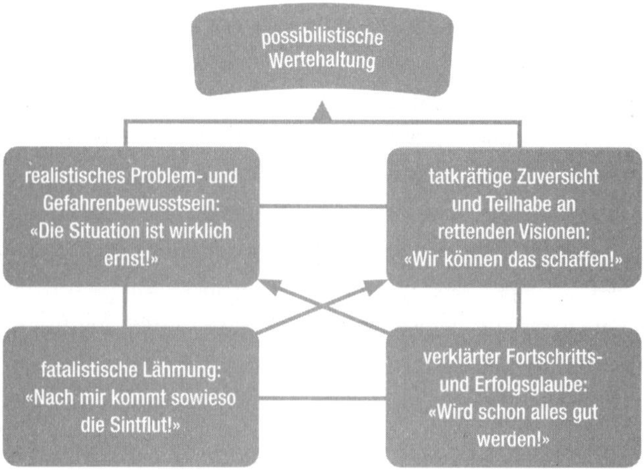

ABB. 35: Wertequadrat zu den Herausforderungen einer possibilistischen Wertehaltung (Quelle: Fuchs, Schulz von Thun in privater Korrespondenz)

mehr Klimaschutz, mehr globale Gerechtigkeit und gesellschaftliche Kooperation beinhalten. Und es empfiehlt sich, hier und da per «Regnose» kleine Stippvisiten in diese Lebensentwürfe zu unternehmen.

Wir müssen sie alle beisammenhaben: den *Katastrophenvorherseher*, die *Faktencheckerin*, den *Optimisten* für unsere kleine persönliche individualistische Welt und eine *Gesellschaftsoptimistin* für das große Ganze.

Meine Vision ist, Sie ahnen es, die eines weltweit geteilten Verständigungsoptimismus. Und ich kann Ihnen versichern, Gründe, verständigungsoptimistisch zu sein, gibt es zur Genüge. Im Laufe der Evolution haben wir uns zu Wesen entwickelt, die Kooperation, Kommunikation, Empathie und Perspektivübernahme Tür und Tor öffnen. Selbst millisekundenlange unwillkürliche Gesichtsausdrücke können wir mit einer enormen Präzision dechiffrieren. Und wenn wir mit anderen sprechen, übernehmen wir deren Körperhaltung und Mimik, ohne uns dessen überhaupt bewusst zu werden. Wir *Wechselwirkungswesen* reagieren so sensibel aufeinander, dass wir sogar Atmung, Herzschlag oder die im Blutkreislauf enthaltenen Chemikalien automatisch co-regulieren. Zuständig dafür sind die berühmten Spiegelneuronen. Der Vollständigkeit halber sei darauf hingewiesen, dass verschiedene neurobiologische Systeme daran beteiligt sind, Motive, Gedanken, Gefühle und Absichten anderer Menschen zu verstehen (vgl. Chang 2016). Doch völlig unabhängig davon, wie die genauen Hirnstrukturen aussehen: Menschen sind wahre Stimmungsseismografen. Einerseits sind sie in der Lage, Gefühle und Stimmungslagen von anderen intuitiv aufzunehmen und zu lesen und andererseits lassen sie sich selbst spontan davon anstecken. Im *Inneren Team* gedacht, fühlen sich unsere *inneren Teammitglieder* offensichtlich eingeladen, die *Mannschaftsaufstellung* des Gegenübers zumindest teilweise zu übernehmen. Dann kurbelt unser *innere Harmoniewächterin* unser Belohnungszentrum an, bloß weil das Gegenüber glücklich ist. Und geht unsere *innerer Weltschmerzgebeutelter* an die Kontaktlinie, wird geteiltes Leid nicht nur sprichwörtlich zum halben Leid, wenn ich sehe, wie es meiner Gesprächspartnerin auch gleich ein bisschen schwerer ums Herz wird. Ein interessanter Nebeneffekt davon ist, dass uns unser Gegenüber nun sympathischer ist, weil es unseren Gefühlszustand teilt uns sich so verhält wie wir selbst.

Wir sind also per Grundeinstellung Verständigungsexpertinnen, deswegen kann auch überall auf der Welt ein Blick in die Augen ausreichen, um sich zu verstehen. Etwa wenn Passanten gemeinsam über eine witzige Begebenheit auf der Straße schmunzeln oder Umstehende den gestressten Eltern eines wütenden Kleinkindes Verständnis signalisieren.

Neben anderen hat auch Rutger Bregman (2020) aufgezeigt, dass die Evolution sogar regelrecht dafür gesorgt hat, dass wir uns nur schwer *nicht* verständigen oder gar verstellen können. So erröten wir etwa in sozialen Situationen und zeigen damit unserem Gegenüber, wenn wir freudig erregt, zornig, aufgeregt oder gar peinlich berührt sind. Anhand der Pupillenerweiterung lassen sich Rückschlüsse auf die emotionale Beteiligung und Gefühlszustände wie Freude, Trauer, Ekel, Stress oder Müdigkeit ziehen. Damit anderen diese Einladung unserer Augen als sprichwörtliches Tor zur Seele auch ja nicht entgeht, sind Iris und Pupille auffällig kontrastiert und mit der weißen Sklera sowie mandelförmigen Augenlidern umgeben. Dadurch geben wir auch noch bereitwillig Preis, wohin wir schauen. Tiere tun das mit ihren üblicherweise runden und komplett dunklen Augen nicht, ihnen fällt es deutlich schwerer, anderen «schöne Augen zu machen» oder mithilfe eines auffordernden Blickes kooperatives Verhalten einzufordern.

Kurz: Dank unseres tief verwurzelten emotionalen Resonanzsystems sind wir bestens für Verständigung ausgerüstet, kulturübergreifenden Kontakt selbstverständlich mit eingeschlossen.

3.3 Die konstruktive Gemeinschaft

In der Literatur beschäftigen sich viele positive Zukunftsvisionen mit dem, was eine Kollegin von mir einmal sehr treffend das «konstruktive Wir» genannt hat. Damit bezog sie sich auf die Notwendigkeit eines Gegengewichts zum aktuell so überbetonten Individualismus. Natürlich sind die Würdigung des Individuums, das Ideal der Selbstverwirklichung und Selbstwirksamkeit sowie die Möglichkeit, das eigene Leben mitbestimmen zu können, begrüßenswerte moderne Errungenschaften. Gleichzeitig bringt die wachsende individuelle Freiheit aber auch den Verlust des sozialen Zusammenhalts mit sich.

In Großbritannien gibt es neuerdings eine Einsamkeitsministerin, aus Japan erreichen uns Nachrichten von Robotern gegen die

Einsamkeit und Familien zum Mieten. Weltweit ist die Tendenz zu beobachten, dass Menschen sich von kollektivistischen großfamiliären und dörflichen Sozialstrukturen abwenden – und es offensichtlich verpassen, neue Sozialstrukturen aufzubauen. Der Publizist David Brooks (2020) geht so weit, die alternativlose Entwicklung zur Kernfamilie – also ein oder zwei Elternteile und ein bzw. mehrere Kinder in einem Haushalt anstelle der vorher üblichen Großfamilie – zu einem historischen Irrtum zu erklären. Besonders alte Menschen und Kinder litten darunter, darüber hinaus stürze er die sozial Schwachen in Einsamkeit und Armut. Weiter vorne habe ich Pippi Langstrumpf als *Individualismusvertreterin* herangezogen. Bei genauerem Hinsehen muss dieses vollständig auf sich selbst angewiesene Kind ziemlich einsam gewesen sein. Trotz einem Koffer voller Gold und ihrem Motto «Ich mache mir die Welt, wie sie mir gefällt».

«In den zurückliegenden zwei Jahrhunderten hat sich das Individuum in unseren Breitengraden erfolgreich von so ziemlich allem und jedem emanzipiert», schreibt die Schriftstellerin Juli Zeh (2018, S. 15). Dann folgert sie: «Es ist absolut bezeichnend, wonach der befreite Mensch sofort zu suchen begann: nämlich nach sich selbst.» (Ebd., S. 17.) Wird die Selbstsuche – inklusive der damit einhergehenden Trends zur Selbstzentrierung, Selbstvermarktung und Selbstoptimierung – übertrieben, wird sie zu stark narzisstisch aufgeladen, werden die Menschen zu *«Ego-Shootern»*. Übrig bleibt dann, Zeh zufolge, das Turbo-Ich, in gnadenloser Konfrontation mit sich selbst und mit der Welt (vgl. auch Schulz von Thun 2021).

Nirgends sind die Menschen individualistischer als in Wohlstandsgesellschaften – und nirgends sind sie einsamer. Das ist eine dramatische Entwicklung, denn Studien wie etwa die seit 1938 nonstop durchgeführte *Harvard Study of Adult Development* – immerhin eine der umfassendsten Langzeitstudien, die jemals über Menschen durchgeführt wurde – kommen zu dem Ergebnis, dass gute

Beziehungen dafür sorgen, dass Menschen tiefes Glück empfinden und ein erfülltes Leben leben. Als erfreulicher Nebeneffekt verbessert Kontakt den allgemeinen Gesundheitszustand. Dagegen führt zu viel Einsamkeit zu tiefem Unglück und ist regelrecht toxisch. Die Gehirnfunktion lässt nach und Menschen sterben sogar früher, wenn sie sozial isoliert sind (vgl. Waldinger 2015). Langfristig geht es den Menschen am besten, die ihre Zeit in Beziehungen, in Familie, in Freunde, in die Gemeinschaft «investieren», doch die gesellschaftlichen Trends führen genau davon weg. Seit die sozialen Medien im Sturm unser (Privat-)Leben erobert haben, können wir beobachten, wie Smartphone & Co. echte soziale Interaktionen ersetzen, und zwar obwohl zweifelsfrei belegt ist, dass die Nutzung von *Social Media* Menschen ängstlicher, unglücklicher und aggressiver macht. Wer das Smartphone dagegen öfter in der Tasche oder am besten gleich regelmäßig zu Hause lässt, fühlt sich insgesamt gelassener, glücklicher und weniger einsam.

Erfreulicherweise führt jeder Trend auch zu einem Gegentrend, und so lässt sich aktuell auch eine erstarkende Gegenentwicklung zum Turbo-Ich beobachten. Das konstruktive Wir kann somit als dritte Qualität verstanden werden, als Aufforderung, die spannungsreichen Gegensätze zu vereinen und nach beiden zu streben: nach der aktuell so geläufigen Individualisierung sowie nach Zugehörigkeit und kollektiver Selbstwirksamkeitserfahrung – inklusive der damit einhergehenden Übernahme unser Teilverantwortung für das Gelingen des großen Ganzen (vgl. Abb. 36).

Das konstruktive Wir – alternativ könnten wir auch von einem «verbundenen Individualismus» sprechen – verdeutlicht die Herausforderung, gesellschaftliche Voraussetzungen zu schaffen, in denen Menschen sowohl ihren Drang nach Freiheit und Individualität als auch ihr Bedürfnis nach Zugehörigkeit, Gemeinschaftlichkeit und Schutz verwirklichen können. Weltweit gibt es spannende Versuche, wirtschaftliche Ziele und politische

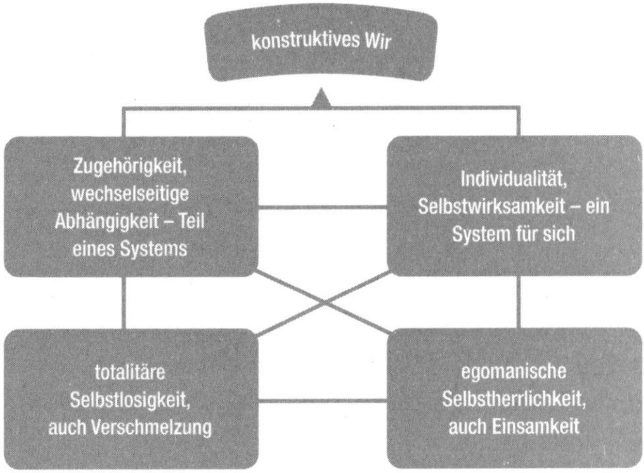

ABB. 36: Das «konstruktive Wir» als dritte Qualität

Rahmenbedingungen auf nationaler Ebene entsprechend zu organisieren. Das Himalaya-Königreich Bhutan erfasst schon seit Jahren das sogenannte Bruttonationalglück seiner Einwohnerinnen und Einwohner. Damit werden nicht nur das jeweils subjektive Glücksempfinden, sondern auch soziale und ökologische Lebensumstände erfasst. Und Schottland, Island und Neuseeland haben mit der *Wellbeing Economy Alliance* eine Initiative gegründet, mit der sie den Fortschritt ihrer Wirtschaft nicht mehr nur anhand des Bruttosozialprodukts ermitteln wollen, sondern das Wohlbefinden der Bevölkerung ins Zentrum rücken, wobei auch Klimaschutz immer mehr Beachtung findet (vgl. Sturgeon 2019).

Wird es uns als Weltgemeinschaft gelingen, solche Ideen auch für ein globales Gemeinwohl umzusetzen? Genau genommen brauchen wir zwei Aspekte der Zugehörigkeit: einerseits die unmittelbare Zugehörigkeit zu unserem engeren Umfeld. Denn auch wenn Globalisierungstheoretiker das Ende der Nationalstaaten und die Entstehung einer einzigen großen Weltgemeinschaft prophezeien, bleiben das direkte Umfeld, Freunde, Familie, Kiez, Sportverein und die ganz alltäglichen sozialen Begegnungen für die Identität und das Wohlbefinden der Menschen extrem wichtig. Andererseits braucht es aber auch ein Gefühl der Zugehörigkeit zur Weltgemeinschaft.

Roland Robertson (1998) hat mit dem Begriff «Glokalisierung» zwei sich ursprünglich gegenüberstehende Konzepte zu einer «dritten Qualität» kombiniert und gezeigt, dass die weltweite Vernetzung und globale Ausrichtung von Unternehmen (Globalisierung) mit einer lokalen und regionalen Integration von Produktion (Lokalisierung) einhergehen kann. Übertragen wir diese Idee auf unser Zusammenleben, so wäre ein «glokalisiertes Gefühl des Zusammenhalts» erstrebenswert, in dem wir uns unserer Verantwortung für die soziale, ökologische und ökonomische Nachhaltigkeit bewusst sind – und zwar in Bezug auf unsere nähere Umgebung genauso wie im Rahmen des großen Weltgeschehens.

Diese Überlegungen bringen uns zu der Frage, wie es gelingen kann, das globale Identitätsgefühl zu stärken. Und in diesem Zusammenhang möchte ich Ihnen Matt vorstellen. Vielleicht kennen Sie ihn auch schon. Matt schreibt auf seiner Homepage (www.wherethehackismatt.com) über sich selbst: «*I travel all around the world dancing badly with people.*» Und genau das tut er. Was als Scherz für Freunde und Familie begann, hat sich vor einigen Jahren zu dem Internetphänomen «*Where the heck is Matt?*» entwickelt.

Aber warum ist Matt für uns so interessant? Im Rahmen einer Studie zeigten die Teilnehmerinnen und Teilnehmer allein durch das Anschauen seiner Videos, auf denen er mit den unterschiedlichsten Menschen tanzt, ein stärkeres Verbundenheitsgefühl als die Personen der Kontrollgruppe. Außerdem ließen sie daran anschließend Informationen, die nicht sie selbst direkt, dafür aber andere Menschen betrafen, näher an sich herankommen, in diesem Fall Auswirkungen der Klimakrise (vgl. Loy & Spence 2020). Dieses globale Verbundenheitsgefühl zeigte sich auch darin, dass sie nach dem Anschauen des Videos eher bereit waren, klimaschützende Maßnahmen zu ergreifen, obwohl die dargestellten Auswirkungen Menschen betrafen, die am anderen Ende der Welt leben.

Wir wissen also erstens: Ein Mensch kann sich als einer von 7,77 Milliarden Weltbürgern erleben. Und zweitens: Wir können diese globale Identität aktiv stärken.

Weitere Akteure gehen über Matts unbeschwerten Ansatz hinaus und regen stärker zur Reflektion an. Die Projekte *7 Billion others, The Atlas of Beauty* oder *Dollar Street* (siehe Internetquellen) sind wunderbare Beispiele dafür, wie wir die Lebens-Ähnlichkeit vieler Weltbewohnerinnen und Weltbewohner mit ein paar Klicks in unser Wohnzimmer und damit in unsere Köpfe holen können – womit die allgegenwärtigen Mattscheiben also auch ihr Gutes haben.

3.4 *Walk the talk:* Verhalten verändern verändert die Haltung

Wenn schon ein Video dafür sorgen kann, dass wir kurzzeitig ein stärkeres globales Identitätsgefühl erleben, was kann echter zwischenmenschlicher Kontakt dann erreichen?

Die vielleicht wichtigste Zauberformel für transkulturelle Kompetenz lautet: einfach machen! Unserem Gehirn ist viel daran gelegen, dass unser Verhalten zu unseren Einstellungen passt. Wenn wir nun ein Verhalten zeigen, das nicht mit unseren Einstellungen vereinbar ist, hat es nur zwei Möglichkeiten, um diese kognitive Dissonanz zu beseitigen: Verhalten ändern – oder Einstellungen anpassen. Kurz gesagt, Verhalten verändert Haltung.

Es ist auffällig, dass fast jeder Mensch, der international unterwegs ist, ein Lied davon zu singen weiß, wie viel einfacher es ist, mit der internationalen Community, mit anderen Ausländern, in Kontakt zu kommen. Aber auch wenn Menschen von Köln nach Hamburg ziehen oder von Warschau nach Krakau – immer ist es einfacher, Anschluss an andere «Zugezogene» zu finden als an die Alteingesessenen, die mit ihrem festen Netzwerk nur bedingt «Platz» und «Ressourcen» für neue Bekanntschaften haben. Wenn fast jeder Neuzugezogene, der ja meist Freunde und Familie hinter sich gelassen hat, erläutert, wie schwer es ist, mit den Alteingesessenen in Kontakt zu kommen, lässt sich das auch folgendermaßen übersetzen: Tagtäglich bieten sich uns unglaublich viele Möglichkeiten für kulturelles Lernen. Die meisten von uns nutzen sie bloß nicht genug.

Dass Kontakt Vorurteile abbaut, ist, wie wir gesehen haben, eine unumstößliche und gut belegte Realität, die sich übrigens auch in politischen Zustimmungswerten und Wahlergebnissen widerspiegelt. Je weiter weg von der Grenze zu Mexiko, desto mehr Unterstützung erhielt Donald Trump für den Bau einer Grenzmauer (vgl. Pettigrew 2017). Und dort, wo die AfD in Deutschland stark ist, gibt es kaum Ausländer – und umgekehrt (vgl. Benrath 2018). Je weniger kulturell divers, desto größer die Angst vor Überfremdung, desto mehr Islamfeindlichkeit und desto weniger prosoziales Verhalten in Bezug auf Fremde.

Es ist also eine ausgesprochen gute Nachricht, dass wir unser Verhalten beeinflussen können, indem wir uns schlichtweg so verhalten, wie wir gerne wären. Verhalten verändert Haltung – und langfristig auch unsere Persönlichkeit. Erinnern Sie sich noch an Daryl Davis, den Mann, der diverse Ku-Klux-Klan-Mitglieder dazu brachte, ihre spitzen Hüte an den Nagel zu hängen? Davis' einfache Empfehlung lautet: *«Find someone who disagrees and invite them to your table»* (vgl. Savastio 2013). Damit wir uns nicht falsch verstehen: Wir müssen nicht gleich mit Menschen eine Freundschaft anstreben, deren extreme Ansichten wir nicht teilen, und wir brauchen auch keine dilettantischen Tanzvideos aus allen möglichen Ländern der Welt ins Internet zu stellen. Aber etwas sollten wir doch von Matt übernehmen: Er machte sich auf, die Welt zu umrunden, weil er es überdrüssig war, sich an der Uni, im Arbeitsteam, in der Nachbarschaft oder auf Instagram, Facebook, Twitter und Co. von einer abgeschlossenen Blase aus Gleichgesinnten zur nächsten zu bewegen.

Wenn wir in einer Gesellschaft leben wollen, die sich nicht in Grüppchen ausdifferenziert, die mehr oder weniger friedlich nebeneinanderher leben, dann gilt es, aktiv das bekannte Umfeld zu verlassen und bewusst nach Fremdheitsgefühlen zu suchen – egal ob im brasilianischen Urwald, in einer Hamburger Hafenkneipe oder im örtlichen Häkelverein. Wer sich eine nuancenreiche, vielfältige, auch widersprüchliche Umwelt schafft, trainiert sich darin, mit der Gleichzeitigkeit des Verschiedenen umzugehen. Gesellschaften brauchen Orte der Begegnung, aber noch wichtiger: Sie brauchen Menschen, die sich an diesen Orten begegnen.

Inzwischen gibt es diverse gesellschaftliche Initiativen, denen genau diese Überlegungen zugrunde liegen. Auch sich ehrenamtlich einsetzen, wie es übrigens schon viele Menschen tun, ist kein neues Zaubermittel, sondern eine altbewährte unaufgeregte Art und Weise, an einem konstruktiven Wir zu arbeiten und die eigene transkulturelle Kompetenz zu stärken. Denn ganz nebenbei werden dabei die Fähigkeit zum Perspektivwechsel gestärkt, die Selbstwirksamkeit erhöht und die soziale Vernetzung verbessert. Begegnungen und ganz normale Momente des Beisammenseins führen also dazu, dass Menschen sich für das globale Miteinander einsetzen und Masche für Masche an einer gemeinsamen sozialen Identität, an einem kollektiven globalen Wir-Gefühl stricken.

Allerdings ist es mit Begegnungen allein noch nicht getan, wir sollten auch über diese Begegnungen reden, denn Verhalten ist ansteckend. Menschen zeigen dann besonders oft hilfreiches und soziales Verhalten, wenn sie davon ausgehen, dass andere Menschen dies ebenfalls an den Tag legen. Auf Erzählungen von negativem Verhalten anderer reagieren sie hingegen negativ. Marketing-Profis wissen schon seit Langem, dass Mund-zu-Mund-Propaganda die effektivste Strategie ist, um das Handeln von Menschen zu verändern. Denn wissenschaftliche Ergebnisse hin oder her, letztlich treffen die meisten Menschen ein soziales Urteil. Das heißt, sie vertrauen den Informationen, die sie aus ihrem bekannten Umfeld hören. Somit kann jeder von uns bewusst Marketing für die «richtige Sache» betreiben, indem wir unsere Geschichten teilen.

3.5 Dialogfähigkeit und Umgang mit Tabugrenzen

Während meiner Suche nach Formeln zur Gestaltung einer globalen Gemeinschaft, die ein gutes Zusammenleben ermöglicht, stieß ich immer wieder auf den einen, scheinbar simplen Vorschlag: miteinander reden. Denn durch den Austausch mit anderen entdecken wir, dass unsere Sicht der Dinge nur *eine* Sicht der Dinge ist – und zwar nicht unbedingt die einzig richtige. Eine Form des Miteinander-Redens, der besonders viel Aufmerksamkeit geschenkt wird, ist der Dialog.

Der Journalistin Kübra Gümüşay zufolge brauchen wir «einerseits neue Formen des gemeinsamen Sprechens und Denkens und andererseits andere, zukunftsgewandte Fragen – insbesondere solche, auf die wir noch keine Antwort haben» (2020, S. 174). Gefordert ist also ein Dialog als gemeinsame Suchbewegung, wo Unsicherheiten, Zögern und Zweifeln erlaubt und Meinungswechsel explizit erwünscht sind. Wenn ich von Dialog spreche, meine ich – in diesem Zusammenhang – ein Gespräch, dass von der Grundhaltung geprägt wird, voneinander lernen zu wollen, den anderen in seiner Andersartigkeit zu erkennen und sowohl Fremdheit zu akzeptieren als auch eigene Grenzen erkennen zu können. Ich meine damit die Bereitschaft, gemeinsam in Form einer ergebnisoffenen Suche an unseren Geschichten zu stricken. Denn in dialogischen Gesprächen kann etwas ganz Neues entstehen, in Ausnahmefällen sogar etwas vorher noch nie Gedachtes. Der Medienwissenschaftler Bernhard Pörksen nannte den Dialog in dem Podcast *Wenn einer etwas von sich gibt* einen «Tanz des Denkens» und bringt die Essenz damit gut auf den Punkt. So ein Tanz muss nicht zwingend zwischen zwei Personen stattfinden, sondern schließt auch Gruppen oder gesellschaftliche Diskurse ein.

Der dialogische Austausch fordert den Beteiligten einiges ab, schließlich ist echtes Zuhören schwer und will gelernt sein. Nur allzu schnell verfallen wir dem Reflex, Probleme zu lösen und Antworten zu geben. *«People do not listen, they reload»*, heißt es auf Englisch. Besonders bei abweichenden Meinungen und in Konfliktsituationen bedarf es einer Anstrengungsbereitschaft, um andere nur zu verstehen, ohne innerlich schon die eigene Antwort zu formulieren oder gar zum Schlagabtausch auszuholen. Hier gilt es also, das empathische Selbstkundgabe-Ohr besonders zu aktivieren.

Teil einer solchen Dialogkultur ist der «gute Ton», der nachgewiesenermaßen einen enormen Einfluss auf das Wohlbefinden von Menschen hat. Wenn das «Wechselwirkungswesen» Mensch regelmäßig verbalen Aggressionen ausgesetzt ist, wird es krank. Es ist ein großer zivilisatorischer Fortschritt, dass wir heutzutage in vielen Gesellschaften weitestgehend frei reden und handeln können. Doch diese persönliche Freiheit befreit uns nicht von unserer Verantwortung und den Konsequenzen, die das, was wir sagen oder tun, im anderen auslösen. Mich beunruhigen die zunehmenden Berichte von Politikerinnen und Aktivisten sehr, die sich zurückziehen, weil sie der Anfeindungen müde sind oder sich Internet-Trollen erwehren müssen, die glauben, ihnen ungefragt ihre persönliche Aufwartung machen zu dürfen. Wenn konfliktbehaftete Themen im Zeitalter der «großen Gereiztheit» (Pörksen 2018) nicht mehr produktiv miteinander diskutiert werden können, zahlen Gesellschaften dafür einen enormen Preis. Finanziell in Form von Belastungen des Gesundheitssystems und darüber hinaus als Gemeinschaft, in der Synergiepotenzial verloren geht und die Menschen einsamer, kränker und unglücklicher sind.

Der Gegenentwurf ist eine dialogische Grundhaltung und entspricht der Haltung, die ich weiter vorne im Zusammenhang mit transkultureller Kompetenz aufgezeigt habe (vgl. Teil III, 1. Ich – auf die Haltung kommt es an). Sie zeichnet sich aus durch die grundsätzliche Akzeptanz, dass unterschiedliche Arten und Weisen sein dürfen, ja, sogar sein sollen. Wir sind gefragt, Fehler zu tolerieren und auszuhalten, dass es nicht für alles bereits vorgefertigte Lösungen gibt, um diese gemeinsam in einem möglicherweise längeren Prozess zu entwickeln. Viele der spannendsten Menschen, mit denen ich je gesprochen habe, verstehen den Dialog weniger als Gesprächstechnik, sondern als Lebenseinstellung. Und zwar eine, in der es nicht darum geht, schon zu wissen, recht zu haben und zu überzeugen, sondern zuzuhören, die eigene Position zu hinterfragen, den eigenen Vorurteilen auf die Schliche zu kommen und eine größere Gelassenheit zu entwickeln – was wiederum sehr gut zu unseren Kriterien für transkulturelle Kompetenz passt.

In ihrem – übrigens dialogisch entstandenen – Buch *Die Kunst des Miteinander-Redens* (2020) beschäftigen sich Pörksen und Schulz von Thun mit der Rolle des Dialogs in Gesellschaft und Politik. Einige ihrer Überlegungen sind in folgendem Wertequadrat (Abb. 37) zusammengefasst.

So ein dialogischer Kontakt bedeutet keinesfalls nur «eitel Sonnenschein». Stattdessen stellt er uns vor eine doppelte Herausforderung: sowohl Brücken zu bauen als auch Grenzen setzen zu können. Einerseits sich auf das Gegenüber einzulassen, nach Gemeinsamkeiten zu suchen, diese zu betonen und den Standpunkt

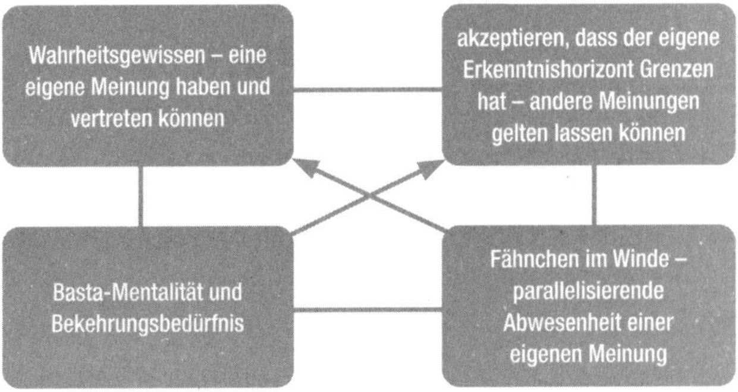

ABB. 37: Wertequadrat der dialogischen Kompetenz (vgl. Pörksen, Schulz von Thun 2020)

anderer als gleichwertig anzuerkennen – und sich gleichzeitig auch den eigenen Standpunkt bewusst machen zu können, klar zu differenzieren und Trennendes zu akzeptieren, auch wenn das unbequem und anstrengend ist.

Aber was, wenn ich das Trennende gar nicht akzeptieren will? Insbesondere Macht und Gewaltstrukturen bringen uns schnell an moralische Grenzen und überschreiten innere Tabugrenzen. So manche Teilnehmerin und mancher Teilnehmer meiner Veranstaltungen berichtet von Zwickmühlen: ob sie nun etwa als Gast freundlich in eine Gemeinschaft aufgenommen werden, in der Zwangsheirat oder Genitalverstümmelung praktiziert wird oder im neuen Kollegenkreis abwertendes Verhalten gegenüber Homosexuellen, Ausländern oder Frauen erleben. Ist stimmige Kommunikation in solchen Fällen überhaupt möglich? Zu entscheiden, wann Verständnis und Systemblick (für die Wahrheit der Situation) gefragt sind und wo es moralisch sinnvoll, ja, notwendig ist, sich klar abzugrenzen und Farbe zu bekennen (Authentizität zu wahren), ist nicht immer einfach. Die Stimmigkeitslehre gibt zwar die beiden Suchrichtungen vor, hält aber keine Lösungen bereit.

Im besten Fall gelingt es mir, die eigene Haltung zu beleuchten und zu festigen, sodass am Ende das Gefühl stehen kann, auch in schwierigen Situationen in Übereinstimmung mit meinem selbst erarbeiteten Standpunkt und der Situation gehandelt zu haben. Im schlimmsten Fall ist es jedoch nicht möglich, sich stimmig zu verhalten, auch hier dürfen soziale Matchstrukturen nicht ignoriert werden. Dann reagiere ich vielleicht «angepasst» und berücksichtige stärker die Wahrheit der Situation; ich verhalte mich authentisch, aber situativ «daneben»; oder ich verhalte mich irgendwie «verquer», indem ich weder der Situation noch mir selbst gerecht werde.

Hier hilft ein an sich simples Modell der interkulturellen Expertin Julia Middleton (2015): Sie unterscheidet in *Core* – unser Kern, der all die Verhaltensweisen, Werte und Überzeugungen beinhaltet, die uns zu denjenigen machen, die wir sind und die wir nicht ändern wollen – und *Flex* – alles andere, bei dem wir kompromissbereit und flexibel sind (vgl. Abb. 38).

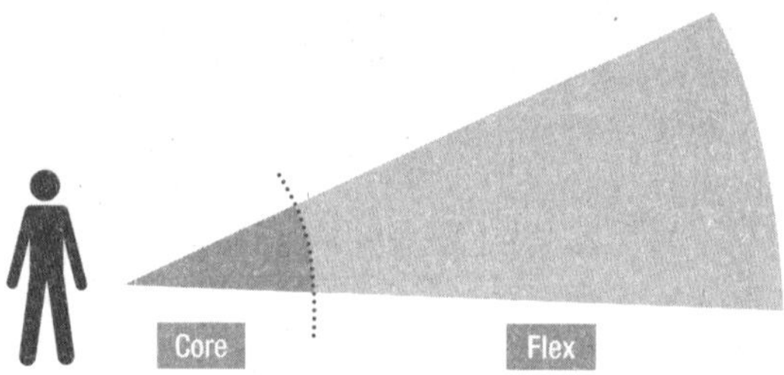

ABB. 38: Das Core-und-Flex-Modell nach Julia Middleton (2015)

Auch für Middleton basiert kulturelle Intelligenz nicht so sehr auf dem Wissen um andere Kulturen. Vielmehr beinhaltet sie drei Aspekte: 1. zu wissen, dass wir von der eigenen Kultur geprägt sind, 2. die eigenen kulturellen Werte zu kennen und 3. diese Werte den Bereichen «*Core*» und «*Flex*» zuordnen zu können.

Middletons Unterscheidung hilft bei der Suche nach einem authentischen Standpunkt im Allgemeinen und in kniffligen kulturellen Überschneidungssituationen im Besonderen. Denn mithilfe ihres Konzepts kann ich mich fragen: Was macht mein Wesen aus, was will ich nicht ändern, was kann ich, wenn ich ehrlich bin, auch gar nicht ändern *(Core)*? Und was kann ich verändern, will ich verändern, muss ich vielleicht sogar verändern *(Flex)*?

Ganz so einfach ist diese Unterscheidung übrigens nicht. Middleton geht davon aus, dass nicht alles, was wir als *Core* erleben, wirklich zu unserem Kern gehört, sondern dass es sich dabei um sogenannte Knoten, um Vorurteile und unreflektiert übernommene Werte handeln kann. Diese «Knoten» können wir aber durch Selbstreflexion entwirren.

Für einen gelungenen Kontakt ist ein ausgewogenes Gleichgewicht aus *Core* und *Flex* notwendig. Einerseits vertrauen wir nur Menschen, die ihren *Core* durchblitzen lassen, weil wir dann wissen, wofür sie stehen. Denken Sie nur an eine Führungskraft, bei der Sie nicht wissen, woran Sie sind. Andererseits braucht es die Fähigkeit, sich nicht im eigenen *Core* zu verlieren, flexibel zu sein, andere Meinungen gelten zu lassen und sie gegebenenfalls sogar zu übernehmen.

Als Faustregel für den Umgang mit (Tabu-)Grenzen gilt: Betrifft das Thema meinen *Core*-Bereich, wird es mir schwerfallen, mich der Wahrheit der Situation unterzuordnen. Dann sollte ich versuchen, einen Weg zu finden, authentisch, also wesensgemäß zu handeln, selbst wenn ich dabei Gefahr laufe, mich situativ «daneben»zubenehmen – zumindest solange nicht mit folgenschweren Konsequenzen für mich oder andere zu rechnen ist. Fällt das Thema in meinen *Flex*-Bereich, dann gilt es, neue Wege zu betreten, der Wahrheit der Situation den Vorrang einzuräumen und mein Verhalten an den vorgegebenen kulturellen Bezugsrahmen anzupassen oder ganz neue Verhaltensweisen auszuprobieren.

3.6 Überlegungen zur Streitbarkeit

Auch Streitfähigkeit gehört zu einem guten Dialog unbedingt dazu, also die Fähigkeit, Angriffe auszuhalten, die Meinung anderer kritisch zu hinterfragen, klare Ansagen zu machen, dabei auch durchsetzungskräftig für eigene Werte einstehen zu können und mit angemessener Deutlichkeit kraftvoll, manchmal gar zornig zu widersprechen. Allerdings meine ich Streitbarkeit ohne Boshaftigkeit: Das heißt, jemanden konfrontieren können, ohne der Person Dummheit, Bösartigkeit oder Krankheit zu unterstellen.

Streitfähigkeit ist ein Thema, mit dem sich Kommunikationspsychologen besonders viel beschäftigen. Schließlich kommen unsere Arbeitsmodelle vor allem dann zum Einsatz, wenn die Luft vor Spannung knistert oder sich die angestaute Frustration schon in einem großen Donnerwetter entladen hat. Weil Konfliktfähigkeit auch für transkulturelle Begegnungen besonders relevant ist, habe ich Ihnen ein paar Tipps zur Deeskalation hitziger Diskussionen oder Konflikte aus unserer kommunikationspsychologischen Werkzeugkiste mitgebracht. Vieles davon gilt auch für ganz alltägliche Gespräche, und das meiste wissen Sie vermutlich schon längst, vergessen es aber – wenn es brenzlig wird – vielleicht genauso schnell wie wir alle.

Widerstand: Menschen, die das Gefühl haben, sich gegen Ein- oder Übergriffe wehren zu müssen, «mauern». Das heißt, sie gehen in den Widerstand, schalten ab oder verweigern jegliche Kommunikation. Je stärker der wahrgenommene Druck von außen, desto mehr negative innere Reaktionen wie etwa Hilflosigkeit, Wut oder Enttäuschung werden ausgelöst und desto größer ist auch die Gefahr von Widerstand. Das Ziel besteht meistens darin, die vermeintlich gefährdete Autonomie zu verteidigen. Dafür werden psychische «Abstandshalter» ausgefahren. Je größer der Widerstand, desto größer die Eskalationsgefahr. Wer jemanden mit einer gegenteiligen Meinung von seinem eigenen Standpunkt überzeugen möchte, kommt mit Argumenten selten weiter.

Haltungen wie «Mein Ansatz ist viel besser als deiner» funktionieren eigentlich nie. Das wissen wir alle. Trotzdem probieren wir es immer wieder. Im besten Fall führt das dazu, dass Gespräche zu parallel geführten Monologen werden. Oft bewirkt das allerdings, dass beide Parteien sich unverstanden und von oben herab behandelt fühlen. Nimmt der Druck von außen zu, erhöht sich auch die innere Reaktanz. Nicht selten schaukeln sich solche Situationen so weit auf, dass es zu feindseligem Verhalten kommt. Meistens gehen beide Parteien mit einer noch weiter gefestigten Meinung aus solchen Gesprächen heraus.

Meine Kollegin Karen Zoller hat diese Mechanismen in ihrem Buch *Schwierige Mitmenschen* (2016) beschrieben und schlägt unter anderem folgende Strategien für den Umgang mit Widerstand vor: Statt in den «Noch-mehr-überzeugen-wollen-Teufelskreis» einzusteigen, sollten wir uns auf die inneren Reaktionen des Gegenübers einlassen. Dazu gehört, Einwände und gegenteilige Meinungen willkommen zu heißen und erst einmal zu versuchen, sie zu verstehen und zu konkretisieren. Etwa durch aktives Zuhören. Dabei hilft: Fragen stellen statt Antworten liefern. Ergebnisoffen zu fragen, ist allerdings nur Erfolg versprechend, wenn man bereit ist, dann auch wirklich zuzuhören und zu verstehen. Denn während kaum ein Mensch sich gerne verhören lässt, schätzen fast alle Menschen echtes Interesse an ihrer Person, ihrer Religion, ihren kulturellen Werten und ihren Erfahrungen. Dagegen gibt es kaum eine Möglichkeit, ein Gespräch schneller aus dem Ruder laufen zu lassen, als die Person oder die Werte des Gegenübers zu verletzen oder abzuwerten. Der Begriff «Wert» taucht nicht von ungefähr in dem Wort Wertschätzung auf.

Vor allem wenn es darum geht, bei Meinungsunterschieden oder in konfliktreichen Situationen wirklich zuzuhören, bedarf es der aktiven Leistung, weder strategisch noch defensiv zu hören – sondern die eigenen Überzeugungen und Annahmen in der Schwebe zu halten und das eigene Ego erst einmal zurückzunehmen (vgl. Bohm 2008). «Ich möchte die Position einfach erst mal nur verstehen!», ist dafür ein genauso guter innerer Hilfssatz wie das Mantra *«Open heart, open ears, open mind ...»*

Leider ist unser Gehirn nicht darauf geeicht, abzuwarten und «erstmal nur zu verstehen». Es will bewerten, sucht geradezu aktiv nach Erklärungen und erfindet nur allzu leicht falsche Gründe für «unverständliches» Verhalten.

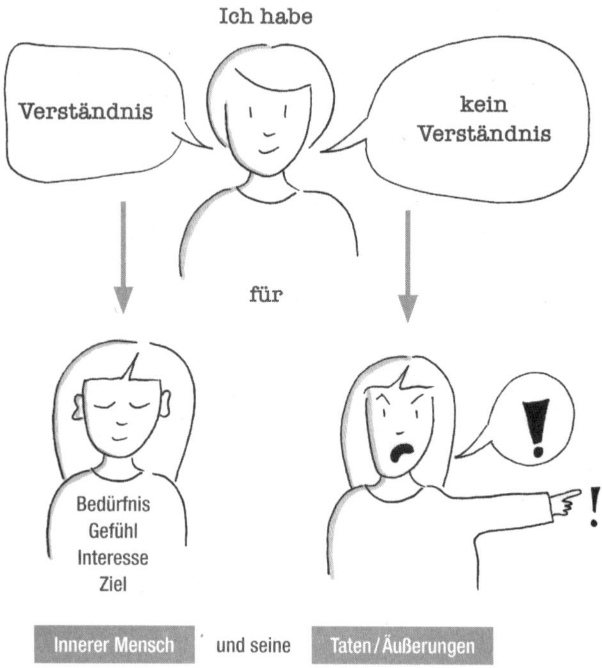

ABB. 39: Wenn wir Verständnis haben, sind menschliche «Innerungen» nicht gleich menschliche «Äußerungen» (Bildidee: Schulz von Thun 2010, S. 25).

Schulz von Thun (2010) schlägt deswegen einen an sich simplen Dreierschritt für die dialogische Praxis vor – der es, einmal integriert, allerdings wirklich in sich hat: verstehen – Verständnis haben – einverstanden sein. Das heißt: Zunächst möchte ich die Meinung, den Standpunkt, die Innerungen des Gegenübers einfach nur verstehen. Das bedeutet nicht, dass ich damit einverstanden sein muss! Als Zweites kann ich in mich hineinhorchen, ob ich Verständnis für eine innermenschliche Reaktion aufbringen kann, um im dritten Schritt zu prüfen und klar zu kommunizieren, ob ich mit Taten oder Äußerungen einverstanden bin. Und wenn ich das nicht bin, kann ich das auch ruhig deutlich sagen.

Unsere Aufforderung lautet also wie in Abbildung 39 dargestellt: Wir sollten Personen mit Wertschätzung und Respekt begegnen. Für ihre Meinungen, Taten und Äußerungen gilt das allerdings nur in dem Maße, in dem sie es verdienen (vgl. Schulz von Thun 2010; Pörksen & Schulz von Thun 2020).

Zum Schluss

Wie in der Einführung gesagt, lauert bei der Verbindung verschiedener Forschungsgebiete bisweilen die Gefahr, dass das Brückenbauen zum Drahtseilakt wird. Und inzwischen wissen wir, dass eigentlich jede kulturübergreifende Begegnung mit dieser Herausforderung aufwartet, der wir uns alle in Eigenverantwortung stellen müssen: Menschen als Mitglieder einer Kultur zu verstehen – und auf Grundlage dieser Mitgliedschaft Prognosen über ihr Verhalten und ihre Beweggründe zu treffen – und sie gleichzeitig als nuancenreiche, multikollektive Individuen zu betrachten, die immer die Vorschusslorbeeren verdienen, dass sie ganz anders sind, als wir vermuten.

Ich hoffe, dass es mir im Laufe des Buches gelungen ist, den Ergänzungscharakter der verschiedenen Ansätze aufzuzeigen, sie nicht gegeneinander auszuspielen, sondern zu kontrastieren und vielleicht auch ein wenig zu versöhnen. Außerdem ist es mir hoffentlich gelungen, aufzuzeigen, mithilfe welcher Puzzleteile transkulturelle Herausforderungen erfolgreich gemeistert werden können. Viele dieser Bausteine habe ich im Laufe des Buches als *innere Wortmelder* dargestellt. So sind Ihnen auf den letzten Seiten u. a. der *Situationsbeobachter*, die *Kontaktmanagerin*, die *innere Weise*, der *Ressourcenwächter*, *Frau Schwamm-drüber*, die *Faktencheckerin*, der *Katastrophenvorherseher* und die *Gesellschaftsoptimistin* begegnet.

Wie schon beschrieben, vermeide ich es normalerweise möglichst, prototypische Stimmen «im praktischen Baukastenformat» vorzugeben. Deswegen ist es auch höchste Zeit, jetzt ganz schnell damit aufzuhören und Sie einzuladen, Gestalt, Namen und Botschaften Ihrer ganz persönlichen *inneren Wortmelder* zu den hier besprochenen Themen selbst auf die Spur zu kommen. Wenn Sie dann Ihre eigene Erfahrung und Expertise mit den Modellen, Methoden und Beispielen kombinieren, sollte Ihnen das dabei helfen, gut aufgestellt in den kulturübergreifenden Kontakt zu gehen. Und das wiederum sind die besten Voraussetzungen, um Suchrichtungen, Handlungsstrategien und Lösungsansätze zu entwickeln, um den heutigen kulturellen Herausforderungen trittsicher und weitestgehend schwindelfrei gewachsen zu sein bzw. sich zunehmend gegen sie zu wappnen. Auch und gerade wenn es hier und da mal ein wenig wackelt. Denn selbst wenn wir uns im Laufe des Buches eingehend mit Fixpunkten, Spannungssystemen und Zugkräften für diesen Balanceakt beschäftigt haben, gehört ein bisschen Unsicherheit und Schwindelgefühl zum zwischenmenschlichen Miteinander eben einfach dazu.

Und jetzt gilt: Runter vom Sofa und raus in die Welt! Handlungs- und Begegnungskompetenzen entstehen und entwickeln sich im Kontakt mit Menschen, die andere Ansichten haben. Sie wollen erst gelebt, dann verstanden und emotional verarbeitet werden. Mich für meinen Teil stimmt das Ergebnis zuversichtlich: Sie und ich haben Methoden und Modelle zur Hand, um Missverständnisse zu klären und Kompetenzen zu stärken.

Nun bin ich gespannt, was Sie damit anfangen werden – und ob Ihnen die Herausforderung anzunehmen, sich selbst zu erproben und weiterzuentwickeln, genauso viel Spaß macht wie mir.

Anhang

Methodenkoffer – ein Überblick

Zur Orientierung finden Sie hier eine kurze Zusammenfassung der Anwendungsperspektiven der einzelnen Modelle:

Das **Kommunikationsquadrat** ermöglicht es, die zwischenmenschliche Kommunikation zu analysieren, eigene und fremde Kommunikationsmuster zu verstehen, kommunikative Stolperfallen zu entdecken und eine gemeinsame Gesprächsebene herzustellen.

Das **Innere Team** unterstützt die Entwicklung eines pluralistischen Bewusstseins des inneren Selbst und hilft dabei, eigene wie fremde innermenschliche Hintergründe von zwischenmenschlichen Konflikten zu veranschaulichen oder wiederkehrende Dynamiken mithilfe von kulturspezifischen inneren Mannschaftsaufstellungen zu verdeutlichen. Gelingt es Menschen, die Stimmen in sich und im Gegenüber differenzierter wahrzunehmen, stellen sie meistens fest, dass auf beiden Seiten ganz ähnliche Tendenzen zu finden sind – die aber möglicherweise anders zum Ausdruck gebracht werden.

Das **Wertequadrat** fördert ein dialektisches Bewusstsein für unterschiedliche Qualität, außerdem ist es hilfreich, um die Perspektive zu wechseln, Ergänzungsmöglichkeiten zu entdecken und Entwicklungspotenziale festzulegen. Als **Kulturquadrat** ermöglicht es, sowohl das Spannungs- als auch das Ergänzungsverhältnis zu beschreiben. Damit geht die konkrete Handlungsaufforderung einher, den eigenen kulturbedingten Neigungen auf die Schliche zu kommen, die Gefahr der eigenen Vereinseitigung zu betrachten, den positiven Wert in fremdartigem Verhalten zu suchen und die fremde Werteakzentuierung noch ein Stück weiter für sich zu erobern.

Die **Stimmigkeitslehre** dient uns als Leitstern und empfiehlt, sowohl die «innere Wahrheit» als auch die «Wahrheit der Situation» zu berücksichtigen. Wobei das Konzept keine Verhaltensnormen liefert, sondern uns einlädt, die «eigene Wahrheit» wie auch die «Wahrheit der Situation» zu erforschen und verschiedene Optionen zu durchdenken, um so das Verhaltensrepertoire zu erweitern.

Ein Teil von ihr ist das **Situationsmodell**, das ein systemisch-situatives Bewusstsein zum Verständnis von zwischenmenschlichen Begegnungen fördert.

Das **Riemann-Thomann-Modell** hilft, die vier Himmelsrichtungen der Persönlichkeit von Individuen oder Kulturen mit ihren Chancen und Herausforderungen besser zu verstehen. Das Modell ermöglicht, unterschiedliche Bedürfnisse und Sehnsüchte zu erkennen, existenzielle Grundängste und Schattengebiete zu erforschen und Klarheit über Herausforderungen und Entwicklungsziele zu gewinnen.

Der **Teufelskreis** macht die Zirkularität und Wechselwirkung von Konfliktdynamiken sichtbar. Dadurch eröffnet er die Chance, Polarisierungen zu durchschauen, Eskalationen zu antizipieren und alleine oder gemeinsam nach Auswegen zu suchen.

Literatur

Adler, N. J. (2002): *International Dimensions of Organizational Behavior*. Ohio: South-Western.

Ağırbaş, F. (2021): *Ich ist immer anderswo.* Abgerufen am 18.08.2021 (www.zeit.de/kultur/2021-06/identitaet-migrationshintergrund-tuerkei-deutschland-herkunft-sprache-kultur-zugehoerigkeitsgefuehl-10nach8).

Amjahid, M. (2021): Der weiße Fleck: Eine Anleitung zu antirassistischem Denken. München: Piper.

Augsburger, D. W. (1992): *Conflict mediation across cultures: Pathways and patterns.* Westminster: John Knox Press.

Baecker, D. (2003): *Wozu Kultur?* Berlin: Kulturverlag Kadmos.

Bahnsen, U. & Schnabel, U. (2012): *Ich-Bewusstsein: Was ist das Ich?* Abgerufen am 12.08.2021 (www.zeit.de/zeit-wissen/2012/02/Mensch-Individuum-Selbstbewusstsein).

Banaji, M. R., & Greenwald, A. G. (2017): *Vor-Urteile: Wie unser Verhalten unbewusst gesteuert wird und was wir dagegen tun können.* München: DTV.

Bandura, A. (1977): Self-efficacy: toward a unifying theory of behavioral change. In: *Psychological review, 84*(2), S. 191–215.

Bar-On, D. (2001): *Die «Anderen» in uns. Dialog als Modell der interkulturellen Konfliktbewältigung.* Hamburg: Körber Stiftung.

Barrios, C. (2006): Interkulturelle Mediation in Teams mit multinationaler Belegschaft aus Deutschland und Lateinamerika. In: Schulz von Thun, F., & Kumbier, D.: *Interkulturelle Kommunikation: Methoden, Modelle, Beispiele.* Reinbek: Rowohlt. S. 248–310.

Beisser, A. R., Doubrawa, A., Bock, W., Staemmler, F. M., & Blankertz, I. (2003): *Wozu brauche ich Flügel? Ein Gestalttherapeut betrachtet sein Leben als Gelähmter.* Wuppertal: Peter Hammer Verlag.

Benesch, M. (2011): *Psychologie des Dialogs.* Wien: Facultas.wuv.

Benrath, B. (2018): *Kennen AfD-Wähler Ausländer?* Abgerufen am 18. 08. 2021(www.faz.net/aktuell/wirtschaft/schneller-schlau/deutschlandkarte-auslaenderanteil-vs-afd-waehler-infografik-15740830.html).

Berbner, B. (2018): *180 GRAD Geschichten gegen den Hass*. München: C. H. Beck.

Bohm, D. (2008). *Der Dialog: Das offene Gespräch am Ende der Diskussionen.* Stuttgart: Klett-Cotta.

Bolten, J. (2011): Unschärfe und Mehrwertigkeit: «Interkulturelle Kompetenz» vor dem Hintergrund eines offenen Kulturbegriffs. In: Hoessler, U., Dreyer, W. (Hrsg.): *Perspektiven interkultureller Kompetenz.* Göttingen: Vandenhoeck & Ruprecht, S. 55–70.

Bolten, J. (2013a): Fuzzy Cultures. Konsequenzen eines offenen und mehrwertigen Kulturbegriffs für Konzeptualisierungen interkultureller Personalentwicklungsmaßnahmen. In: *Mondial. Sietar Journal für interkulturelle Perspektiven*, S. 4–10.

Bolten, J. (2013b): «Diversität» aus der Perspektive eines offenen Interkulturalitätsbegriffs. In: Moosmüller, A., Möller-Kiero, J. (Hrsg.): *Interkulturalität und kulturelle Diversität.* Münster: Waxmann Verlag. S. 47–60.

Bolten, J. (2014): *Fuzzy Sandberg – oder: (Wie) lassen sich Kulturen beschreiben?* http://iwk-jena.uni-jena.de/wp-content/uploads/2019/03/2014_Fuzzy_Sandberg.pdf [Zuletzt abgerufen Oktober 2020].

Bolten, J. (2016): Interkulturelle Trainings neu denken. In: *Interculture Journal, 15*(26), S. 75–92.

Bregman, R. (2020): *Im Grunde gut: eine neue Geschichte der Menschheit*. Hamburg: Rowohlt.

Brooks, D. (2020): *The Nuclear Family Was a Mistake.* In: The Atlantic. Abgerufen am 18. 08. 2021 (https://www.theatlantic.com/magazine/archive/2020/03/thenuclear-family-was-a-mistake/605536/; zuletzt abgerufen Juli 2021).

Chang, D. S. (2016): *Mein Hirn hat seinen eigenen Kopf: Wie wir andere und uns selbst wahrnehmen*. Reinbek: Rowohlt.

Cohn R. C. (1994): Verantworte Dein Tun und dein Lassen – persönlich und gesellschaftlich. Offener Brief an Günter Hoppe. In: *Themenzentrierte Interaktion*. Theme-centered Interaction. Vol. 8.

Cohn, R. C., & Farau, A. (1999): *Gelebte Geschichte der Psychotherapie: Zwei Perspektiven*. Stuttgart: Klett-Cotta.

Croissant, A., Wagschal, U., Schwank, N., & Trinn, C. (2010): *Kultur und Konflikt in globaler Perspektive: Die kulturellen Dimensionen des Konfliktgeschehens 1945–2007*. Verlag Bertelsmann Stiftung.

Csíkszentmihályi, M. (2004): *Flow im Beruf: Das Geheimnis des Glücks am Arbeitsplatz*. Stuttgart: Klett-Cotta.

Dadder, R. (2015): *Interkulturelle Orientierung: Analyse ausgewählter interkultureller Trainingsprogramme*. Weimar: Bertuch.

Dalferth, I. U. (2018): *Die Kunst des Verstehens: Grundzüge einer Hermeneutik der Kommunikation durch Texte*. Tübingen: Mohr Siebeck.

Davis, D. (1998): *Klan-destine relationships: A Black man's odyssey in the Ku Klux Klan*. Far Hills, NJ: New Horizon Press.

Domenig, D. H. (2015): *Transkulturelle Kompetenz: Lehrbuch für Pflege-, Gesundheits- und Sozialberufe*. Bern: Huber.

Dumetz, J., Saginova, O., Woolliams, P., Foster, D., Belbin, R. M., Trompenaars, F., & Hampden-Turner, C. (2012): *Cross-cultural management textbook: Lessons from the world leading experts in cross-cultural management*. San Bernardino, CA: CreateSpace Publications.

Eddo-Lodge, R. (2020): *Warum ich nicht länger mit Weißen über Hautfarbe spreche*. Stuttgart: Klett-Cotta.

Eicher, H. (2018): *Die verblüffende Macht der Sprache: Was Sie mit Worten auslösen oder verhindern und was Ihr Sprachverhalten verrät*. Wiesbaden: Springer.

Evans, R., & Allport, G. (1970): *The Man and His Ideas*. New York: Dutton.

Foroutan, N., Hensel, J., (2020): *Die Gesellschaft der Anderen.* Berlin: Aufbau Verlag.

Fuchs, A. (2012): ¿Schulz von Thun en España? In: Schulz von Thun, F.: *El Arte de Conversar – Psicología de la Comunicación Verbal.* Barcelona: Herder.

Fuchs, A. (2012): Irritationen in der Entwicklungszusammenarbeit erkennen und bearbeiten – kommunikationspsychologische Werkzeuge für Entwicklungsexperten. In: Koch, E., Speiser, S. (Hrsg.): *Interkulturalität in der internationalen Entwicklungszusammenarbeit.* München: Rainer Hampp Verlag. S. 197–213.

Flechsig, K. H. (2011): Kulturelle Orientierung. In: Treichel, D., & Mayer, C.-H. (Hrsg.): *Lehrbuch Kultur.* Münster: Waxmann. S. 259–270.

Gardner, M. (2012): *«Saudade» – A Word for the Third Culture Kid.* Abgerufen am 18. 08. 2021 (communicatingacrossboundariesblog.com/2012/02/07/saudade-a-word-for-the-third-culture-kid/).

Geertz, Clifford (1987): *Dichte Beschreibung. Beiträge zum Verstehen kultureller Systeme.* Frankfurt am Main: Suhrkamp.

Gerbner, George (1980): The «Mainstreaming» of America: Violence Profile No. 11. In: *Journal of Communication 30* (3). S. 10–29.

Greenfield, S. (2015): *Mind change: How digital technologies are leaving their mark on our brains.* New York, NY: Random House.

Gümüşay, K. (2020): *Sprache und Sein.* Berlin: Hanser.

Gün, A. K. (2018): *Interkulturelle therapeutische Kompetenz. Möglichkeiten und Grenzen psychotherapeutischen Handelns.* Stuttgart: Kohlhammer.

Grant, A. (2021): *Think Again: The Power of Knowing what You Don't Know.* New York, NY: Viking.

Hall, E. T. (1976): *Beyond Culture.* New York, Garden City.

Hansen, K. P. (2000): *Kultur und Kulturwissenschaft.* Tübingen: A. Francke Verlag.

Hansen, K. P. (2009): *Kultur, Kollektivität, Nation*. Passau: Stutz.

Harari, Y. N. (2013): *Eine kurze Geschichte der Menschheit*. München: DVA.

Harari, Y. N. (2018): *21 Lektionen für das 21. Jahrhundert*. München: C. H. Beck.

Hasters, A. (2019): *Was weiße Menschen nicht über Rassismus hören wollen aber wissen sollten*. München: Carl Hanser Verlag.

Haß, J. (2020): *Stereotype im interkulturellen Training*. Wiesbaden: Springer VS.

Helfrich H. (2019): Sprache und Kommunikation. In: Dies.: *Kulturvergleichende Psychologie*. Berlin, Heidelberg: Springer. S. 121–135.

Helfrich, H. (2019): *Kulturvergleichende Psychologie*. Berlin, Heidelberg: Springer.

Heller, L. (2017): *Warum unsere Identität sich ständig wandelt*. Abgerufen am 18. 08. 2021 (www.deutschlandfunkkultur.de/psychologie-warum-unsere-identitaet-sich-staendig-wandelt.976.de.html?dram:article_id=393688).

Hensel, J. (2018): *Willkommen im Club*. Abgerufen am 18. 08. 2021 (www.zeit.de/politik/deutschland/2018-05/ostdeutschland-erfahrungen-migration-naika-foroutan/komplettansicht).

Herder, J. G. (1774): *Auch eine Philosophie der Geschichte zur Bildung der Menschheit: Beytrag zu vielen Beyträgen des Jahrhunderts* (Vol. 5). Weidmann.

Hoffman, E. (2015): *Interkulturelle Gesprächsführung: Theorie und Praxis des TOPOI-Modells*. Wiesbaden: Springer VS.

Hoffman, E. (2020): *Interkulturelle Gesprächsführung: Menschen begegnen einander, nicht Kulturen*. Wiesbaden: Springer.

Hofstede, G. (1997): *Lokales Denken, globales Handeln. Kulturen, Zusammenarbeit und Management*. München: DTV.

Hofstede, G. (1980): *Culture's Consequences: International Differences in work-related values*. Beverly Hills, CA: Sage Publications.

Horx, M. (2019): *15 ½ Regeln für die Zukunft – Anleitung zum visionären Leben*. Berlin: Econ.

Horx, M. (2020): *Die Zukunft nach Corona: wie eine Krise die Gesellschaft, unser Denken und unser Handeln verändert*. Berlin: Econ.

Horx, M. (Hrsg.) (2020): *Zukunftsreport 2021.* Zukunftsinstitut: Frankfurt am Main.

Huntington, S. P. (2015): *Kampf der Kulturen: Die Neugestaltung der Weltpolitik im 21. Jahrhundert*. München: Goldmann Verlag.

Issacs, W. (1999): *Dialogue and the art of thinking together*. New York, NY: Doubleday.

Kahneman, D. (2016): *Schnelles Denken, langsames Denken*. München: Siedler Verlag.

Kakar, S., & Kakar, K. (2014): *Kultur und Psyche: Psychoanalyse im Dialog mit nicht-westlichen Gesellschaften.* Gießen: Psychosozial-Verlag.

Kazzazi, K., Treiber, A., & Wätzold, T. (Hrsg.) (2016): *Migration, Religion, Identität: Aspekte transkultureller Prozesse.* Wiesbaden: Springer VS.

Kelly, D. J., Quinn, P. C., Slater, A. M., Lee, K., Ge, L., & Pascalis, O. (2007): The other-race effect develops during infancy: Evidence of perceptual narrowing. *Psychological Science, 18*(12), S. 1084–1089.

Keysar, B., Hayakawa, S., & An, S. (2012): The Foreign-Language Effect: Thinking in a Foreign Tongue Reduces Decision Biases. *Psychological Science*, *23*(6), S. 661–668.

Kluckhohn, C., & Murray, H. A. (1948): *Personality in nature, society, and culture.* New York: Knopf.

Kluckhohn, C. (1951): Values and value-orientations in the theory of action: An exploration in definition and classification. In: T. Parsons und E. Shils (Hrsg.): *Toward a general theory of action*. Cambridge. MA: Harvard University Press (S. 388–433).

Kluckhohn, C., & Strodtbeck, F. (1961): *Variations in value orientations*. Evanston, IL: Row, Peterson.

Koch, E., & Speiser, S. (Hrsg.) (2012): *Interkulturalität in der internationalen Entwicklungszusammenarbeit.* München: Mehring.

Kuhl, J. (2008): Braucht das Innere Team ein Gehirn? In: Schulz von Thun F., Kumbier, D. (Hrsg.): *Impulse für Beratung und Therapie. Kommunikationspsychologische Miniaturen 1.* Reinbek: Rowohlt.

Kuhl, J., & Kazén, M. (1994): Self-discrimination and memory: State orientation and false self-ascription of assigned activities. *Journal of Personality and Social Psychology, 66*(6), S. 1103.

Kuhl, J., & Strehlau, A. (2014): *Handlungspsychologische Grundlagen des Coaching: Anwendung der Theorie der Persönlichkeits-System-Interaktionen (PSI).* Wiesbaden: Springer.

Kumbier, D. (2019): *Das Innere Team in der Psychotherapie: Methoden- und Praxisbuch* (Vol. 265). Stuttgart: Klett-Cotta.

Kumbier, D., & Schulz von Thun, F. (Hrsg.) (2006a): *Interkulturelle Kommunikation: Methoden, Modelle, Beispiele.* Reinbek: Rowohlt.

Kumbier, D., & Schulz von Thun, F. (2006b): Interkulturelle Kommunikation aus kommunikationspsychologischer Perspektive. In: Kumbier, D., Schulz von Thun, F. (Hrsg.): *Interkulturelle Kommunikation: Methoden, Modelle, Beispiele.* Reinbek: Rowohlt.

Leeds-Hurwitz, W. (1990): Notes in the history of intercultural communication: the Foreign Service Institute and the mandate for intercultural training. In: *Quarterly Journal of Speech, 76*(3), S. 262–281.

Leenen, W. R. (Hrsg.) (2019): *Handbuch Methoden interkultureller Weiterbildung.* Göttingen: Vandenhoeck & Ruprecht.

Lijadi, A. A. (2018): *Third Culture Kids – Weltbürger oder irgendwo dazwischen?* Abgerufen am 18. 08. 2021 (www.bpb.de/gesellschaft/migration/kurzdossiers/278957/third-culture-kids).

Loy, L. S., & Spence A. (2020): «Reducing, and bridging, the psychological distance of climate change». In: *Journal of Environmental Psychology, 67*, 2020, 101388, ISSN 0272–4944. Abgerufen am 18. 08. 2021 (www.sciencedirect.com/science/article/pii/S0272494419305390).

Lüsebrink H.-J. (2016): Interkulturelle Kommunikation im Kontext der aktuellen Globalisierung – Problembereiche und Herausforderungen. In: Ders.: *Interkulturelle Kommunikation: Interaktion, Fremdwahrnehmung, Kulturtransfer*. Stuttgart: J. B. Metzler. S. 189 – 204.

Maringer, E., Steinweg, R. (1997): Konstruktive Haltung und Verhaltensweisen in institutionalisierten Konflikten. Erfahrungen, Begriffe, Fähigkeiten. In: *Berghof Report Nr. 3*. Berlin: Berghof Zentrum für konstruktive Konfliktbearbeitung.

Masuda, T., & Nisbett, R. E. (2001): «Attending holistically versus analytically: Comparing the context sensitivity of Japanese and Americans». In: *Journal of Personality and Social Psychology*, *81*(5), S. 922 – 934. Abgerufen am 18. 08. 2021 (doi.org/10.1037/0022-3514.81.5.922).

Matoba, K. (2011): *Transformative dialogue for third culture building: Integrated constructionist approach for managing diversity*. Opladen: Budrich UniPress.

Mayer, C.-H. (2011): Transkulturelles Konfliktmanagement. In: Treichel, D., & Mayer, C.-H. (Hrsg.): *Lehrbuch Kultur*. Münster: Waxmann. S. 336 – 344.

Meyer, E. (2018): *Die Culture Map. Ihr Kompass für das internationale Business*. Weinheim: Wiley-VCH.

Molenberghs, P., & Louis, W. R. (2018): Insights from fMRI studies into ingroup bias. In: *Frontiers in psychology*, *9*:1868.

Montag, C. (2018): *Homo Digitalis: Smartphones, soziale Netzwerke und Das Gehirn*. Wiesbaden: Springer Fachmedien.

Moosmüller, A., & Möller-Kiero, J. (Hrsg.) (2013): *Interkulturalität und kulturelle Diversität*. Münster: Waxmann.

Nazarkiewicz, K., & Krämer G. (2012): *Handbuch interkulturelles Coaching: Konzepte, Methoden, Kompetenzen kulturreflexiver Begleitung*. Göttingen: Vandenhoeck & Ruprecht.

Nayeri, D. (2018): *Drei sind ein Dorf*. Hamburg: mare.

Oettingen, G. (2015): *Die Psychologie des Gelingens*. München: Droemer.
Ogette, T. (2017): *exit RACISM: rassismuskritisch denken lernen*. Münster: Unrast.
Ortiz, F. (1940): *Contrapunteo cubano del tabaco y el azúcar*. Jesús Montero Editor, La Habana.
Nguyen-Phuong-Mai, M. (2017): *«A critical analysis of cultural metaphors and static cultural frameworks with insight from cultural neuroscience and evolutionary biology», Cross Cultural Strategic Management*. Abgerufen am 18.08.2021 (doi.org/10.1108/CCSM-07-2016-0144).
Pettigrew, T.F. (2017): Social Psychological Perspectives on Trump Supporters. In: *Journal of Social and Political Psychology*, *5*(1).
Pinker, S. (2011): *Gewalt: eine neue Geschichte der Menschheit*. Frankfurt am Main: Fischer.
Pinker, S. (2018): *Aufklärung jetzt: Für Vernunft, Wissenschaft, Humanismus und Fortschritt. Eine Verteidigung*. Frankfurt am Main: Fischer.
Plamper, J. (2019): *Das neue Wir: warum Migration dazugehört: eine andere Geschichte der Deutschen*. Frankfurt am Main: Fischer.
Pollock, D.C., Van Reken, R.E., Pflüger, G. (2003): *Third culture kids: Aufwachsen in mehreren Kulturen*. Verlag der Grancke-Buchhandlungen. Marburg.
Pollock, D.C., & Van Reken, R.E. (2017): *Third Culture Kids: The Experience of Growing Up Among Worlds*. London/Boston: Brealey.
Pörksen, B., & Schulz von Thun, F. (2016): *Kommunikation als Lebenskunst: Philosophie und Praxis des Miteinander-Redens*. Heidelberg: Carl-Auer Verlag.
Pörksen, B., & Schulz von Thun, F. (2020): *Die Kunst des Miteinander-Redens: Über den Dialog in Gesellschaft und Politik*. München: Carl Hanser Verlag.

Pörksen, B. (2018): *Die große Gereiztheit: Wege aus der kollektiven Erregung*. München: Carl Hanser Verlag.

Raworth, K. (2017): *Doughnut economics: seven ways to think like a 21st-century economist*. Vermont: Chelsea Green Publishing.

Rehbein, R., Steinhuber, S., & Thomas, A. (2009): *Beruflich in Spanien: Trainingsprogramm für Manager, Fach- und Führungskräfte*. Göttingen: Vandenhoeck & Ruprecht.

Ruth E. Van Reken (o. J.): *Third Culture Kids: Prototypes for Understanding Other Cross-Cultural Kids*. Abgerufen am 18. 08. 2021 (http://www.crossculturalkid.org/who-are-cross-cultural-kids/).

Ress, R., & Riechers, A. (2016): *Dialog mit dem Unbewussten: Das Erschließen der Seelenlandschaft und ihrer Widersprüche mit Voice Dialogue*. Wiesbaden: Springer.

Rez, H., Kraemer, M., & Kobayashi-Weinsziehr, R. (2006): *Warum Karl und Keizo sich nerven*. In: Kumbier, D., & Schulz von Thun, F. (Hrsg.): *Interkulturelle Kommunikation: Methoden, Modelle, Beispiele*. Reinbek: Rowohlt. S. 28–72.

Riemann, F. (2006): *Grundformen der Angst*. München: Reinhardt.

Robertson, R. (1998): Glokalisierung: Homogenität und Heterogenität in Raum und Zeit. In: Beck, U. (Hrsg.): *Perspektiven der Weltgesellschaft*. Frankfurt am Main: Suhrkamp. S. 192–220.

Roig, E. (2021): *Why we matter. Das Ende der Unterdrückung*. Berlin: Aufbau Verlage GmbH & Co.

Rosling, H., Rönnlund, A. R., & Rosling, O. (2018): *Factfulness: Wie wir lernen, die Welt so zu sehen, wie sie wirklich ist*. Berlin: Ullstein.

Savastio, R. (2013): *KKK Member Walks up to Black Musician in Bar-but It's Not a Joke, and What Happens Next Will Astound You*. Abgerufen am 18. 08. 2021 (www.guardianlv.com/2013/11/kkk-member-walks-up-to-black-musician-in-bar-but-its-not-a-joke-and-what-happens-next-will-astound-you/).

Schreiner, K. (2013): *Würde, Respekt, Ehre: Werte als Schlüssel zum Verständnis von anderen Kulturen*. Bern: Huber.

Schroll-Machl, S. (2016): *Doing business with Germans: Their perception, our perception*. Göttingen: Vandenhoeck & Ruprecht.

Schulz, D. (2018): *«Ostdeutsche sind auch Migranten»*. Abgerufen am 18.08.2021 ((https://taz.de/Professorin-ueber-Identitaeten/!5501987/)

Schulz von Thun, F. (2004): *Klarkommen mit sich selbst und anderen: Kommunikation und soziale Kompetenz*. Rowohlt: Reinbek.

Schulz von Thun, F., & Kumbier, D. (Hrsg.) (2008): *Impulse für Beratung und Therapie. Kommunikationspsychologische Miniaturen 1*. Reinbek: Rowohlt.

Schulz von Thun, F. (2012): *El arte de conversar. Psicología de la comunicación verbal*. Barcelona: Herder.

Schulz von Thun, F. (2013a): *Miteinander reden 1: Störungen und Klärungen: Allgemeine Psychologie der Kommunikation*. Reinbek: Rowohlt.

Schulz von Thun, F. (2013b): *Miteinander reden 2: Stile, Werte und Persönlichkeitsentwicklung: Differentielle Psychologie der Kommunikation*. Reinbek: Rowohlt.

Schulz von Thun, F. (2013c). *Miteinander reden 3: Das «Innere Team» und situationsgerechte Kommunikation*. Reinbek: Rowohlt.

Schulz von Thun, F. (2018): *Miteinander reden: Fragen und Antworten*. Reinbek: Rowohlt.

Schulz von Thun, F. S., Ruppel, J., & Stratmann, R. (2018): *Miteinander reden: Kommunikationspsychologie für Führungskräfte*. Reinbek: Rowohlt.

Schulz von Thun, F. (2021): *Erfülltes Leben. Ein kleines Modell für eine große Idee*. München: Carl Hanser Verlag.

Schulz von Thun, F. (2010): Verstehen – Verständnis – Einverständnis. In: Schulz von Thun, F., & Kumbier, D.: *Impulse für Kommunikation im Alltag. Kommunikationspsychologische Miniaturen 3*. Reinbek: Rowohlt.

Schulz von Thun, F., & Kumbier, D. (2010): *Impulse für Kommunikation im Alltag. Kommunikationspsychologische Miniaturen 3.* Reinbek: Rowohlt.

Schulz von Thun, F., Zach, K., & Zoller, K. (2012): *Miteinander reden von A bis Z. Lexikon der Kommunikationspsychologie*. Reinbek: Rowohlt.

Schwartz, S. (2006): «A theory of cultural value orientations: Explication and applications». In: *Comparative sociology*, *5*(2–3), S. 137–182.

Schweizer, T. A., Ware, J., Fischer, C. E., Craik, F. I., & Bialystok, E. (2012): «Bilingualism as a contributor to cognitive reserve: Evidence from brain atrophy in Alzheimer's disease». In: *cortex*, *48*(8), S. 991–996.

Sharot, T. (2012): *The Optimism Bias: Why we're wired to look on the bright side*. London: Hachette.

Söderberg, D. (2013): *Lethal Aggression in Mobile Forager Bands and Implications for the Origins of War*. Abgerufen am 18. 08. 2021 (www.science.sciencemag.org/content/341/6143/270/tab-pdf).

Spohn, C. (2006): *Zweiheimisch. Bikulturell in Deutschland*. Hamburg: Edition Körber Stiftung.

Stahl, E., (2007): *Dynamik in Gruppen. Handbuch zur Gruppenleitung*. Weinheim: Beltz.

Steele, C. M., & Aronson, J. (1995): «Stereotype threat and the intellectual test performance of African Americans». In: *Journal of Personality and Social Psychology*, *69*(5), S. 797–811.

Stringer, D. M., & Cassiday, P. A. (2009): *52 activities for improving cross-cultural communication*. London: Brealey.

Tajfel, H., & Stroebe, W. (1982): *Gruppenkonflikt und Vorurteil: Entstehung und Funktion sozialer Stereotypen*. Bern, Stuttgart, Wien: Huber.

Takeda, A. (2012): *Wir sind wie Baumstämme im Schnee. Ein Plädoyer für transkulturelle Erziehung*. Münster: Waxmann.

Thomann, C., & Schulz von Thun, F. (2013): *Klärungshilfe 1: Handbuch für Therapeuten, Gesprächshelfer und Moderatoren in schwierigen Gesprächen.* Reinbek: Rowohlt.

Thomann, C. (2013): *Klärungshilfe 2. Konflikte im Beruf: Methoden und Modelle klärender Gespräche.* Reinbek: Rowohlt.

Thomas, A. (2005): *Grundlagen der interkulturellen Psychologie.* Nordhausen: Bautz.

Thomas, A. (2006): Die Bedeutung von Vorurteil und Stereotyp im interkulturellen Handeln. In: *Interculture journal: Online Zeitschrift für interkulturelle Studien, 5*(2), S. 3–20.

Thomas, A. (2016): *Interkulturelle Psychologie: Verstehen und Handeln in internationalen Kontexten.* Göttingen: Hogrefe.

Treichel, D., & Mayer C.-H., (Hrsg.) (2011): *Lehrbuch Kultur: Lehr- und Lernmaterialien zur Vermittlung kultureller Kompetenzen.* Münster [u. a.]: Waxmann.

Trompenaars, F., & Hampden-Turner, C. (1997): *Riding the waves of culture: Understanding cultural diversity in business.* Nicholas Breley Publishing: London.

Touboul, J. (2019): *The hipster effect: Why anti-conformists always end up looking the same.* Abgerufen am 18. 08. 2021 www.technologyreview.com/s/613034/the-hipster-effect-why-anti-conformists-always-end-up-looking-the-same/

Useem, J., Useem, R. (1967): The interfaces of a binational third culture: A study of the American community in India. In: *Journal of Social Issues* 23.1, S. 130–143.

Veltkamp, G. M., Recio, G., Jacobs, A. M., & Conrad, M. (2013): Is personality modulated by language? *International Journal of Bilingualism, 17*(4), S. 496–504.

Wang, L. (2006): Wenn Konfuzius Schulz von Thun trifft, Kommunikationspsychologie aus Sicht einer Chinesin. In: Kumbier, D., & Schulz von Thun, F. (Hrsg.): *Interkulturelle Kommunikation: Methoden, Modelle, Beispiele.* Reinbek: Rowohlt. S. 187–205.

Wätzold, T. (2016): Transkulturelle Identität: Internationales Proletariat. Die Subjektivierung der südamerikanischen Arbeiterbewegung zur Zeit der europäischen Massenemigration. In: Kazzazi, K., Treiber, A., & Wätzold, T. (Hrsg.): *Migration, Religion, Identität: Aspekte transkultureller Prozesse*. Wiesbaden: Springer VS.

Weber S. (2020): *Kinder sind ihr USP*. Abgerufen am 18.08.2021 (www.zeit.de/arbeit/2019-12/instagram-influencer-muetter-baby-geschaeftsmodell-follower/seite-3).

Welsch, W. (2009): Was ist eigentlich Transkulturalität? Abgerufen am 16.11.2021 (http://www.alicedittmar.de/wp-content/uploads/2017/03/Wolfgang-Welsch-Was-ist-eigentlich-Transkulturalit%C3%A4t-2009.pdf)

Welsch, W. (2017): *Transkulturalität: Realität-Geschichte-Aufgabe*. Wien: new academic press.

Welsch, W. (2018): *Wer sind wir?* Wien: new academic press.

Welzer, H. (2018): *Welzer wundert sich: Rückblicke auf die Zukunft von heute*. Frankfurt am Main: Fischer.

Welzer, H. (2020): *Alles könnte anders sein: Eine Gesellschaftsutopie für freie Menschen*. Frankfurt am Main: Fischer.

Yousefi, H. R. (2014): *Grundbegriffe der interkulturellen Kommunikation*. Konstanz [u. a.]: UVK [u. a.].

Yousefi, H. R. (2018): *Kampfplätze des Denkens*. Stuttgart: UVK.

Zaki, J. (2019): *The war for kindness: Building empathy in a fractured world*. Crown.

Zoller, K. (2016): *Schwierige Mitmenschen. So gehen Sie souverän mit ihnen um*. Reinbek: Rowohlt.

Zeh, J. (2018): Das Turbo-Ich: der Mensch im Kommunikationszeitalter. In: Pörksen, B., & Narr, A. (Hrsg.): *Schöne digitale Welt*. Köln: Herbert von Halem Verlag. S. 178–200.

Ženocak, Z. (2011): *Deutschsein. Eine Aufklärungsschrift*. Hamburg: Edition Körber Stiftung.

Internetquellen

180 Grad Geschichten gegen den Hass. Berbner. B. (2019). Abgerufen am 28.09.2021 https://www.ndr.de/nachrichten/info/podcast4576.html

7 Billion others: www.youtube.com/watch?v=R23HXFMlozg

Adichie, C.N. (2009): *The danger of a single story*. Abgerufen am 18.08.2021 (www.ted.com/talks/chimamanda_ngozi_adichie_the_danger_of_a_single_story?).

The Atlas of Beauty. www.theatlasofbeauty.com/

Dollar Street: www.dollarstreet.org

Gapminder: www.gapminder.org

Harari, Y. (2015): *What explains the rise of humans.* Abgerufen am 18.08.2021 (www.ted.com/talks/yuval_noah_harari_what_explains_the_rise_of_humans?language=de).

Implizite Assoziationstests der Universität Cambridge: implicit.harvard.edu

Iyengar, S. (2010): *The art of choosing.* Abgerufen am 28.09.2021 (www.ted.com/talks/sheena_iyengar_the_art_of_choosing).

Klimafakten.de «Über Klima sprechen. Das Handbuch» https://klimakommunikation.klimafakten.de/

Middleton, J. (2015): *Cultural intelligence: the competitive edge for leaders.* TEDxEastEnd. Abgerufen am 18.08.2021 (www.youtube.com/watch?v=izeiRjUMau4).

Olé Olé Olé Olé Olá, acá tenemos la columna de Neymar (2014) www.youtube.com/watch?v=3L6QY6A-ZkE

Sharot, T. (2012): *The optimism bias.* Abgerufen am 18.08.2021 (www.ted.com/talks/tali_sharot_the_optimism_bias/transcript#t-230306).

Sturgeon, N. (2019): *Why Governments should prioritize well-being.* Abgerufen am 18.08.2021 (www.ted.com/talks/nicola_sturgeon_why_governments_should_prioritize_well_being).

swissfuture. Schweizer Hoffnungsbarometer 2020. Abgerufen am 18. 08. 2021 (www.swissfuture.ch/de/ergebnisse-hoffnungsbarometer-2020/).
Waldinger, R. (2015): *What makes a good life? Lessons from the longest study on happiness.* Abgerufen am 18. 08. 2021 (www.ted.com/talks/robert_waldinger_what_makes_a_good_life_lessons_from_the_longest_study_on_happiness).
Wellbeing Economy Alliance (WEAll) www.weall.org/wego
Wenn einer etwas von sich gibt. https://open.spotify.com/show/7cXUPsg9ncSd313pD2YCvX
Where the heck is matt. www.wheretheheckismatt.com

Dank

Ach du Schreck, gleich ein ganzes Buch?! Das war mein erster Gedanke, als Professor Schulz von Thun die Verlagsanfrage für ein Buch zu Interkultureller Kommunikation an mich herantrug. Gefolgt von einer blitzschnellen integrativen *inneren Teamentscheidung*: «Ja, klar, das machen wir!»

Dafür, dass Sie und ich dieses Buch jetzt tatsächlich in Ihren Händen halten, bin ich vielen Menschen zu Dank verpflichtet. Friedemann Schulz von Thun für sein Vertrauen, für ein wunderbares Vorwort, für seine Unterstützung beim Possibilismus-Wertequadrat und dafür, dass er als «biografisch bedeutsame Begegnung» (Schulz von Thun 2021) seit Jahren maßgeblich zu meinem persönlichen und professionellen Wachstum beiträgt. Bei Teilnehmerinnen, Coachees und Kongressteilnehmern bedanke ich mich für die anregenden Diskussionen, Fallbeispiele und das erwiesene Vertrauen.

Während des Schreibens musste ich immer wieder an die diversen hervorragenden Ausbilderinnen und Ausbilder des Schulz von Thun Instituts sowie Kolleginnen und Kollegen bei SIETAR und YOUNG SIETAR denken, von denen ich lernen durfte und die seit Jahren eine zuverlässige Quelle für Denkanstöße und neue Methoden sind. Dietmar Treichel und Irma Endres danke ich für ihre fachliche Expertise und für die vielen schöne Momente in Luzern. Frieder Vogelmann, Kazuma Matoba, Rita Wuebbeler, Sara Rodríguez, Steffen Henkel und Verena Kantrowitsch haben am Telefon, beim Mittagessen oder per Videokonferenz mit mir philosophiert. Caroline Trautwein hat zur wissenschaftlichen

Fundierung des Buches beigetragen. Und Constanze Bossemeyer und Nadine Binder haben als erste Leserinnen des fertigen Manuskripts wichtige Anmerkungen gemacht sowie entscheidend dazu beigetragen, meine innere Perfektionistin und Selbstzweiflerin im Zaum zu halten.

Ein großer Dank gilt außerdem meinen Lektorinnen Julia Vorrath und Ana González y Fandiño, die mit ihrem Optimismus und professionellen Blick viel zur Lesbarkeit dieses Buches beigetragen haben, sowie allen weiteren Verlagsmitarbeitenden, die im Hintergrund werkeln.

Zu guter Letzt wäre das Schreiben in diesen von der COVID-19-Pandemie geprägten Zeiten ohne die Unterstützung meiner Familie unmöglich gewesen. Großer Dank gilt meinem Partner, der die auch für ihn angefallene Mehrarbeit und meinen «Kopf in den Wolken» weitestgehend mit resignierter Gelassenheit akzeptiert hat, sowie meinen Eltern, die uns tatkräftig bei Kinderbetreuung und vielem anderen unterstützt haben. Meinen wundervollen Kindern danke ich für ihre Geduld und ihre ansteckende Lebensfreude: Ohne Frage seid ihr die wahren transkulturellen Experten der Familie!